메가체인지 시대 메가 학문정책

국립순천대학교 인문학술원 연구총서 21

메가체인지 시대 메가 학문정책

초판 1쇄 발행   2023년 1월 31일

지은이	강성호
펴낸이	윤관백
펴낸곳	선인
등 록	제5-77호(1998.11.4)
주 소	서울시 양천구 남부순환로 48길 1(신월동 163-1) 1층
전 화	02) 718-6252 / 6257
팩 스	02) 718-6253
E-mail	sunin72@chol.com

정가   23,000원
ISBN   979-11-6068-775-0   93370

전라 남도 **문화재단**

이 책은 2022년 전라남도의 재원으로 (재)전라남도문화재단의 지역문화예술육성(개인)
보조금을 받아 출판되었음(사업관리번호 202223634).

메가체인지 시대 메가 학문정책

강성호 지음

선인

차례

들어가는 말: 21세기 거대 위기 극복은 메가 학문정책으로 11

제1부 학문정책과 학술 지원 / 21

1장 21세기 거대 위기 극복은 '거대(Big)' 학문으로 23

1. 21세기 인문학의 위치와 역할   23
2. 에드워드 사이드와 실천적 인문학   27
3. 인문학과 사회과학의 재구조화   32

2장 분과를 넘어 학제 간 연구와 교육으로 43

1. 흔들리는 기존 분과 학문 구조   43
2. UC 버클리의 학제 간 연구 프로그램 및 교육 과정   45
3. 메사추세츠 공과대학(MIT)의 학제 간 연구 프로그램 및 교육 과정   52
4. 하버드대학교의 학제 간 연구 프로그램 및 교과 과정   60
5. 미국 학제 간 연구 및 교육 과정 수용해서 발전시켜야   66

3장 인문학 지원 선진국 영국과 미국 ················· 71

1. 한국의 인문 진흥 지원 기관 현황　　　　　　　　71
2. 영국의 인문·예술지원회　　　　　　　　　　　　73
3. 미국의 국립인문재단　　　　　　　　　　　　　77
4. 정부와 민간 차원의 인문학 육성 강화해야　　　81

제2부 체계화되는 인문사회 학술 지원 체제와 지원 / 83

4장 인문 학술 지원 체제의 태동과 동요 ················· 85

1. '인문학 위기'와 인문학 지원 체계화　　　　　　　85
2. 노무현 정부 시기 인문학 지원 체제의 한계　　　91
3. 정부 교체로 동요하는 인문학 지원 체제　　　　93

5장 학술진흥재단과 인문 학술 지원 ················· 97

1. 노무현 정부 시기 인문학 연구 지원 현황　　　　97
2. 한국학술진흥재단의 인문학 연구비 지원 현황　　98
3. 개선해야 할 한국학술진흥재단 인문학 지원 방식　101

6장 더 나아가야 할 인문사회 분야 학술 지원 재편 ·········· 111

1. 전면 개편해야 할 인문사회 분야 학술 지원 사업　111
2. 인문사회 분야 학술 지원 사업 형태 변천 과정　　117
3. 2018년 학술 지원 재편 방향과 특징　　　　　　123
4. 학문 재생산 구조 안정적 재구축으로 더 나아가야　127

제3부 후발형에서 선도형 학문정책으로 / 129

7장 학술지 등재 제도 폐지에서 개선으로 ········· 131

1. 학술지 등재 제도는 폐지해야 하나   131
2. 한국 인문학 분야 학술지 현황   133
3. 2014년도 학술지 평가 제도 개선 방향   138
4. 우수 등재 학술지 운영 방안   142
5. 학술지 지원 예산 확대해야   146

8장 육성해야 할 원천 지식 인프라 대학 연구 기관 ········· 149

1. 메가체인지 시기 대학 학술 연구 기관 위상 변화   149
2. 한국 대학 연구 기관의 현황과 한계   150
3. 학제 간 융합과 네트워크의 중심 한국인문사회연구소협의회   153

맺는말: 한국 인문사회 학술정책 발전을 위한 몇 가지 제언 ········· 163

1. 선진 국가 지속을 위한 '선도형' 인문사회 학문정책   163
2. 인문 학술 지원 체제 개편   165
3. 인문사회 분야 연구 지원 강화   168

참고 문헌 ········· 173

출처 ········· 179

【부록】 ·· 183

[부록 1] 2021년 전국대학중점연구소협의회 건의문(2021. 03. 05)   185
[부록 2] 2021년 전국대학중점연구소협의회 국가연구개발혁신법 개정 지지 선언문
        (2021. 03. 11)   191
[부록 3] 2022년 과학기술정보통신부 인문사회 분야 연구자 간담회
        : 전국대학중점연구소협의회 입장(2021. 05. 06)   195
[부록 4] 제20대 대통령직인수위원회 과학기술교육분과 전국대학중점연구소협의회
        건의 사항(1922. 03. 29)   203
[부록 5] 한국인문사회연구소협의회 고등·평생교육지원특별회계법 지지 선언문
        (2022. 10. 04)   205
[부록 6] 21세기 국가 발전을 위한 학문정책 제안(2005. 05. 19)   207
[부록 7] 노무현정부 대통령 직속 인문사회과학위원회 설립 제안서(2006. 01)   219

찾아보기 ·· 255

【표】

〈표 1〉 UC 버클리 학제 간 교육 과정 현황 ·················· 46

〈표 2〉 UC 버클리 2006년 가을 학기 ISF 교과목 개설 현황 ·················· 48

〈표 3〉 UC 버클리 ISF에서 개발된 인문학 관련 학제 간 프로그램 현황 ·········· 50

〈표 4〉 UC 버클리 ISF 졸업생들의 진로 현황 ·················· 51

〈표 5〉 MIT의 학제 간 연구 센터, 연구실 그리고 프로그램 현황 ·················· 53

〈표 6〉 MIT의 인문, 예술, 사회과학 분야 학제 간 프로그램 ·················· 56

〈표 7〉 하버드대학교 학제 간 학위 수여 프로그램 ·················· 61

〈표 8〉 하버드대학교 학제 간 프로그램 현황 ·················· 62

〈표 9〉 영국 인문 · 예술연구회의 수익 명세서 ·················· 76

〈표 10〉 미국 국립인문재단 사업과 예산의 변화(2003~2006) ·················· 79

〈표 11〉 미국 내 상위 25개 인문 분야 지원 재단의 현황(2002) ·················· 80

〈표 12〉 인문학정책위원회 2002~2005년 예산 현황 ·················· 90

〈표 13〉 2005년도 한국학술진흥재단 주요 사업 예산 ·················· 99

〈표 14〉 한국학술진흥재단 인문학 분야 평균 지원비 ·················· 100

〈표 15〉 한국학술진흥재단 인문학 분야 평균 1인당 지원비 ·················· 100

〈표 16〉 한국학술진흥재단 연도별 인문학 분야 신청 과제 수 비율 ·················· 101

〈표 17〉 서울대 인문대 대학(원)생 인원 현황(2003~2005) ····························· 107

〈표 18〉 서울대 2004년도 대학원 신입생 선발 현황 ································· 107

〈표 19〉 서울대 2005년도 대학원 신입생 전기 모집 지원 현황 ····················· 108

〈표 20〉 2000년 연구 지원 사업 구조 ··· 119

〈표 21〉 2001년 기초학문 육성 분야의 분화 ······································ 119

〈표 22〉 2006~2008년 연구 지원 사업 구조 ······································ 120

〈표 23〉 2009년 연구 지원 사업 구조 ··· 120

〈표 24〉 2010년 연구 지원 사업 구조 ··· 121

〈표 25〉 2011년 연구 지원 사업 구조 ··· 121

〈표 26〉 2018년 연구 지원 사업 구조 ··· 122

〈표 27〉 2018년 연구 지원 사업 내용 ··· 123

〈표 28〉 2019년 연구 지원 사업 전면 개편안 ······································ 126

〈표 29〉 학술 단체와 등재(후보) 학술지 현황(KCI 등록기관 기준, 2015) ········· 134

〈표 30〉 인문학 분야 학술 단체 유형 ··· 134

〈표 31〉 인문학 분야 중분류 영역별 학술 단체와 학술지 현황 ····················· 135

〈표 32〉 인문학 분야 수정 중분류/소분류 체계(안) ································· 136

〈표 33〉 인문 분야 수정 중분류별 학술 단체와 학술지 현황 ······················· 137

〈표 34〉 인문 분야 수정 중분류·소분류별 학술 단체와 학술지 현황 ··········· 138

〈표 35〉 4년제 대학 설립 형태별 대학 부설 연구소 현황 ·························· 151

〈표 36〉 4년제 대학 수도권과 비수도권 대학 부설 연구소 현황 ·····················152

〈표 37〉 4년제 대학 수도권과 비수도권 분야별 대학 부설 연구소 현황 ········· 152

【그림】

〈그림 1〉 정부 R&D 예산에서 인문학이 차지하는 비중 ································ 98

21세기 거대 위기 극복은 메가 학문정책으로

현재 시기는 전 지구적 위기, 국제 정치질서의 급변, 과학 기술의 급
변, 세계 속의 한국 국가 위상의 근본적 변화이 이루어지는 메가체인
지 시기이다. 제4차 과학기술혁명 가속화로 인해 AI, 로봇, 메타버스
등 새로운 기술은 산업과 사회 영역에서 대규모 변화를 일으키고 있
다. 국지적 차원에서 벗어나 지구적 차원에서 전염병 위기, 기후 위기,
에너지 위기 등 인류는 이전에 경험하지 못한 거대 위기를 겪고 있다.
이러한 위기 속에서 국제 정치 질서는 미중 무역분쟁과 신냉전체제 등
장 등으로 인해 '이념 기반 진영적 동맹체제'에서 '현실 이해 기반 다원
적 대립체제'로 전환 중이다.

문제를 해결할 수 있는 새로운 학문체제와 학문정책이 필요하다. 한
국은 선진국으로 진입한 시점에서 한국의 학술연구는 선진국을 모방
하는 '후발형 모델'에서 스스로 '원천기술, 지식, 정책'을 생산하는 '선도
형 모델'로 전환해야 한다. 이러한 역할을 수행하기에 기존의 낡은 분
과에 갇힌 학문 체계와 분산적이고 소규모 연구 지원으로는 역부족이
다. 분과를 넘어 메가체인지 시대의 거대 위기를 해결할 수 있는 메가

학문정책을 고려해야 하는 이유이다.

구미 선진 국가들은 메가체인지 시대에 대비하는 학문정책과 연구 지원을 모색해 왔다. 이매뉴얼 월러스틴(Immanuel Wallerstein)은 괼벤키안 보고서를 통해서 인문학, 사회과학, 자연과학의 융합을 통한 새로운 학문 접근 방식을 제기했다. 영국과 미국은 인문·예술지원회와 국립인문재단 같은 인문 진흥 기관을 통해서 인문학을 체계적으로 육성하고자 했다. 하버드대학교, MIT, UC 버클리 등 미국의 주요 명문대학교들은 인문학, 사회과학, 자연과학 사이의 학제 간 교육을 통해서 메가체인지 시대가 요청하는 '통합적' 인재를 육성하고 있다.

한국의 이공 분야는 이러한 변화된 상황에 나름대로 잘 적응하고 있다. 한국은 2022년 R&D 100조 시대에 진입했는데, 한국의 R&D 지원 규모는 미국, 일본, 중국, 독일에 이어 5번째에 해당하는 규모이다. 이공 분야 지원 체제도 잘 구비되어 있다. 한국의 R&D 전체를 총괄하는 국가과학기술자문회의, 대통령 과학기술보좌관, 과학기술정보통신부, 국무총리 산하 국가과학기술연구회(NST), 과학기술정책연구원(STEPI), 카이스트(KAIST), 광주과학기술원(GIST), 울산과학기술원(UNIST) 같은 전문 고등 교육 기관 등이 한국의 이공 분야 연구와 교육을 지원하고 있다.

이에 비해 한국의 인문사회 분야는 메가체인지 시대에 잘 대비하지 못하고 있는 실정이다. 한국의 대학이 기존의 분과 학문체계에서 벗어나지 못하고 있는 점을 주된 정체 원인의 하나로 들 수 있다. 일부 새로운 시도들이 있지만 분과주의의 강고한 기득권 벽을 넘어서지 못하고 있다. 아직도 학부와 대학원 전공이 다를 경우 대학에 자리 잡을 때 불이익을 받는 실정이다.

인문사회 분야 학술정책을 체계적으로 수행하는 기관 설립도 지난 20년 동안 진척이 없다. 국무총리 산하 경제·인문사회연구회 산하에 과학기술정책연구원이 있지만, 인문사회 정책을 다루는 전문적인 연구 기관은 없다. 인문사회 분야 지원 기관인 한국학술진흥재단과 과학연구재단이 통합된 한국연구재단에도 인문사회 학술정책을 다루는 부서는 없다.

지난 20년 동안 다양하게 모색해 온 인문사회 학술정책들도 부분적인 성과는 있었지만, 여전히 미흡한 측면을 보이고 있다. 그동안 국가차원의 학문정책 기구(대통령 직속 인문사회학문위원회, 대통령 교육학술수석), 독립적인 인문사회 정책 연구 기관(한국인문사회기획평가원), 독자적인 인문사회 연구 지원 기관(한국학술진흥재단 복원), 인문사회 학술생태계 복원을 위한 후속 세대 육성, 인문사회진흥법(인문학진흥법, 기본학술법) 등 다양한 논의들이 진행되어 왔다. 그러나 인문사회 학술정책을 위한 이러한 노력들이 분산적이고, 단절적이고, 부분적이다보니 만족스러운 성과를 내기 어려웠다. 따라서 기존의 시행착오를 뒤돌아 볼 수 있는 기회를 가져 본다면, 인문사회 학술정책의 성과와 한계를 짚으면서 미래를 준비해 나갈 수 있을 것이다.

인문사회 학술 정책에 대한 필자의 고민이 시작된 계기는 2001년 전국인문학연구소협의회 활동이었다. 전국인문학연구소협의회 활동을 통해 인문학 연구는 개인적인 연구 차원을 넘어서 국가 차원에서 체계적으로 구축되어야 함을 깨닫게 되었다. 특히 유초하 선생을 도와 노무현대통령직 인수위원회에 인문사회 학술 진흥을 위한 제안서를 작성하면서, 인문사회 학술정책의 필요성을 느끼게 되었다. 학술단체협의회, 전국인문학연구소협의회, 민주교수협의회 등과 함께한 활동 속에서 학문정책 관련 기존 현황과 한계를 알게 되었다.

필자는 2005년에 국무총리 산하 경제·인문사회연구회 인문정책위원회 위원으로 '인문학진흥원' 설립을 위한 국회 활동에 참여한 적이 있었다. 인문학진흥원 설립 법안은 통과되지 못했지만, 인문정책위원회 조직과 예산이 확대되기도 하였다. 또한 학술단체협의회와 민주화교수협의회 교수들과 함께 대통령 직속 인문사회학문위원회 신설을 위해서도 적극 노력하였다. 대통령 직속 정책기획위원회와 함께 그 제안서가 작성되었고 대통령보고 일정도 잡혔다. 그러나 FTA 문제로 진보학계와 노무현 정부가 대립하면서 어렵게 잡은 대통령 보고는 무산되고 말았다. 당시 대통령 보고가 성공적으로 진행되어 대통령 직속 인문사회학문위원회가 설치되었으면 많은 면에서 인문사회 분야의 연구가 크게 진척되었을 것이라는 아쉬움이 있다. 그 이후 20여 년 동안 인문사회 학술정책에 관한 다양한 논의가 진행되었지만 대통령보고 수준까지 진행되지는 못했다고 생각하기 때문이다.

한국서양사학회 회장을 맡으면서 2010년대에 한국연구재단의 인문사회 분야 연구 지원 체제와 현황을 직접 체감할 수 있었다. 한국연구재단 학술지발전위원회 활동을 하면서 한국 학술지 정책 과정에 참여하였다. 학술지발전위원회 위원장으로서 A&HCI와 SSCI를 대체할 수 있는 우수등재 학술지 제도를 정착시키는 데 참여하였다.

또한 필자는 교육부 학술진흥과와 한국연구재단 인문사회본부와 함께 2018년 한국연구재단 학술 지원 전면 재편 정책 연구를 진행하였다. 정책 연구를 통해 한국연구재단의 중복되고 분산적인 연구 지원 방식을 체계적으로 새롭게 재편하는 안을 제시하였다. 학술 지원을 재편하는 데 있어서 인문사회 분야 연구소(당시 대학중점연구소사업, 토대사업, 신흥지역연구사업)와 학문 후속 세대의 양성을 중심 축으로 삼았다. 학술 지원 재편안이 성공적으로 반영되어, 인문사회연구소 사업이 한국연구재단의 대표적 사업으로 성장하였고, 학문 후속 세대 지원 사업 예산도 대폭 증액되었다.

그러나 인문사회연구소 지원 확대 과정에서 인문사회 분야 대학중점연구소가 소외되었고, 이를 시정하려는 노력 속에서 전국대학중점연구소협의회가 2021년 출범하였다. 필자는 전국대학중점연구소협의회 초대 회장으로서 인문사회 학술 지원 및 '국가연구개발혁신법' 개정에 참여하였다. 35개 연구소로 시작된 전국대학중점연구소협의회의 노력으로 인문사회 분야 대학중점연구소 관련 예산이 증액되었다. 동시에 전국대학중점연구소협의회는 2022년에 한국 인문사회 분야 최대 쟁점의 하나였던 이공 분야 중심으로 제정된 국가연구개발혁신법을 원래대로 재개정하는 과정에 동참하였다. 결국 국가연구개발혁신법이 재개정되면서 신생 전국대학중점연구소협의회는 대내외적으로 그 위상을 인정받게 되었다.

2022년 4월에 전국대학중점연구소협의회가 한국인문사회연구소협의회(이하 인사협)로 확대 개편되었다. 35개 연구소로 시작한 인사협이 2022년 말에는 92개 연구소가 참여하는 단체로 크게 확대되었다. 또한 인사협은 성과 공유 학술 대회를 통해 회원 연구소 사이의 학제 간 교류와 학문 융합을 촉진하는 역할도 하였다. 인사협은 고등·평생교육지원특별회계법 제정에도 적극 참여하여, 1조 7천억의 추가 예산 확보에도 기여하였다. 그 결과 고등·평생교육지원특별회계 예산에 학문 균형 간 예산지원 항목이 추가되었다. 이 중에서 531억 원이 인문사회 분야 학문 후속 세대 양성 부분에 배정되었다.[1] 다만 인사협이 주장한 인문사회연구소 사업 예산이 증액되지 않은 점은 아쉬운 결과로 여겨진다.

---

[1] 교육부, 「2023년 주요 업무 추진 계획: 교육 개혁, 대한민국 재도약의 시작」(2023. 1. 5), 11쪽.

인사협은 메가체인지 시대에 효과적으로 대응하기 위한 인문사회 분야 메가프로젝트 정책 세미나를 2022년 12월 초에 국회에서 개최하였다. 조승래 의원실, 김영호 의원실, 이태규 의원실 등 교육위원회와 과학기술정보방송통신위원회 여야 간사들과 함께 인문사회 분야의 새로운 경계를 개척하는 정책 세미나를 열었다는 점에서 학계와 여론의 큰 주목을 받았다. 교수신문은 1면 톱으로 이 정책 세미나를 다루었고, 그 구체적인 내용을 특집으로 보도하였다.[2]

필자는 지난 20년 동안 다양한 인문사회 학술정책 활동에 참여하면서 정책 연구, 정책 세미나 발표와 토론, 신문 및 잡지 기고 등을 해왔다. 이 글들은 한국의 인문사회 분야 학술정책과 관련된 이론적 모색과 학술 지원 현황 등에 관련된 내용이다. 여러 면에서 부족하지만 지난 20년 동안 학술정책과 관련된 필자의 고민들이 인문사회 학문정책의 시행착오를 줄이는 데 도움이 될 수도 있다는 생각에서 이 책을 쓰게 되었다. 빠르게 변화하는 글로벌 세계에서 발생하는 대전환기 또는 거대 위기를 '거시적' 차원에서 해결해보자는 뜻에서 '메가체인지 시대 메가 학문정책'이라는 책 제목을 달았다.

이 책에서 한국 인문사회 학술정책들과 연구 지원 제도와 현황들을 살펴보려고 한다. 주로 필자가 참여하고 발표했던 부분들을 중심으로 다루고자 한다.

이 책은 크게 3부로 이루어져 있다. 제1부 '해외 학문정책과 학술 지원'은 1장, 2장, 3장으로 이루어져 있다. 제1부에서는 해외의 새로운 학

---

[2] 김재호, 「인문사회, '메가프로젝트' 필요할까, 정말 가능할까」, 『교수신문』(2022. 11. 28); 김재호, 「기술만으로 '거대 위기' 해결할 수 있을까」, 『교수신문』(2022. 12. 5); 김재호, 「한국, '이념·빈부' 갈등 세계 1위...인문사회로 공동체 회복하자」, 『교수신문』(12. 5).

문정책 이론, 학제 간 연구와 교육, 인문학 지원 기관에 대해 살펴보려
고 한다.

　1장 '21세기 거대 위기 극복은 '거대(Big)' 학문으로'는 현존하는 인문
학, 사회과학, 자연과학이라는 기존의 학문 분류 체계의 한계를 극복
하려는 시도를 다룬다. 3 분류체계는 19세기 유럽에서 형성되었기 때
문에, 제2차 세계대전 이후 변화된 세계를 담기 어렵다. 이 장에서는
전후 새로운 진영으로 등장한 제3세계를 이론적으로 대변하는 에드워
드 사이드의 실천적 인문학을 살펴보려 한다. 인문학과 사회과학 사이
의 수렴 문제도 다루려고 한다. 또한 기존 학문 분류 체계를 극복하려
는 대표적인 사례로 '사회과학 재구조화에 관한 굴벤키안 위원회' 보고
서도 살펴보려고 한다. 굴벤키안 위원회는 '다원주의적이고 보편적인
구조를 건설하기 위해' 분과 학문 사이의 폐쇄적인 경계를 무너뜨려야
한다고 주장한다. 이러한 주장은 분과를 넘어선 메가 연구나 메가 학
문정책의 이론적 토대가 된다는 점에서 중요하다.

　2장 '분과를 넘어 학제 간 연구와 교육으로'에서 미국의 학제 간 연
구 및 교육 현황을 UC 버클리, 메사추세츠 공과대학(MIT), 하버드대학
교 등 눈여겨볼 만한 사례들을 통해서 살펴보려 한다. UC 버클리는 학
제적 연구와 교육을 전담하는 '학제학 분야(Interdisciplinary Studies Field:
ISF)'를 통해 다양한 학제 간 교과 과정을 설계하였다. MIT는 자연과학
분야 학생들이 인문사회과학적 관점을 가지고 과학 분야를 연구하도
록 하는 '과학, 기술 그리고 사회(STS)'라는 학제적 연구 및 교육 프로
그램을 운영하고 있다. 하버드대학교는 '학제 간 조정위원회'라는 상설
특별위원회를 통해 10개의 다양한 학제 간 프로그램을 운영하고 있다.
이러한 주요 미국 대학들의 학제 간 연구 및 교육 현황에 대한 소개와
검토를 통해 우리에게 도움이 되는 시사점을 찾아보려 한다.

3장 '인문학 지원 선진국 영국과 미국'에서는 인문 진흥 선진국인 영국과 미국의 인문 진흥 체계와 대표적 진흥 기관들을 살펴보려 한다. 영국은 인문학에 대한 연구 지원을 영국학술원(British Academy)과 인문·예술연구지원회(AHRC: Art and Humanities Research Council)를 중심으로 진행한다. 미국 정부는 국립인문재단(NEH: National Endowment for the Humanities)을 중심으로 인문학을 지원한다. 또한 미국에서는 인문 분야에 대한 민간 차원의 지원이 정부 지원보다 더 큰 규모로 진행되고 있다는 점도 눈여겨볼 만하다.

제2부 '체계화되는 인문사회 학술 지원 체제와 지원'은 4장, 5장, 6장으로 이루어져 있다. 장이 해당한다. 2부에서는 한국에서 인문사회 분야 학술 지원 체제와 정책이 어떠한 과정을 통해 체계화되었고 그 한계점이 무엇인지를 다룬다.

4장 '인문 학술 지원 체제의 태동과 동요'는 노무현 정부 인문학 지원의 성과와 한계를 다룬다. 인문학 예산 300억 원 신규 지원, 인문한국(HK)사업 신설, 대통령 직속 인문사회학문위원회에 대한 정책적 고민 등을 주로 보려 한다. 동시에 노무현 정부에 이어 출범한 이명박 대통령직 인수위원회에 인문학 진흥과 관련해서 요청한 내용들도 살펴보려 한다.

5장 '학술진흥재단과 인문 학술 지원'에서는 노무현 정부 시기 학술진흥재단의 인문학 지원 체제, 연구비 지원 현황, 그리고 지원 방식과 개선 방안을 다룬다. 5장에서 인문학 전반에 대한 지원과 정책을 담당하는 인문학 진흥 기관이나 인문 정책 전담 연구 기관 설립 시도, 당시 학문 전체 연구비에서 인문학이 차지하는 비중의 변화 추이, 인문학 연구비 지원의 효율성을 높이기 위해 어떠한 개선 방안들이 모색되었는지를 살펴보려 한다.

6장 '더 나아가야 할 인문사회 분야 학술 지원 재편'에서는 효율적 연구 지원을 위한 인문사회 분야 학술 지원 사업 전면 개편 방안을 다룬다. 전면 개편 방안은 기존 주요 20개 학술 지원 사업을 5개 유형과 9개 사업으로 단순화하는 작업이었다. 여기에서 전면 개편 방안이 학문적 재생산 구조의 안정적 구축, 연구소 분야의 중장기 확대 지원 육성에 대해 어떤 방안을 제시하였는가를 중점적으로 살펴보려 한다.

제3부 '후발형에서 선도형 학문정책으로'는 7장과 8장으로 이루어져 있다. 제3부에서는 한국의 학술지와 인문사회연구소를 세계적 수준으로 육성해야 할 필요성을 집중적으로 보려고 한다.

7장 '학술지 등재 제도 폐지에서 개선으로'에서는 한국연구재단의 학술지 등재 제도 정책의 변화를 다룬다. 한국연구재단은 1991년부터 학술지 평가 및 지원 사업을 시작하였고, 1998년에 학술지 평가를 체계적으로 담당하는 학술지 등재 제도를 본격 도입했다. 교육부는 학술지 등재 제도를 2011년 폐지하려다가 대학과 학계의 반발이 커지자 2013년 학술지 개선 방안을 모색하기 시작했다. 여기에서 학술지 등재 제도 개선 과정에서 새로운 학술지 분류 체계가 어떻게 만들어졌는지, 그리고 '우수 등재 학술지'가 외국의 A&HCI나 SSCI 학술지를 대체할 가능성이 있는지 등을 중심으로 살펴보려 한다.

8장 '육성해야 할 원천 지식 인프라 대학 연구 기관'에서는 한국 대학 연구 기관 현황과 한계를 다룬다. 4년제 대학 부설 연구소들을 중심으로 대학 설립 형태별 연구소 현황, 수도권과 비수도권 연구소 현황, 학문 분야별 연구소 현황 등을 조사해보려 한다. 또한 한국연구재단 지원을 받는 인문사회연구소들의 활동과 전망을 2022년 출범한 한국인문사회연구소협의회를 통해서 살펴보려 한다.

맺는말에서는 이러한 고찰을 근거로 현 시기 한국의 인문사회 학술

정책이 나아가야 할 몇 가지 방안을 검토해 보고자 한다. 현대 세계는 역사상 그 어느 시기보다 빠르게 변화하고 있다. 그중에서 한국은 가장 빠르게 변화해온 나라이다. 이제 더 이상 변화에 대한 해답을 외부 대학교나 연구소에서 찾을 수 없게 되었다. 따라서 독자적인 학문정책의 필요성과 인문사회 분야의 학문이 지속적으로 발전해 나가는 데 도움이 될 수 있는 한국적 제도와 인프라 구축 방안들을 살펴보려 한다.

學問
政策

學問
政策

1장

21세기 거대 위기 극복은 '거대(Big)' 학문으로

1. 21세기 인문학의 위치와 역할

2000년 이후 한국에서 인문학의 위기를 둘러싼 논의가 많이 진척되고 있다.[1] 인문학의 위기 징후로 대학에서의 인문학 교육과 연구의 축소, 차세대 인문학자 양성의 어려움, 인문학에 대한 정부 지원의 부족, 그리고 인문학과 대중과의 괴리 등이 거론되고 있다. 이러한 인문학의 위기는 한국뿐만 아니라 세계적으로 발생하고 있다.

인문학이 처한 위기를 극복하려는 다양한 노력의 하나로 여기서는 인문학과 사회과학 사이의 상호 관계 재정립 문제를 논의해보고자 한다. 이러한 논의는 현 시점에서 여러 가지 면에서 큰 의미를 지닌다. 첫째는 제2차 세계대전 이후 여러 가지 역사적 상황의 변화로 인해 인문학과 사회과학 사이의 경계가 희미해지고 있다. 둘째는 실제로 양

---

[1] 한국에서 인문학의 위기에 대한 진단과 해결 모색은 전국대학인문학 연구소협의회를 중심으로 활발하게 시작되었다(전국대학인문학연구소협의회, 「서문」, 『현대 사회 인문학의 위기와 전망』(민속원, 1998).

분야 사이의 다양한 협력 노력이 지속적으로 진행되어 왔고 앞으로도 더 확산되어가는 추세이다. 셋째는 인문학과 사회과학이 서로 협력하게 되면 서로의 한계와 약점을 보완해줄 수 있다.

여기서는 인문학과 사회과학 사이 관계를 '상호 개방'의 관점에서 살펴보고자 한다. 이를 위해 먼저 변화된 21세기 역사 상황 속에서 인문학이 지니는 위치와 역할이 무엇인지를 물어보고자 한다. 이어 역사 현실에 대한 인문학의 실천적 참여 문제를 에드워드 사이드의 실천적 인문학 패러다임에 대한 검토를 통해 알아보고자 한다. 마지막으로 인문학과 사회과학이 '상호 개방'을 통해 재구조화되는 방안들을 모색해 보고자 한다.

인문학(humanities)은 그동안 현대 세계가 출현하고 발전하는 데 필요한 기본 이념을 제공해 왔다.[2] 현대 세계는 서양의 자본주의 문명에 기초해 형성되어 왔다. 자본주의 문명이 출현하는 주요 이념적 기반의 하나는 인문학이 제공했던 인문주의 가치였다. 인문주의(humanism)란 인간을 중심으로 모든 것을 사고하는 인본주의(人本主義) 사고이다.[3] 인간은 인문주의에 기초하여 인간사회와 자연에 능동적이고 적극적으로 개입해 왔다. 현대 세계는 이 과정에서 놀라운 과학기술 문명과 높은 생활 수준을 이룩할 수 있었다.

---

[2] 'humanitie'라는 말은 'studia humanitas'라고 하는 라틴어에서 유래했다. '인간성의 학문'으로 번역되는 이 라틴어는 로마 시대에 키케로(Cicero)는 문학의 교육을 뜻하는 말로 사용했는데, 14세기 이래 이탈리아 인문주의자들이 받아들여서 널리 사용하기 시작했다(조동일, 「인문 학문의 유래와 위치 재검토」, 『인문 학문의 사명』(서울대학교 출판부, 1997), 218쪽).

[3] 인문주의(humanism)란 매우 모호한 개념이다. 여기서는 '인간의 가치와 존엄을 강조하고 인간의 삶과 조건에 우선적으로 관심을 두는 사상과 사조'를 의미하는 넓은 의미의 휴머니즘 개념을 사용하고자 한다(김영한, 「휴머니즘」, 『서양의 지적 운동』 II (지식산업사, 1998), 11쪽).

　새로운 천년을 맞고 있는 현대 세계는 인간이 이룩해온 문명에 회의
적 입장을 보이고 있다. 인간이 이룩한 높은 과학기술 문명은 자연 자
원의 고갈을 가속화시키고 있고, 자연 생태계를 파괴하여 인간 생존
자체를 위협하고 있다. 또한 현대의 사회, 정치, 경제 제도들은 세계대
전, 파시즘, 전체주의적 독재, 식민통치 등과 같은 커다란 부작용을 낳
았다.

　현대 문명에 대한 부정적 비판은 현대 문명을 이끌어 온 인간 이성
의 역할에 대해 근본적인 문제를 제기한다. 인간 중심적 사고가 인간
과 자연 사이의 조화를 깨뜨렸으며, 이성 중심의 획일적 · 기계적 사고
가 경직된 사회구조를 낳았다는 것이다.[4] 현대 문명에 이러한 문제가
있음을 부인할 수 없다. 인문학은 그동안 인간의 합리적 이성을 중심
으로 하여 유토피아 세계로 무한히 발전할 수 있다는 낙관주의에 빠져
있었다. 그러므로 현재 제기되고 있는 문제점들에 미리 대처할 수 없
었다.

　그렇다면 현재 우리 문명이 안고 있는 문제점들을 어떻게 해결할 수
있을까? 기존의 인문학이 현재의 문제점들을 해결하지 못했다고 인문
학이나 인문주의 입장을 버려야 할까? 인간 사회에서 벗어나 자연으로
돌아가거나 이성적 사고에서 벗어나 감정적으로 행동해야 할까?

　그럴 수 없다. 우리 인류 사회는 이미 80억이 넘는 인구에 대해 책임
질 수밖에 없다. 80억이 넘는 인구가 자연과 조화를 이루면서 생존하
려면 인류가 지금껏 쌓아온 과학기술 문명에 기초할 수밖에 없다. 다
만 기존에 간과해 왔던 자연 생태계의 파괴 문제를 해결하는 데 온갖

---

[4] M. 호르크하이머/Th. W. 아도르노, 『계몽의 변증법』, 김유동 · 주경식 · 이상훈 역(문
　예출판사, 1995), 18~19쪽.

노력을 집중해야 한다.

　또한 현대 사회는 계급 갈등 문제, 민주와 독재 문제, 사회 복지 문제, 교육 문제, 세계적 차원의 빈부 격차 문제, 여성 문제 등 수많은 문제들을 안고 있다. 이러한 문제들은 한두 사람의 노력으로 해결할 수 없는 구조적이고 거대한 문제들이다. 기존의 거시적 접근 방식도 문제가 있지만, 거시적 접근 방식을 떠나 새로운 문제 해결 방안을 찾기는 어렵다.

　포스트모더니즘이 주장하는 것처럼 그동안 소외되어 왔던 다양한 사회집단들의 참여나 노력이 필요하다. 그러나 이들을 포괄하는 전체적인 틀도 여전히 필요하다.[5] 전체적인 틀을 새롭게 만들고 추진해 나가기 위해서는 합리적 이성이나 중심 축이 있어야 한다. 전체적인 틀이 없다면 현대 사회가 안고 있는 문제들은 그대로 유지되거나 더욱 심각해질 수밖에 없을 것이다.

　20세기 후반의 현대 사회는 위에 거론된 문제들에 대한 해답을 포함하는 새로운 전체적인 대안 틀을 요구하고 있다. 특히 사회주의가 붕괴한 이후 자본주의가 전 세계를 지배하는 현실에서 더욱 그렇다. 기존의 현실 사회주의는 여러 가지 점에서 일단 문제가 많은 것으로 판명되었다. 그러나 사회주의 진영이 사라진 현대 자본주의 사회에서 문제점이 사라진 것은 아니다. 이런 현실은 현재의 문제점들을 해결해주면서 계속 발전시켜 나갈 새로운 대안 이론 틀을 요청할 수밖에 없다.

　이러한 요청에 가장 잘 부응할 수 있는 분야는 인문학이다. 인문학

---

5) 강성호, 「포스트 모더니즘과 마르크스주의 역사학」, 『포스트 모더니즘과 역사학』(푸른 역사, 2002), 171쪽.

은 기존의 이론 틀이 안고 있는 문제점들을 현상 차원이 아니라 본질적 차원에서 검토할 수 있다. 인문학은 문제가 생기게 된 근본 원리나 문제가 생겨온 역사적 과정 전체를 다룰 수 있기 때문이다. 현재의 응용 사회과학들은 각 분과별로 전문화되어 현재 사회의 각 부분들을 진단하고 분석한다. 이에 비해 인문학은 기존의 이론 틀을 총체적으로 분석할 수 있다. 따라서 인문학은 새로운 대안을 근본적이고 총체적으로 제시하는 데 있어 전략적으로 가장 중요한 학문이라 할 수 있다.

　이런 점을 보았을 때 21세기에 인문학은 더욱 더 중요한 위치를 점할 수밖에 없다. 인문학이 새로운 대안 틀을 제대로 발전시켜 나가기 위해서는 다음을 명심해야 한다. 첫째, 새로운 대안을 제시해 나가는 과정에서 현실과의 밀접한 관계 유지가 필요하다. 현실 상황이 어떻게 변화되는가를 항상 정확히 살펴보는 과정 속에서만 현실적 대안이 나올 수 있기 때문이다. 둘째, 인문학은 사회에 대한 총체적 접근을 시도하기 위해서 다른 사회과학 분야와 끊임없이 교류해야 한다. 사회과학 분야는 인문학 분야에게 사회의 다양한 측면에 대한 풍부한 내용과 분석 방법론을 제공해줄 수 있다. 또한 사회과학 분야도 인문학과의 교류를 통해 기능주의적 측면에 빠지지 않고 사회를 근본적이고 총체적으로 이해하는 데 도움을 받을 수 있을 것이다. 이점들을 좀 더 구체적으로 살펴보려고 한다.

2. 에드워드 사이드와 실천적 인문학

　인문학은 변화하는 역사 현실과 밀접한 관계를 가지면서 그 현실을 정확히 반영할 때만이 지속적으로 발전해 나갈 수 있다. 인문학이 역사현실과 동떨어져서 자기의 학문 세계에만 매달리게 되면 현실과 대중으로부터 외면당할 수밖에 없다. 인문학이 역사 현실을 정확하게 인식하도록 이끌면서 균형적인 세계 발전에도 크게 기여한 사례로 에드워드 사이드를 들 수 있다.

2003년 9월에 사망한 에드워드 사이드는 탈식민주의 이론의 창시자로 세계적으로 널리 알려진 팔레스타인 출신의 미국 문학 비평가이다. 그는 자신의 주저인 『오리엔탈리즘(*Orientalism*)』과 『문화와 제국주의(*Culture and Imperialism*)』에서 서양 중심의 잘못된 세계관을 비판함으로써 다문화적인 새로운 세계 질서를 주장하였다. 사이드의 탈식민주의 이론은 1945년 해방 이후 미국 중심의 서양 문화에 대한 학문적·문화적 종속이 심한 우리 현실을 극복하는 데 중요한 역할을 할 수 있다.[6)]

사이드의 탈식민주의 이론은 인문학을 현재의 역사 현실과 연관시켜 보고자하는 노력 속에서 나왔다. 그는 기본적으로 어떠한 문학이나 인문학도 역사 현실과 떨어질 수 없다고 생각했다. 그는 오늘날에도 서유럽과 미국 중심의 제국주의가 여전히 활동하고 있으며 그 속에서 해방된 구 식민지 국가들이 피해를 입고 있다고 보았다. 특히 그는 자신이 팔레스타인 출신의 미국 학자이기 때문에 중동의 이슬람 문명과 미국 사이의 정치적, 경제적, 군사적, 문화적 불평등 관계를 볼 수 있고 보아야 한다고 믿었다.[7)]

---

6) 에드워드 사이드의 탈식민주의 이론에 대한 평가는 관점에 따라 매우 다를 수 있다. 사이드의 탈식민주의 이론이 산만한 탈식민주의 비평을 선진 세계에도 통용될 수 있는 보편적인 '고급이론'으로 격상시켰다는 극찬에서부터 '(신)식민주의적 지배적 지식 체계와 정치적으로 공모하고 있다는 신랄한 비판에 이르기까지 사이드에 대한 평가는 양극단을 달리고 있다(바트 무어-길버트, 『탈식민주의! 저항에서 유희로』(한길사, 2001), 37~43쪽). 여기서는 사이드에 대한 현실적 평가보다는 사이드가 역사 현실에 접근하는 태도에 한정해서 살펴보려 한다.

　사이드는 이러한 역사 현실 인식을 근거로 해서 1990년대 초에 『문화와 제국주의』에서 인본주의 연구를 위해서는 지금까지와 다른 새로운 패러다임이 필요하다고 생각했다. 그것은 현대의 학자들이 현대의 정치에 관심을 가져야 하고 참여해야 한다는 것이다.[8] 그는 구체적인 실천 방안으로 현 시기 문화 지식인이 문화의 정체성을 파악할 때 그 현상만을 파악하지 말고 그 정체성을 만든 숨은 정치적 의도가 무엇인지를 밝혀야 한다고 제안하였다. "그러므로 문화 지식인들이 직면한 과업은 주어진 정체성의 정치학을 받아들이는 것이 아니라 어떻게 이 모든 재현들이 무슨 목적으로, 누구에 의해서 어떤 구성 요소로 구성되고 있는가를 보여주는 것이다."[9]

　사이드는 모든 인문 지식은 정치적 당파성을 지니고 있기 때문에 문화 이면에 숨어 있는 정치적 의도를 밝힐 필요가 있다고 보았다.[10] 그는 문화의 정체성은 영원히 변하지 않는 결정된 것이라고 보지 않았다. 예를 들어 그는 소설이나 문학은 세속적인 목적에 봉사하기 위해 만들어진 것으로 생각했다. "나는 오히려 소설이 많은 다른 것들 중에서 글쓰기의 한 양식의 선택이며 글쓰기 작업은 하나의 사회적 양식이며 문학이라는 범주는 다양한 세속적 목적에 봉사하기 위해 창조된 어떤 것이라고 해석하고 싶다."[11] 따라서 그는 정치적 의도가 담겨 있는 텍스트를 읽고 쓰는 것은 결코 중립적일 수 없다고 판단했다. "텍스트

　7) 에드워드 사이드, 『문화와 제국주의』, 김정곤·정정호 역(창, 1995), 43쪽. 에드워드 사이드의 생애에 대해서는 에드워드 사이드, 『에드워드 자서전』(살림, 2000) 참조.
　8) 에드워드 사이드, 『문화와 제국주의』, 529쪽.
　9) 위의 책, 532쪽.
　10) 에드워드 사이드, 『오리엔탈리즘』, 박홍규 역(교보문고, 1999), 32쪽.
　11) 에드워드 사이드, 『문화와 제국주의』, 535쪽.

를 읽고 쓰기는 결코 중립적인 활동이 아니다. 왜냐하면 작품에는 그 것이 제아무리 심미적이거나 오락적이라 하더라도 이해관계, 권력, 정 열, 즐거움이 수반되기 때문이다."12)

모든 인문 지식이 정치적 당파성을 지니고 있기 때문에 중립성을 결 코 지닐 수 없다는 주장은 새로운 주장이 아니다. 이미 오래 전에 막스 베버(Max Weber)가 이 점을 언급했었다. 막스 베버는 문화 현상을 고 찰할 경우에 '가치 이념(Wertideen)'에 의해 결정되기 때문에 객관적으 로 그리고 중립적으로 파악할 수 없다고 보았다.13) 최근에 역사학 쪽 에서 에릭 홉스봄도 인문학 및 사회과학에서의 당파성의 중요성을 다 시 강조하였다.14)

그럼에도 불구하고 현 시기에 에드워드 사이드의 이러한 주장이 주 목받을 필요가 있는 것은 두 가지 점에서이다. 하나는 당파성의 문제 를 문화와 인문학과 연관시켜 구체화했다는 점이다. 다른 하나는 현재 현실에 큰 파급력을 갖고 있는 제국주의 문화를 직접 분석 대상으로 해서 그 실천적 의의가 크다는 점이다.

예를 들어 미국의 인문학 진흥 노력에 대한 사이드의 비판은 우리에 게 시사해주는 바가 크다. 미국은 대통령 직속으로 '미국 인문학 진흥 기금'을 운영하고 있다. 이 진흥 기금은 한국 인문학 진흥과 관련해서 모색했던 대안의 하나이기도 해서 우리나라에서도 비교적 잘 알려져 있다. 이 기금의 책임자였고 미국 교육부 장관을 역임했던 윌리엄 베 넷(William Bannett)의 인문학 진흥책이 갖는 미국 중심의 보수주의적

---

12) 위의 책, 538쪽.

13) 막스 베버, 「사회과학적 및 사회정책적 인식의 '객관성'」, 임영일, 차명수, 이상률 편 역, 『막스 베버 선집』(까치, 1991), 65쪽.

14) 에릭 홉스봄, 「당파성」, 『역사론』, 강성호 역(민음사, 2002), 203쪽.

당파성과 위험성을 사이드는 비판하였다.

베넷은 '유산을 되찾기(To Reclaim a Heritage)'에서 20여 권의 주요 텍스트를 통해 미국의 전통을 다시 회복시켜 인문학을 가질 수 있다고 주장하였다.[15] 모든 미국 학생들이 호머, 셰익스피어, 성경, 제퍼슨(Thomas Jefferson) 등을 필수로 읽는다면 미국 국가의 목적에 맞는 인간을 길러낼 수 있다는 것이다. 결국 베넷의 인문학 진흥이란 다민족과 다문화로 이루어진 미국 사회에서 서유럽 중심의 백인 문화만을 집중적으로 육성하겠다는 보수주의적이고 엘리트주의적 발상에 지나지 않는다.

이를 보면 인문학을 육성하는 것도 중요한 일이지만, 어떠한 입장과 필요성 속에서 인문학을 육성 발전시켜야 할 것인가가 더 중요한 문제이다. 미국처럼 대통령 직속으로 인문학 진흥기금을 두어 국가 차원에서 인문학을 지원하는 제도는 형태적인 면에서 받아들일 필요가 있지만 그 내용과 관점까지 받아들이기 어렵다. 미국의 인문학 진흥 정책은 미국 백인 문화 중심의 정체성을 강조하여 미국 내부와 세계 다른 지역의 주변부 문화를 무시하려는 정책적 의도에서 나왔다는 사실이다. 이번 기회에 우리도 한국에서 지나치게 강조되는 서양의 인문 고전에 대한 교육과 연구가 지니는 한계와 위험성에 대해서도 경각심을 가지고 다른 대안을 모색해 나가야 할 필요가 있다.

사이드는 실천적 인문학 패러다임을 모색하면서 학문이 전문가 집단 내에만 갇혀있지 말고 대중과 직접 호흡을 같이할 것을 제안하였다. 그는 인문학을 비롯한 학문 전반이 대학의 전공 분야로만 머물러서는 안 된다고 생각했다. 전문적인 방법을 통해서만 사회적 · 정치적 참여를 할 수 있다는 '전문주의 이데올로기'에 매달리면 학자는 전문직

15) 위의 책, 542쪽.

에 종속될 수밖에 없다는 것이다. 왜냐하면 전문 학자들은 지역 사회와 시민들에 대해 책임을 느끼지 않고 동료 전문가 집단의 반응만 살필 것이기 때문이다.[16]

사이드의 실천적 인문학 패러다임에 대한 제안은 한국의 인문학자들에게 많은 점을 시사해준다. 한국 인문학이 위기에 처한 원인을 여러 가지로 들 수 있겠지만, 한국 인문학이 현실과 동떨어져서 급변하는 한국과 세계의 현실 변화를 설명해줄 수 없었던 점도 그 주된 원인의 하나라고 생각된다. 한국 인문학이 현실과의 긴장감을 다시 회복해내고, 역동적인 현실을 우리 입장에서 제대로 담아내게 되면 21세기에 새로운 활로를 개척해 나갈 수 있을 것이다.

3. 인문학과 사회과학의 재구조화

1) 재구조화의 역사적 배경

현재 존재하는 인문학, 사회과학, 자연과학이라는 학문 분류가 대학에 제도적으로 자리 잡은 것은 19세기 유럽에서였다.[17] 이후 이 학문 분류는 유럽이 다른 세계 지역을 식민화하거나 반식민화하는 과정 속에서 1945년 이전까지 세계 전역에서 보편적인 학문 체계로 자리 잡아나갔다. 1945년까지 자연과학은 '비인간(non-human)' 체계를 연구하는 분

---

16) 위의 책, 543쪽.
17) 이매뉴얼 월러스틴 외,『사회과학의 개방: 사회과학 재구조화에 관한 괼벤키안 위원회 보고서』, 이수훈 역(당대, 1996), 30쪽.

야로, 인문학은 '개명된' 인간사회의 문화적 · 정신적 · 영적 산물을 연구하는 분야로, 그리고 사회과학은 인간 행동을 지배하는 일반 법칙에 관심을 갖는 분야로 생각되었다.[18]

이렇게 제도적으로 구조화된 학문 분류는 제2차 세계대전 이후에 흔들리기 시작했다. 1945년 이후 전개된 새로운 세 가지 사태를 그 배경으로 들 수 있다.[19] 첫째는 새로운 세계 정치 구조의 등장이다. 미국과 소련 사이에 냉전 체제가 성립되고 전 세계 비유럽 민족들이 자기 목소리를 내게 되면서 유럽 중심 세계 질서가 무너지게 되었다. 이 상황에서 유럽중심주의에 근거한 학문 체계의 권위도 약화되면서 새로운 세계 질서에 맞는 새로운 모델을 찾기 위한 모색이 시작되었다.

둘째는 1945년 이후 4반세기 동안 세계가 그 어느 때보다 생산력과 인구 면에서 큰 팽창을 이룩했다는 사실이다. 이러한 세계 경제의 팽창으로 인해 국가 기구와 기업뿐만 아니라 연구 조직 규모가 대폭적으로 늘어났다. 주요 강대국들이 냉전에 자극받아 '빅(Big) 학문'에 투자를 시작했고, 이 투자는 사회과학을 비롯한 학문 전반으로 확대되었고, 이로 인해 대규모 학제 간 연구 프로젝트가 출현하게 되었다.

셋째는 전 세계 모든 나라에서 대학 체계가 양적으로 엄청나게 팽창했다는 사실이다. 이러한 팽창은 직업 학자들의 수를 늘리게 되었다. 양적으로 늘어난 인문사회과학자들은 자신들의 생존을 위해 자신의 전공 영역을 뛰어 넘어 이웃 학문 영역으로 침투할 수밖에 없는 상황에 놓이게 되었다. 결국 이러한 상황들 속에서 기존의 학문 간의 경계가 흐트러졌고, 학문 영역을 뛰어넘는 새로운 연구 방법론과 주제에

18) 위의 책, 48~49쪽.
19) 위의 책, 53~55쪽.

대한 모색이 적극적으로 시도될 수밖에 없었다.

 2) 역사학과 사회과학의 수렴화

 이러한 정치 상황 속에서 인문학과 사회과학은 적극적으로 상호 협력을 통해 대립을 극복하고자 노력해 왔다. 실제로 인문학과 사회과학 사이의 협력이 활발해지면서 양 학문 분과는 수렴되어가는 경향을 보였다. 이는 구체적으로 인문학의 주요 분과의 하나인 역사학과 사회과학 사이의 관계를 보면 잘 드러난다. 홉스봄은 20세기 역사학의 발전 과정을 전체적으로 개괄하면서 가장 주요한 특징으로 역사학과 사회과학 사이의 상호 수렴화 과정을 들었다. 역사학과 사회과학이 서로 접근함으로써 역사학 내에서 진보가 이루어졌다는 것이다.[20]

 따라서 홉스봄은 역사학이 주변 사회과학의 방법론을 적극적으로 받아들일 것을 주장하였다. 그는 역사가가 다른 사회과학으로부터 기술과 아이디어를 빌려오고, 사회과학의 최신 발전 성과들을 자신의 작업에 통합해야 한다고 생각했다.[21] 구체적으로 그는 역사학이 경제학, 사회인류학, 심리분석, 구조주의, 언어학 등의 다양한 연구 성과를 받아들여야 한다고 생각했다. 그러나 그는 다양한 분야를 받아들이는 과정에서 역사가 파편화될 수 있는 위험성을 경고하면서 어디까지나 전체적 연관 속에서 역사를 볼 것을 강조하였다.

 홉스봄은 역사학 입장에서 인근 사회과학적 연구 방법을 적극적으로 받아들이면서 역사를 '전체적'으로 파악하려 했다. 그는 기존의 마

---

[20] 에릭 홉스봄, 「역사학은 진보했는가」, 『역사론』, 113쪽.
[21] 위의 책, 114쪽.

르크스주의 역사학이 주로 경제적 측면에서만 역사를 파악하려 했던 한계에서 탈피해서 정치, 사상, 문화, 종교 등 사회의 다양한 측면을 전체적으로 보고자 했다. 이러한 입장은 '사회사에서 전체 사회사로'라는 글에 잘 나타나 있다. 그는 이 글에서 '전체 사회사(history of societies)'로 나아 갈 것을 제안하였다.[22]

프랑스의 아날 학파도 홉스봄의 주장처럼 역사학을 중심으로 하여 다양한 사회과학의 방법론을 포괄하고자 하였다. 마르크 블로크와 루시앙 페브르가 시작한 아날학파는 1930년대에 주변적인 위치에 머물렀지만, 제2차 세계대전 직후부터 확고한 위상을 갖게 되었다. 아날학파는 1946년에 새로이 설립된 고등연구원 제6부에서 확고한 제도적 토대를 마련하였다. 제6부는 1972년에 '사회과학고등연구원[Ecole des Hautes Etudes en Science Sociale(EHESS)]'으로 재조직되었다. 여기서 아날학파는 역사학과 사회과학 학과들을 포괄적인 '인간과학'으로 통합하려고 노력하였다.[23] 이 '인간과학'은 경제학, 사회학, 인류학, 언어학, 기호학, 문학예술학, 그리고 정신분석학까지도 포함하려고 했다. 따라서 아날학파는 당연히 학제 간의 경계를 뛰어넘는 연구를 옹호했고, 점차 자료 처리의 새로운 기술들이 늘어나게 됨에 따라 다양한 연구 프로젝트를 통합하는 대규모 집단 연구를 가능하게 만들었다. 한국에 활발하게 번역 소개된 브로델, 피에르 구베르(Pierre Goubert), 르 고프, 조르주 뒤비(Geroges Duby), 르 르와 라뒤리 및 로베르 망드루(Robert Mandrou) 등의 훌륭한 종합적 연구가 1960년대와 1970년대의 이러한 상황에서 나올 수 있었다.

22) 에릭 홉스봄, 「사회사에서 전체사회사로」『역사론』, 129~139쪽.
23) 조지 이거스, 『20세기 사학사』, 임상우 · 김기봉 역(푸른역사, 1999), 91쪽.

3) 인문학과 사회과학의 재구조화

인문학과 사회과학 사이의 상호 접근 차원을 넘어서 서로 대립을 넘어 적극적으로 통합을 모색해 나가야 한다는 주장도 제기되었다. 그 대표적 주장으로 조동일의 문제 제기를 들 수 있다. 그는 한국 인문학이 처한 위기를 극복하는 과정에서 인문학의 주도하에 사회과학과의 관계를 재정립하고자 했다. 먼저 그는 인문학, 사회과학, 자연과학이 서로 대등한 위치에서 개별적인 의의와 총체적인 관련을 분명히 할 필요가 있다고 생각했다. 동시에 그는 이 공동의 목표를 수립하고 실현하는 데 인문학이 앞서야 된다고 보았다.[24] 그러나 그는 인문학이 사회과학을 누르는 것을 목표로 삼지는 않았다. 그는 인문학과 사회과학을 구분한 근대 학문의 분파주의를 넘어서 다음 시대 학문의 '통합주의'를 이룩하는 데 인문학이 앞장서야 한다고 주장했다.[25] 인문학과 사회과학의 대립을 넘어서는 방안을 먼저 마련하는 것이 인문학이 사회과학과의 싸움에서 이기는 길이라는 것이다.

인문학과 사회과학 사이의 대립을 넘어 새로운 화합을 찾고자 하는 조동일의 주장은 매우 시기적절한 제안이다. 우리는 지금 시간상 기존의 분과 학문구조가 붕괴되어버린 시점이 아니라 기존의 구조가 의문시되고 그에 경쟁적인 구조들이 생겨나려는 지점에 처해 있기 때문이다.[26] 이런 상황에서는 현재의 분과 학문별 경계선에 개의치 않고 지적 활동 조직을 확대하는 것은 새로운 대안일 수 있다.[27] 여기서는 이

---

24) 조동일, 「인문 학문의 유래와 위치 재검토」, 『인문학문의 사명』, 226쪽.
25) 조동일, 「인문 학문과 사회 학문의 대립과 화합」, 『인문학문의 사명』, 232쪽.
26) 이매뉴얼 월러스틴 외, 『사회과학의 개방』, 136쪽.
27) 위의 책, 136쪽.

러한 모색의 대표적 예로 '사회과학 재구조화에 관한 굴벤키안 위원회'
의 보고서인 『사회과학의 개방』을 통해서 살펴보고자 한다.

'사회과학 재구조화에 관한 굴벤키안 위원회 보고서'는 칼로우스트
굴벤키안(Calouste Gulbenkian) 재단의 후원으로 작성되었다. 굴벤키안
재단은 포르투갈에 근거를 둔 재단으로서 전 지구적 성격을 띤 사안과
보다 나은 미래를 위해 사회가 공동으로 모색해 나가야 할 사안에 대
해 지원하고 있다. 따라서 사회과학 분과 학문들 사이의 관계뿐만이
아니라 인문학과 사회과학 사이의 관계를 재설정하는 이 위원회의 연
구 주제는 이러한 굴벤키안 재단의 목적과 부합된다고 판단되어 지원
받을 수 있었다. 이 연구는 자본주의 세계체제론으로 널리 알려진 이
매뉴얼 월러스틴(I. Wallerstein)의 연구 계획서에 기초해 있다.[28] 이 연
구에는 이 위원회 위원장인 이매뉴얼 월러스틴을 포함한 6명의 사회
과학자뿐만 아니라 인문학자 2명과 자연과학자 2명이 공동으로 참여
하였다. 여기에 참여한 인문학자 중에는 독일 사회사의 대표자인 유르
겐 콕카(Jürgen Kocka)도 들어있다. 따라서 이 연구 자체가 인문학과
사회과학 사이의 구체적 공동 연구 사례이기도 하다.

사회과학 재구조화에 관한 굴벤키안 위원회는 1993년 7월부터 2년
동안 활동하였다. 위원회는 크게 세 가지 쟁점을 둘러싸고 진행되었다.
사회과학이 지식의 한 형태로서 역사적으로 구축되어 온 과정, 1945년
이후 시기의 새로운 역사적 상황 속에서 사회과학의 재구조화와 관련

[28] 월러스틴이 『사회과학으로부터의 탈피』에서 제기한 문제 인식이 이 연구 계획서의
기본 축을 이루고 있다. 앞의 책에서 월러스틴은 19세기의 '사회과학으로부터 탈피
(unthinking social science)'할 필요가 있다고 제안하였다. 그는 19세기 사회과학이 경
제, 정치, 사회문화의 세 분야를 분리하는 잘못된 유산을 남겼으며 이 장벽을 넘어서
야 한다고 생각했다(이매뉴얼 월러스틴, 『사회과학으로부터의 탈피: 19세기 패러다
임의 한계』, 성백용 역(창작과 비평사, 1994)).

된 논쟁, 그리고 새로운 유형의 사회과학 건설과 관련된 기본 입장 정립과 방안 모색 등이 그것이다.

이 위원회는 1945년 이후에 역사적 조건이 변화함으로써 분과 학문 사이의 경계선이 무너지기 시작했다고 판단했다. 자연과학, 사회과학, 그리고 인문학이라는 삼등분적 학문 분류가 흐트러졌다는 것이다. 이러한 상황은 기존의 학문 조직을 재조직하는 문제와 더불어 기존 학문의 성립과 관련된 기본 주요 명제에 대한 근본적인 재검토를 요구했다.

이 위원회는 '다원주의적이고 보편적인 구조'를 건설하자는 기본 관점에서 기존의 주요 명제들을 새롭게 해석하였다. 첫째, 위원회는 인간과 자연을 존재론적으로 구분하는 것에서 벗어나, 인간과 자연을 그 복잡성과 상호 연관성 속에서 다루어야 한다고 인식했다.[29] 둘째, 위원회는 사회 분석을 하기 위한 '사회 지리적 용기로서의 국가'를 비판하면서, 국가 중심주의를 벗어난 새로운 분석 방법을 강조하였다. 그 과정에서 한편으로는 국제 정치경제학, 전 지구적 제도주의 경제학, 세계체제 분석 같은 국가 단위를 초월하는 방법과 다른 한편으로는 국가 안의 '지역(region)'에 대한 새로운 관심이 부각되었다.[30] 셋째, 위원회는 보편과 특수라는 기존의 허위적 구도에서 벗어나 '다원적 보편주의'를 모색하고자 하였다.[31] 기존의 보편주의라는 것은 서구 중심의 지역 편파주의에 지나지 않기 때문에, 다원적 보편주의에 근거해서 모든 문화, 사회, 국민들을 연구하고 교육해야 한다는 것이다. 또 이를 위해서 연구자들이 세계 주요 나라 언어를 사용할 수 있도록 노력해야

[29] 위의 책, 109쪽.
[30] 위의 책, 113쪽.
[31] 위의 책, 114~119쪽.

한다는 다(多)언어주의도 강조되었다. 다언어주의는 제2차 세계대전 이후 비(非)서구세계가 서구사회에 다시 자신의 목소리를 내기 시작한 역사 상황을 반영하고 있다.

이 위원회는 이러한 근본적인 인식의 전환 위에서 분과 학문 사이의 기존의 폐쇄적인 경계를 무너뜨릴 필요가 있다고 생각하였다. 예를 들어 위원회는 역사적이라는 것이 역사학자라 불리는 사람들의 독점적 영역이 아니며, 마찬가지로 사회학적인 것도 사회학자들의 독점적 영역도 아니라고 믿는다. 위원회는 지혜의 독점이 존재한다는 점도, 대학의 특정 학위를 가진 사람에게 유보된 지식 영역이라는 것도 믿지 않는다.[32] 결국 위원회는 이런 인식하에서 인문과학과 사회과학이 서로 개방해서 새로운 통합을 적극적으로 모색해 나갈 것을 주장하였다.

이 위원회는 사회과학을 개방하기 위한 현실적 정책 대안으로 다음의 네 가지를 제안하였다.[33] 첫째, 구체적이고도 시급한 주제들을 중심으로 일 년간 공동 연구를 할 수 있도록 학자들을 초빙하는, 대학 내 혹은 대학과 연계된 기관들의 확대이다. 둘째, 전통적 학문 분과를 뛰어넘는 구체적인 지적 목표를 가지면서 일정한 기간(이를테면 약 5년 정도) 동안의 연구 기금을 갖는 대학 구조 내 통합 연구 프로그램의 설치이다. 셋째, 한 학과가 아니라 복수의 학과에 교수들을 동시에 임명하는 '교수 공동 임명의 의무화'이다. 넷째, 대학원생들의 공동 작업이다.

이 위원회의 보고서는 여러 가지 면에서 우리에게 시사해주는 바가 크다. 먼저 사회과학을 비롯한 학문 전반의 위기를 현상적인 면에서가 아니라 역사적 맥락과 근본적인 측면에서 진단하고 처방하고자 하는

---

32) 위의 책, 131쪽.
33) 위의 책, 137~139쪽.

자세가 돋보인다. 또한 현 시기가 제 학문 분과 간의 경계를 열린 자세로 허물고 다양한 공동 작업 모델을 새롭게 개발해야 될 때라는 위원회의 문제 인식과 네 가지 구체적인 대안 제시도 우리 입장에서 적극적으로 수용할 필요가 있다고 판단된다.

인문학은 위에서 살펴본 것처럼 21세기에도 여전히 전략적으로 중요한 위치를 차지하는 학문이다. 인문학은 현대 사회가 안고 있는 구조적인 여러 문제들을 현상적 차원에서가 아니라 근본적 차원에서 진단할 수 있고, 그 과정에서 21세기가 요구하는 새로운 대안을 제시하는 데 중요한 역할을 할 수 있기 때문이다. 인문학이 이러한 역할을 제대로 수행하기 위해서는 역사 현실과 밀접한 관계를 유지하고 참여할 필요가 있다. 우리는 이것을 에드워드 사이드의 실천적인 인문학적 패러다임에 대한 검토를 통해 확인할 수 있었다. 사이드는 제국주의가 부정적 영향력을 발휘하는 오늘날의 역사 현실을 '탈 식민'의 관점에서 실천적으로 해결하고자 했다. 그 결과 '탈식민주의'는 오늘날 주요한 학문 유파의 하나로 자리 잡았고, 현실적으로도 편파적인 제국주의 문화를 시정하는 데 큰 역할을 하였다.

또한 인문학은 사회과학과 적극적으로 협력하는 열린 자세를 가져야 한다. 그럴 때만이 급변하는 현대 사회를 총체적으로 정확하게 진단하고 미래에 대한 대안을 제시하는 데로 나아갈 수 있을 것이다. 그러나 꼭 인문학이 중심이 되어 사회과학과의 적극적 협력 관계를 가질 필요는 없다. 홉스봄의 '전체사회사'처럼 인문학의 한 분야인 역사학이 주도하여 사회과학적인 방법론을 활용할 수도 있고, '사회과학 재구조화를 위한 괼벤키안 위원회'처럼 사회과학이 중심이 되어 사회과학과 인문학 사이의 공동작업 모델을 개척해 나갈 수도 있다.

중요한 것은 인문학과 사회과학 양 분과가 서로 협력해서 현재의 위기를 극복해 나갈 새로운 대안을 모색해 나가는 데 전력을 기울이는 것이다. 따라서 지금은 어느 쪽이 주도권을 쥐고 상호 협력 관계를 만들어 나가야 하느냐 보다는 어느 쪽이 더 열린 자세로 서로 접근해 나가는 노력을 하느냐가 더 필요하다고 생각된다.

2장

분과를 넘어 학제 간 연구와 교육으로

1. 흔들리는 기존 분과 학문 구조

현재 존재하는 인문학, 사회과학, 자연과학이라는 학문 분류가 대학에 제도적으로 자리 잡은 것은 19세기 유럽에서였다.[1] 이후 이 학문 분류는 유럽이 다른 세계 지역을 식민화하거나 반(半)식민화하는 과정 속에서 1945년 이전까지 세계 전역에서 보편적인 학문 체계로 자리 잡아 나갔다. 1945년까지 자연과학은 '비인간(non-human)' 체계를 연구하는 분야로, 인문학은 '개명된' 인간 사회의 문화적·정신적·영적 산물을 연구하는 분야로, 그리고 사회과학은 인간 행동을 지배하는 일반 법칙에 관심을 갖는 분야로 생각되었다.[2]

이렇게 제도적으로 구조화된 학문 분류는 제2차 세계대전 이후에

---

[1] 강성호, 「인문학과 사회과학의 '상호개방'과 재구조화」, 『인문비평』 4(2005. 9) 참조.
[2] 이매뉴얼 월러스틴 외, 『사회과학의 개방: 사회과학 재구조화에 관한 괼벤키안 위원회 보고서』, 이수훈 역(당대, 1996), 48~49쪽.

흔들리기 시작했다. 1945년 이후 전개된 새로운 세 가지 사태를 그 배경으로 들 수 있다.[3] 첫째는 새로운 세계 정치 구조의 등장이다. 미국과 소련 사이에 냉전 체제가 성립되고 전 세계 비유럽 민족들이 자기 목소리를 내게 되면서 유럽 중심 세계 질서가 무너지게 되었다. 이 상황에서 유럽중심주의에 근거한 학문 체계의 권위도 약화되면서 새로운 세계 질서에 맞는 새로운 모델을 찾기 위한 모색이 시작되었다.

둘째는 1945년 이후 4반세기 동안 세계가 그 어느 때보다 생산력과 인구 면에서 큰 팽창을 이룩했다는 사실이다. 이러한 세계 경제의 팽창으로 인해 국가 기구와 기업뿐만 아니라 연구 조직 규모가 대폭적으로 커지게 되었다. 주요 강대국들이 냉전에 자극받아 '큰 과학(big science)'에 투자하기 시작했고, 이 투자가 사회과학을 비롯한 학문 전반으로 확대됨에 따라 대규모 학제 간 연구 프로젝트가 등장하였다.

셋째는 전 세계 모든 나라에서 대학 교육이 양적으로 엄청나게 팽창했다는 사실이다. 이러한 팽창은 직업적 학자들의 수를 늘리게 되었다. 양적으로 늘어난 인문사회과학자들은 자신들의 생존을 위해 자신의 전공 영역을 뛰어 넘어 이웃 학문 영역으로 침투할 수밖에 없는 상황에 처했다. 결국 이러한 상황 속에서 기존 학문 간의 경계가 흐트러졌고, 학문 영역을 뛰어 넘는 새로운 연구 방법론과 주제에 대한 모색이 적극적으로 시도될 수밖에 없었다.

인문학과 사회과학 사이의 대립을 넘어 새로운 화합을 찾고자 하는 주장은 매우 시기적절한 제안이다. 우리는 지금 시간상 기존의 분과학문 구조가 붕괴되어버린 시점이 아니라 기존의 구조가 의문시되고 그에 경쟁적인 구조들이 생겨나려는 상황에 처해 있기 때문이다. 이런

---

3) 위의 책, 53~55쪽.

상황에서는 현재의 분과 학문별 경계선에 개의치 않고 지적 활동 조직을 확대하는 것도 새로운 대안을 적극적으로 모색하는 하나의 방안일 수 있다. 이러한 모색의 대표적 사례로 미국 뉴욕 주립대학교 페르낭 브로델(Fernand Braudel) 연구소 소장으로 있는 월러스틴의 입장을 들 수 있다. 월러스틴은 19세기의 '사회과학으로부터 탈피(unthinking social science)'할 필요가 있다고 제안하였다. 그는 19세기 사회과학이 경제, 정치, 사회 문화의 세 분야를 분리하는 잘못된 유산을 남겼으며 이 장벽을 넘어서야 한다고 생각했다.

여기서는 미국에서 학제 간 연구 및 교육 현황을 UC 버클리, 메사추세츠 공과대학(MIT), 그리고 하버드대학교의 사례들을 통해서 구체적으로 살펴보고자 한다. UC 버클리는 미국의 대표적인 연구 중심 대학교로서 가장 활발하게 학제적 접근을 시도하고 있다. 미국의 대표적인 공과대학인 MIT의 인문학과 공학·과학 사이의 학제적 접근도 살펴볼 수 있다. 또한 하버드대학교는 지역학과 관련된 중요한 학제적 교육 및 연구 프로그램을 운영하고 있다.

2. UC 버클리의 학제 간 연구 프로그램 및 교육 과정

UC 버클리는 미국의 가장 대표적인 연구 중심 대학교이다. UC 버클리는 주립대학교로서 다른 미국 명문 사립대학교보다 기초학문 분야 연구에 중점을 두고 있고, 학제 간 연구 및 교육 프로그램 제공에도 많은 관심을 기울이고 있다. UC 버클리에는 많은 학제 간 프로그램이 존재하고 있다. 인문학, 사회과학, 그리고 자연과학을 연결하는 다양한 프로그램들이 존재하고 있다. 대표적인 학제 간 연구 프로그램들로 다음이 있다.

〈표 1〉 UC 버클리 학제 간 교육 과정 현황

명칭	주요 내용
미국학(American Studies)	미국 지역학
아시아학(Asian Studies)	아시아 지역학
켈틱학(Celtic Studies)	켈트어 연구
인지과학(Cognitive Science)	인지 및 정보과학
발전학(Development Studies)	발전 연구
환경과학(Environmental Sciences)	환경문제
영화학(Film Studies)	영화
학제학(Interdisciplinary Studies)	학제 간 연구
라틴 아메리카학(Latin American Studies)	라틴아메리카 지역학
대중매체(Mass Communications)	대중매체 및 통신
중동학(Middle Eastern Studies)	중동지역학
평화와 갈등학(Peace and Conflict Studies)	국제정치
산업사회의 정치경제(Political Economy of Industrial Societies)	국제경제
종교학(Religious Studies)	종교

이러한 다양한 프로그램 중에서 UC 버클리가 학제 간 연구와 교육을 대상으로 삼는 '학제학(Interdisciplinary Studies)' 프로그램을 운영하고 있다는 점이 주목할 만하다. 거기에다가 UC 버클리는 이 프로그램에 대해 학교 차원에서 상당한 제도적·재정적 지원을 하고 있다. 이 점은 UC 버클리가 '학제학 분야(Interdisciplinary Studies Fields: 이하 ISF로 약칭)'를 다른 전통적인 주요 학문 분야와 동일한 주 전공(Major) 분야의 하나로 인정하고 있다는 점에서 잘 확인된다.

UC 버클리는 ISF를 운영하기 위해 ISF 내에 적지 않은 전임 교원과 관련 자문위원회를 설치하였다. 먼저 ISF만을 전담하는 학과장(Director)이 있고, 그 밑에 4명의 지도 교수(Faculty Adviser)와 9명의 강의 전담 교수(Teaching Faculty)가 상담 활동과 교육 활동을 담당하고 있다. 그리고 19명으로 구성된 학제 간 자문위원회(ISF Advisory Board)가 있다.

이외에 ISF와 관련된 다양한 분야의 42명의 UC 버클리 대학 교수들이
(The honors thesis affiliated faculty) ISF의 활동과 밀접한 관련을 맺고
연구를 돕고 있다.

　UC 버클리의 ISF는 학생들에게 인문학, 사회과학 그리고 다른 전문
분야들에서 흥미 있는 교과목을 선택하여 학문 분야를 넘어서는 개별
화된 연구 프로그램을 개발할 기회를 학생들에게 제공하려는 목적을
지니고 있다. 학제 간 상담 교수의 도움을 받아 각 학생들은 지속적인
연구 문제를 발전시키게 된다. 학생들은 기존에 없는 새롭고 독창적인
연구 및 학습 프로그램을 짜서 주 전공(Major) 교육 과정과 동일한 자
격을 인정받을 수 있다. 단 이러한 학제 간 연구 프로그램은 세 가지
기준에 부합해야 한다. 첫째, 연구 프로그램은 반드시 학제적이어야
한다. 이것은 집중 영역(The Area of Concentration)이 최소한 세 개의
학문 분야로부터의 접근을 통합해야 된다는 것을 의미한다. 통합의 원
칙은 비교, 역사, 지역, 주제나 문제 집중일 수 있다. 둘째, 연구 프로
그램은 기존의 주요 전공 분야를 반복해서는 안 된다. ISF의 목적이 구
조화되거나 정형화된 프로그램이 존재하지 않는 곳에서 수많은 과목
들과 교수들을 학생들과 연결시키려는 것이기 때문이다. 세 번째, 연
구 프로그램은 반드시 실행 가능한 것이어야 한다. 모든 학생들이 의
도하고 있는 프로그램들은 요구한 교과목의 수와 범위가 활용될 수 있
는지 확인하기 위해 상담 교수와 토론해야 한다.

　ISF 프로그램은 학생들의 적극성을 요구한다. 학생들은 기존에 있
는 학제 간 전공 프로그램을 선택할 수도 있지만 새로운 주 전공을
디자인할 수 있다. 따라서 UC 버클리에는 ISF를 통해서 다양한 형태
의 창의적인 새로운 학제 간 연구 프로그램 및 교육 과정이 존재하고
있다(〈별첨 자료 1〉 참조). 현재 시점에서 의미가 있는 주제들을 중심

으로 해서 다양한 전공 분야의 과목들을 새롭게 결합해서 새로운 주
전공이 출현하였고 지금도 만들어지고 있다. 이 학제 간 프로그램들
에는 인문 분야, 사회과학 분야, 자연과학 분야 등의 교과목들이 서로
통합되어 있다.

   ISF는 자체 분야를 유지하기 위해서 최소한의 교과목을 자체적으로
개설하고 있다. 2006년 가을학기에 ISF에 개설될 공식 자체 교과목 현
황은 〈표 2〉를 보면 알 수 있다. 2학기 ISF에 개설되는 공식 교과목은
10과목에 불과하고, 이 과목들은 학제 간 전공에 필요한 이론을 다루
는 과목들과 ISF를 주 전공으로 해서 졸업 논문을 쓸 학생들을 대상으
로 한 과목들에 한정되어 있음을 알 수 있다. ISF 자체에 개설되는 과
목이 이처럼 적은 이유는 ISF 자체가 UC 버클리에 있는 기존 교과목들
에 근거하여 학제 간 교과 과정을 새롭게 짜도록 하기 때문이다.

〈표 2〉 UC 버클리 2006년 가을 학기 ISF 교과목 개설 현황

	이수번호	교과목명	주요 교과목 내용
1	ISF 60	Section 1-Technology and Values in the Global Arena (3 units)	The effect of mass media and the internet on cultural integrity, and others.
2	ISF 100A	Section 1-1 Introduction to Social Theory and Cultural Analysis(4 units)	Central theoretical investigations concerning the construction and organization of social life.
3	ISF 100A	Section 2-Introduction to Social Theory and Cultural Analysis(4 units)	Modernity, postcoloniality, informationalism
4	ISF 100B	Introduction to Social Theory and Cultural Analysis (4 units)	The self and society: competing perspectives.
5	ISF 100B	Introduction to Social Theory and Cultural Analysis (4 units)	Classical and contemporary analyses of the development and construction of individual identity.

	이수번호	교과목명	주요 교과목 내용
6	ISF C155	Social Implications of Computer Technology (2 units)	Electronic community; the changing nature of work; technological risks.
7	ISF C184	The Information Revolution in Business and Society (3 units)	Students will learn how to think strategically and entrepreneurially about IT.
8	ISF 189	Thesis Workshop(Preliminary Thesis Prep)(3 units)	This workshop serves as preparation for the Senior Thesis Writing Seminar ISF 190.
9	ISF 190	Senior Thesis(4 units)	Attendance in ISF 190 is required during the first two weeks of class(or you may be dropped).
10	ISF H195	Honors Thesis(4 units)	Writing a bachelor's thesis pertaining to the student's individual area of concentration

　UC 버클리 ISF 내에서 그동안 다양한 학제 간 교과 과정들이 만들어졌다. 여기에서는 인문 관련 교과목이 들어간 대표적인 학제 간 프로그램 현황을 살펴보고자 한다. 인문학 관련 학제 간 프로그램을 선정하는 기준은 교육 과정에 인문학 관련 과목들이 들어갔는지 여부였다. 그리고 추출 대상은 기존에 개설된 교육 과정을 대상으로 하기에는 너무 방대해서, ISF가 ISF 학생들을 위한 핸드북에서 제시된 대표적인 학제 간 교육 과정 33개 중에서 인문학 관련 학제 간 프로그램을 선택하였다. 33개 교육 과정 중에서 18개가 인문학 과목을 포함하고 있어서 인문학이 학제 간 과목에서 차지하는 높은 비중을 확인할 수 있었다. 〈표 3〉 그리고 인문학 과목이 포함된 교육 과정에는 '신화와 민속(Mythology and Folklore)'과 '이념과 문학: 실존주의(Ideas and Literature: Existentialism)' 같은 인문학적 성격이 강한 학제 간 교육 과정에서부터, '근대 사회의 정책과 관료제(Policy and Bureaucracy in Modern Society)'와 '현대 도시 발전(Comparative Urban Development)'이라는 현실 정책과 관

련된 교육 과정, 그리고 '비교 시각에서 본 기술과 사회(Technology and
Society in Comparative Perspective)' 같은 현대 과학기술 문명과 직결되
는 교육 과정에 이르기까지 다양한 형태를 띠고 있다. 이를 보면 인문
학이 현실의 다양한 분야를 접근하는 데 중요한 토대 학문이라는 점을
알 수 있다.

〈표 3〉 UC 버클리 ISF에서 개발된 인문학 관련 학제 간 프로그램 현황

	이름	포함된 인문학 관련 과목
1	Comparative Urban Development	The Age of the City(History)
2	Globalization and Consumer Behavior	Cultural History of Advertising
3	Technology and Society in Comparative Perspective	History of American Technology
4	Policy and Bureaucracy in Modern Society	The Emergency of Modern Industrial Societies
5	Contemporary International Relations	International History
6	City and Modernity	The Age of the City(History)
7	Health and Illness in an Industrialized Society	Intro to Medical Anthropology
8	The Individual in Contemporary Worlds	Contemporary Literature(English)
9	Sexualities	Society and the Sexes in Europe and the U.S. 1750 to the Present
10	Visual Images and Representation	Aesthetics, Histories of Photography
11	Music and Perception/Psychoacoustics	Aesthetic
12	Literature and Social Criticism in Comparative Perspective	Literature and History/ Literature and Colonialization
13	Mythology and Folklore	Myth and Literature
14	Ideas and Literature: Existentialism	Phenomenology
15	The Origin and Nature of the Postmodern	Nietzsche

	이름	포함된 인문학 관련 과목
16	International Economics and City Development	European Economics 1750~1914
17	Area Studies: Europe	European Society
18	Area Studies: Africa	Africa(History)

ISF라는 학제 간 연구 프로그램과 교과 과정은 학생들이 UC 버클리의 기존 자원을 적극적으로 이용하여 새로운 교과 과정을 주 전공으로 삼아서 다양한 사회 진출을 할 수 있도록 도와주고 있다. ISF 프로그램이 현실적으로 얼마나 성공을 거두고 있는가는 ISF를 주 전공으로 선택한 학생들의 진로 현황을 보면 알 수 있다. ISF 프로그램을 주 전공으로 해서 졸업한 학생들은 인문학, 사회과학, 자연과학, 법학, 의학 등 다양한 분야의 대학원에 진학했거나 공무원, 교사, 의사, 기업가 등 사회의 다양한 분야로 진출하였다. 〈표 4〉는 ISF를 주 전공으로 해서 졸업한 학생들의 다양한 진로 상황을 잘 보여 준다.

〈표 4〉 UC 버클리 ISF 졸업생들의 진로 현황

	전공 분야/직업	학교/직장/직업
1	City Plan	MIT
2	Director of Undergraduate Research	UC Berkeley
3	Fullbright Fellowship for Historical Study	Hungary
4	Fullbright Fellowship for Anthropological Fieldwork	Malaysia
5	Graduate Program, International Relations	Georgetown University
6	Graduate Program, International Relations	Harvard University
7	Graduate Program, Education	Columbia University
8	Graduate Program in Society and Technology	Cornell University
9	Graduate Program in Middle Eastern Studies	Harvard University
10	Graduate Program in Creative Writing	University of Iowa
11	Graduate Program in Philosophy	University of Illinois

	전공 분야/직업	학교/직장/직업
12	Graduate Program in Society and Technology	Cornell University
13	Graduate Program in Middle Eastern Studies	Harvard University
14	Graduate Program in Public Health	UC Berkeley
15	Graduate Program, Development and Environment	Georgetown University
16	Graduate Program, International Relations	Monterey Institute
17	Graduate Program, Urban and City Planning	UC Berkeley
18	Graduate Program, South East Asian Studies	Columbia University
19	Graduate Program, Industrial Relations	Cornel University
20	Internship with United Nations	Geneva
21	Law School	UC-Davis
22	Law School	UC-Berkeley
23	Law School	Georgetown University
24	Medical School	UCLA
25	World Affairs Council	San Francisco

3. 메사추세츠 공과대학(MIT)의 학제 간 연구 프로그램 및 교육 과정

미국의 메사추세츠 공과대학(이하 MIT)은 미국을 대표하는 공과대학이다. MIT에서 인문학과 자연과학 사이의 학제 간 연구를 어떻게 진행하고 있는가를 살펴봄으로써 미국 내의 인문학과 자연과학 사이의 학제 간 연구 현황을 파악해 보려고 한다. 현대 사회의 기능과 지식에 대한 인식의 발전과 함께 연구자들은 한 학문 분야의 관점만을 가지고서는 해결할 수 없는 복잡한 문제에 직면하고 있다. MIT는 이러한 시대적 상황을 적극적으로 받아들여 학제 간 연구를 활성화하려고 있다. 그 결과 MIT에서 다양한 분야의 많은 학생들과 교수들이 수많은 학과와 단과 대학 범주를 넘어선 수많은 학제 간 센터, 연구실 그리고 프로그램 속에서 공동작업을 하고 있다. MIT 측에 따르면 2005년 현재 53개

정도의 센터, 연구실, 그리고 프로그램에서 학제 간 공동 작업이 이루
어지고 있다고 한다.

〈표 5〉 MIT의 학제 간 연구 센터, 연구실 그리고 프로그램 현황

	이름
1	Biotechnology Process Engineering Center
2	Broad Institute
3	Cambridge-MIT Institute
4	Center for Advanced Visual Studies
5	Center for Archaeological Materials
6	Center for Biomedical Engineering
7	Center for Cancer Research
8	Center for Computational Research in Economics and Management Science
9	Center for Coordination Science
10	Center for eBusiness@MIT
11	Center for Energy and Environmental Policy Research
12	Center for Environmental Health Sciences
13	Center for Information Systems Research
14	Center for International Studies
15	Center for Materials Science and Engineering
16	Center for Real Estate
17	Clinical Research Center
18	Computer Science and Artificial Interlligence Laboratory
19	Deshpande Center for Technological Innovation
20	Francis Bitter Magnet Laboratory
21	Haystack Observatory
22	Information Technologies Group
23	Institute for Soldier Nanotechnologies
24	Institute for Work and Employment Research
25	Kavli Institute for Astrophysics and Space Research
26	Knight Science Journalism Fellows Program
27	Laboratory for Electromagnetic and Electronic Systems
28	Laboratory for Energy and the Environment

	이름
29	Laboratory for Financial Engineering
30	Laboratory for Information and Decision Systems
31	Laboratory for Manufacturing and Productivity
32	Laboratory for Nuclear Science
33	Lincoln Laboratory
34	Materials Processing Center
35	McGovern Institute for Brain Research
36	Media Laboratory
37	Microsystems Technology Laboratories
38	MIT Entrepreneurship Center
39	Nuclear Reactor Laboratory
40	Office of Professional Education Programms
41	Operations Research Center
42	Picower Institute for Learning and Memory
43	Plasma Science and Fusion Center
44	Productivity from Information Technology Initiative
45	Program in Polymer Science and Technology
46	Program on the Pharmaceutical Industry
47	Research Laboratory of Electronics
48	Sea Grant College Program
49	Singapore-MIT Alliance
50	Spectroscopy Laboratory
51	System Dynamics Group
52	Technology and Development Program
53	Women's Studies Program

학부생들은 이러한 학제 간 기구들 속에서 학부 졸업 논문을 작성할 기회를 가지게 되고, 대학원생들은 연구 조교의 기회를 가지거나 석사학위나 박사학위로 나아가게 될 기회들을 가질 수 있게 된다. MIT 대학원생들은 '대학원 프로그램 위원회(the Committee on Graduate School Programs)'의 승인을 받아 몇몇 학제 간 교육 프로그램들을 이수할 수

있다. 단 대학원생들이 이 프로그램에 참여하기 위해서는 정규 학과에
서 인정을 받아야 한다. 각 학과들에는 프로그램을 관리하는 상설교수
위원회(a standing faculty committee)가 설치되어 있고, 대학원생들이 등
록한 학과들이 해당 연구 분야의 학위를 수여한다.

　MIT의 인문, 예술, 사회과학 분야 학과들도 여러 학문 분과를 포괄
하는 많은 학부 및 대학원 프로그램을 제공하고 있다. 이 프로그램 들
을 전반적으로는 인문, 예술, 사회과학 분야에 속한 학과 교수들이 공
동으로 운영하지만 일부 경우에는 자연과학 분야 교수들과 함께 공동
으로 운영하기도 한다. 인문, 예술, 사회과학 분야에서 제공되는 학제
간 프로그램들로 〈표 6〉의 프로그램들을 들 수 있다. 이 분야에서 7개
의 학제 간 프로그램이 운영되고 있다. 이것은 MIT 전체에서 운영되는
학제 간 프로그램 수에 비교해보면 적은 편이다. 7개의 학제 간 프로
그램 중에는 인문학과 사회과학 사이의 학제 간 연구를 주로 하는 '미
국학(American Studies)', '고중세학(Ancient and Medieval Studies)', 'MIT
중동 프로그램(Middle East Program at MIT)', '응용국제학 부전공(Minor
in Applied International Studies)' 그리고 '여성학 프로그램(Women's Studies
Program)' 등 5개 프로그램이 대부분을 차지하고 있다. 이외에 기술전
문 분야에 대한 공공 정책의 역할을 연구하는 사회과학과 과학기술 분
야 사이의 학제 간 연구 프로그램인 '공공 정책 부전공(Minor in Public
Policy)'과 인간의 정신과 행동에 대한 인지과학, 역사, 뇌 과학 등 사이
의 학제 간 공동 연구를 요구하는 '심리 연구(Psychology Studies)' 등이
있다.

〈표 6〉 MIT의 인문, 예술, 사회과학 분야 학제 간 프로그램

	이름	특성
1	미국학	역사, 인류학, 문학, 정치학, 음악, 예술, 건축, 도시학 사이의 학제 간 연구
2	고중세학	기원전 5000년에서 기원후 1500년까지의 시기에 대한 학제 간 연구
3	응용국제학 부전공	지구경제와 국제 연구 환경에 적합한 학제 간 연구
4	MIT 중동프로그램	북아프리카와 남아시아를 포함하는 중동지역의 전체적인 상에 대한 학제적인 연구
5	심리학 프로그램	인지과학, 뇌 과학, 역사, 경영학 등과 학제 간 연구를 통해 인간의 정신과 행동 연구
6	공공정책 부전공	기술적 전문영역에 대한 공공정책의 역할에 대한 학제적 연구
7	여성학 프로그램	인간사회와 사상에서의 성(gender)의 중요성에 대한 학제 간 연구

이 중에서 인문학과 관련된 학제 간 프로그램에 대해 좀 더 구체적으로 살펴보고자 한다. 미국학(American Studies)은 미국 사회와 문화에 대해 통합적인 이해를 하기 위해서 다양한 분야(역사, 인류학, 문학, 정치학, 음악, 예술, 건축학 그리고 도시학 등)에 걸친 주제들을 개별적으로 구축한 학제 간 프로그램으로 조직할 기회를 학생들에게 제공해준다. 고중세학(Ancient and Medieval Studies)은 다양한 전공 분야에 나온 다양한 주제들을 통해서 고중세 시대의 주제들을(사상의 역사와 제도의 역사에서부터 물질적 인공물, 문학 그리고 특정 언어 등에 이르는) 탐구하는 커리큘럼 틀을 제공해준다. 이 프로그램은 제도와 사회 시스템의 구조에 대해 그리고 사회 질서와 학문적 전통, 가치, 이데올로기 그리고 사상 사이의 관계에 대해 관심을 가지고 있다. 인간의 정신 생활과 행동에 대한 연구인 심리학은 MIT에서 인문, 예술, 사회과학 분야에서 제시되고 있다. 심리학 관련 교수들과 주제들을 MIT의 인지과학, 뇌 과학, 역사, 경영학, STS 분야 등에서 발견할 수 있다. 따라서 심리학을 전공하려는 학생들은 심리학 프로그램(Psychology Program)

의 상담관과 상의하여 이러한 분야들의 과목들을 연결하여 전공을 설계할 수 있다.

응용국제학 부전공(Minor in Applied International Studies)은 학생들에게 국제관련 학문들을 학습 과정에 통합시켜줌으로써 국제적인 연구 환경을 연구할 수 있게 도와준다. 이와 관련하여 6개 주제의 부전공이 세 개 영역으로 구성되어 있다. 그것은 언어·문화 영역, 국제 정치, 국제 경제, 세계 역사 영역, 그리고 해외 체험 영역 등이다. MIT 중동 프로그램은 북아프리카와 남아시아를 포함하는 중동 지역의 전체적인 상에 대한 학제적인 교육과 연구를 제공한다. 이 프로그램은 이 지역 내의 사회 경제적 변화, 기술적 발전, 정치적 변화, 환경 관리, 지식 네트워크, 제도적 발전, 지속할 수 있는 전략, 국제 거래와 투자 패턴 등을 이해할 수 있도록 도와준다. 이 프로그램은 중동 지역에 대한 전통적인 "지역 연구"와 차별성을 둘 수 있는 코스를 제공해주기 위해 MIT의 강점인 과학과 기술 분야를 이 프로그램에 끌어들였다. 현재 이 프로그램은 정보공학과 지식 전자 네트워킹(E-networking) 분야의 진보를 응용시키는 것뿐만 아니라 폭력적 분쟁에 뒤이은 지역의 재건과 발전 문제에 중점을 두고 있다. 이 프로그램에는 정치학과, 토목환경공학(Civil and Environmental Engineering)과, 도시연구 및 계획학과, 인문학과의 역사학 섹션, 과학, 기술 그리고 사회 프로그램(STS), 그리고 이슬람 건축의 아가 칸 프로그램(the Aga Khan Program in Islamic Architecture)의 교수들이 참여하고 있다.

MIT에는 이처럼 인문, 예술, 사회과학 분야가 주관해서 운영하는 학제 간 프로그램 외에도 자연과학 분야에 인문학이 참여하는 프로그램들이 있다. 그중에서 자연과학 분야 학생들이 인문사회과학의 관점을 가지고 과학 분야를 연구하도록 하는 MIT의 학제적 연구 및 교육 프로그램에 주목할 필요가 있다. 그 프로그램의 이름은 '과학, 기술 그리고 사회(Science, Technology, and Society, 이하 STS로 약칭)'이다. STS는 과학적, 기술적, 그리고 사회적 요인들이 현대 생활 형성 과정에서 상호작용하는 방식에 관심을 집중한다. STS 프로그램은 인문학자, 사회과학자, 공학자(engineers), 그리고 자연과학자들이 분과 학문의 경계를 넘어 새로운 통찰력을 가질 수 있게 도와주려 한다. STS 프로그램의 목적은 과학자들과 공학자들이 행하는 것과 사회의 제한, 요구 그리고 반응 사이의 관계를 탐구하는 포럼을 만들려는 것이다.

공학과 과학 분야 학생들이 졸업 후 전문가로서 초래할 수 있는 사회적 결과들을 더 깊이 이해할 필요가 있다는 요구가 늘어나고 있다. 이런 상황에서 STS 프로그램은 20세기 이후에 빠르게 성장한 과학과 기술이 초래한 지적, 도덕적, 정치적 그리고 사회적 쟁점들을 공학과 자연과학 분야 학생들이 현실적이고 창조적으로 사고할 수 있도록 도와주려고 한다.

STS 프로그램은 여러 가지 방식으로 MIT의 학부 교육에 기여를 하고 있다. 이 프로그램은 과학과 공학 분야 학생들에게 폭넓은 사회적 · 지적 관점을 제공해주고, 또한 과학 기술사와 과학 기술에 대한 사회문화 연구를 할 수 있는 특별한 기회를 부여해 준다. 이러한 범주 안에서, 학생들은 개론 과목이나 더 심화된 과목들을 선택할 수 있다.

이와 관련하여 STS 프로그램은 학생들에게 다양한 부전공, 복수 전공, 공동 학위 프로그램(Joint Degree Program) 등을 제공하고 있다. 부전공 프로그램을 통해 공학이나 과학 분야를 주 전공으로 택한 학생들은 자신들의 분야에 대한 보다 폭 넓은 관점을 지닐 수 있다. 공학과 과학 분야가 사회, 문화, 정치 그리고 가치라는 더 넓은 맥락 속에서 어떻게 발전되어 왔고 그리고 어떻게 적용되어 왔는가를 학생들은 이해할 수 있다.

STS 프로그램은 공학이나 과학을 사회적·역사적 영향력과 연관 지어 통합적으로 전문 연구를 하려는 학생들을 위해 복수 학위 프로그램을 운영하고 있다. 이 프로그램의 목적은 공학이나 과학을 주 전공으로 하려는 학생들에게 과학과 기술을 역사적·사회적 맥락과 연관시켜 균형 있는 교육을 제공하는 데 있다. 복수 학위 프로그램의 학생들은 STS 프로그램과 자신들이 전공으로 선택한 과학 기술 분야에서 요구하는 모든 것들을 만족시켜야 하며, 각 분야에서 요구하는 졸업 논문을 모두 제출해야 한다. 모든 조건들이 충족되면, 학생들은 STS 분야와 자신이 택한 과학기술 분야에서 각각 과학 학사(a Bachelor of Science) 학위를 받게 된다.

공동 학위 프로그램(Joint Degree Programm)은 STS 분야와 과학·기술 분야를 단일한 학위 프로그램으로 통합시키려고 하는 학생들에게 적합한 프로그램이다. 이 프로그램은 학제적 작업에 초점을 맞춘 과목들을 지정한다. 이 프로그램이 제공하는 교과 과정의 핵심은 일 년을 들어야 하는 독서 세미나(STS.091과 STS.092 과목)인데, 이 세미나에서 관련 주요 저작들을 읽고, 독후감을 쓰고 토론함으로써 과학, 기술 그리고 문화 사이의 상호 작용을 검토하는 작업을 한다. 이 공동 학위를 따려는 학생들은 10개의 과목을 이수해야 한다. 한 개의 STS HASS-D 과목, 다섯 개의 다른 STS 과목들, 두 개의 STS 독서세미나(STS. 091과 STS.092), 졸업 논문 지도 그리고 졸업 논문이 그 과목들이다.

STS, 역사학과 그리고 인류학 프로그램들이 서로 협력하여 각각의 분야에서 박사학위로까지 이어지는 프로그램을 제공한다. 이 프로그램의 목적은 역사적·사회과학의 관점에서 과학과 기술을 탁월하게 연구할 수 있는 능력을 발전시키는 것이다. 학생들은 역사나 사회과학의 한 분야를 전문적으로 발전시켜야 하며, 또한 자신들의 특별 관심 분야와 관련된 과학과 공학의 근본적인 개념들에 정통해야 한다. 박사 과정 학생들은 첫 2년 동안 박사학위 프로그램에서 최소한 10개 과목을 이수해야 한다. 모든 대학원생들은 개론 세미나들(STS.210J와 STS.250) 을 첫해에 들어야 하고, 과학사나 민속적 방법론(ehtnographic methods) 같은 몇 개의 기초 과목들을 선택해야 하고, 그리고 마지막으로 특정한 주제에 대한 심화 학습을 제공하도록 고안된 몇 개의 학과 세미나들을 선택해야 한다. 대학원생들은 3년째에 종합시험(general examination)을 통과한 뒤에, 다학제적 자문위원회(multidisciplinary advisory committee) 의 도움을 받아 박사학위 논문을 쓰게 된다.

4. 하버드대학교의 학제 간 연구 프로그램 및 교과 과정

하버드대학교의 교과 과정 운영은 UC 버클리에 비해 기존의 전통적 인 학문 분과에 근거하여 운영되고 있다. 하버드대학교에서 학위를 수 여하는 학과나 위원회들로는 32개의 학과(department), 10개의 학부 학 위 프로그램, 59개의 대학원 학위 프로그램, 교육 프로그램 위원(6개 분야), 학제 간 조정위원회(10개 분야 운영), 그리고 특별위원회(화학 과 물리 분야에 집중하는) 등을 들 수 있다. 이를 보면 전통적인 학과 및 대학원 학위 프로그램이 다수를 차지하고 있음을 알 수 있다. 그러 나 이를 지원하고 보완하기 위해서 교육프로그램 위원회(Instructional Program Committees), 학제 간 조정위원회(Interdisciplinary Coordinating Committees) 그리고 특별위원회를 두고 있다. 이 위원회 중에서 가장 큰 규모를 자랑하고 있는 것이 학제 간 조정위원회 산하의 다양한 학제 간 교육 및 연구 프로그램이다.[4] 그리고 하버드대학원에는 학제 간 연구를 활성화시키기 위해 여러 학과와 단과 대학이 협력하여 학제 간 박사학위를 주고 있다.

〈표 7〉 하버드대학교 학제 간 학위 수여 프로그램

	학제 간 학위 수여 분야
1	Business Economics, Organizational Behavior, and Information Technology and Management with the Business School
2	Political Economy and Government, Social Policy, and Public Policy with the Kennedy School of Government
3	Architecture, Landscape Architecture, and Urban Planning with the School of Design
4	The Study of Religion with the Divinity School
5	The several medical sciences, Chemical Biology and Systems Biology, with the Medical School
6	(medical) Physics, Applied Physics, or Engineering, with the Medical School and the Harvard–Massachusetts Institute of Technological Division of Health Science and Technology
7	Health Policy with the Medical School, the School of Public Health and the Kennedy School of Government
8	Biological Sciences in Public Health and Biostatistics with the School of Public Health
9	Biological Sciences in Dental Medicine with the School of Dental Medicine

따라서 이러한 학제 간 프로그램이나 박사학위 수여 프로그램을 보면 하버드대학교가 기존 학과 전공 체제가 가지고 있는 한계들을 극복하려고 지속적으로 노력하고 있음을 알 수 있다. 그러면 학제 간 교육 및 연구 프로그램들을 보다 구체적으로 살펴보고자 한다.

---

4) 이외에도 학장의 추천으로 총장이 인정하는 다양한 상설위원회들이 존재하고 있다. 커리큘럼 위원회, 행정위원회, 교수 연구위원회 등이 있다. 그러나 학위를 주는 프로그램들로는 위에서 언급한 프로그램들만 해당된다.

학제 간 위원회(Interdisciplinary Coordinating Committees)가 이 학제
간 프로그램을 담당하고 있다. 이 위원회 산하에 현재 10개의 학제 간
프로그램이 운영되고 있다. 관련 전공 교수들로 구성된 위원회들이 각
프로그램들을 운영하고 있다.

하버드대학교 학제 간 프로그램의 특성으로 지역학에 중점을 두고
있다는 점을 들 수 있다. 10개의 프로그램 중 다섯 개가 지역학과 관련
된 학제 간 프로그램이다. 아프리카학(African Studies), 아시아학협의회
(Council on Asian Studies), 유럽학(European Studies), 라틴아메카학과
이베리아학(Latin American and Iberian Studies), 남아시아학(South Asian
Studies) 등이 이에 해당된다. 이외에 인문학과 사회과학 사이의 학제
간 프로그램인 '고고학(Archeology)'과 '민속학(Ethnic Studies)'이 있고, 인
문학/사회과학/자연과학 사이의 학제 간 프로그램으로서 '정신, 뇌 그
리고 행동(Mind, Brain, and Behavior)'이 있고, 자연과학 내부의 학제 간
프로그램으로서 '해양학(Oceanography)'과 '지구건강(Global Health)' 등
이 있다.

〈표 8〉 하버드대학교 학제 간 프로그램 현황

	학제 간 프로그램 이름	특성
1	아프리카학	아프리카 지역학
2	아시아학 협의회	아시아 지역학
3	유럽학	유럽 지역학
4	라틴 아메리카 및 이베리아학	라틴 아메리카 지역학
5	남아시아학	남아시아 지역학
6	고고학	인문학/사회과학 사이의 학제 간 연구
7	민속학	인문학/사회과학 사이의 학제 간 연구
8	정신, 뇌, 행동	인문학/사회과학/자연과학 사이의 학제 간 연구
9	해양학	자연과학 내부의 학제 간 연구
10	지구건강	자연과학 내부의 학제 간 연구

따라서 여기서는 하버드대학교의 학제 간 프로그램을 지역학과 관련된 프로그램을 중심으로 살펴보고자 한다. 아프리카 지역학(African Studies) 프로그램은 1969년에 만들어져서 2004년 31명의 학제 간 교수 그룹이 참여하여 아프리카에 대한 연구와 교육을 담당하고 있다. 아프리카 지역학은 아프리카에 대한 지식과 이해를 증진시키는 것을 목적으로 하고, 이를 위해 '하버드 아프리카 세미나(Harvard Africa Seminar)', '아프리카 이니셔티브(the Africa Initiative)' 연구 프로젝트, 아프리카에 대한 워크숍, 학술 대회 그리고 강의 등을 후원하고, 또한 학위 준비를 하려고 하는 하버드 대학생들의 연구에 대한 연구비를 지원한다. 하버드대학교에는 매년 115개의 아프리카에 대한 강의들이 개설된다. 또한 아프리카 지역학 프로그램은 아프리카에 대한 개인 연구와 집단 연구를 재정적으로 지원해주고, 매년 50명이 넘는 방문학자들도 후원해준다. 그리고 하버드대학교 아프리카 지역학 프로그램은 사하라 사막 이남 아프리카 지역 관련 자료를 전문적으로 수집하고 있는 위더너(Widener) 도서관의 지원을 받고 있다.

하버드대학교 유럽학 프로그램(The Minda de Gunzburg Center for European Studies)은 유럽의 역사, 정치 그리고 사회에 대한 연구를 촉진함으로써 유럽에 대한 정보를 지속적으로 확보하는 데 기여하고 있다. 유럽학 프로그램은 매년 엄청나게 다양한 연구 주제를 수행하고 있다. 유럽학 프로그램은 2005~2006년에 다음과 같은 연구 주제들을 학제 간 협력을 통해서 접근하고 있다. 첫 번째는 유럽의 정체성(European Identity) 문제이다. 유럽 정체성 문제는 다양한 관점에서 고려될 수 있다. 역사적으로 식민주의와 유럽 정체성 사이의 관계는 19세기와 20세기에 남아시아와 중부 유럽 사이의 사상과 문화의 교류에 대한 학술대회를 통해서 탐구된 주제이다. 현대 유럽의 정체성과 관련하여 다문화주의(multiculturalism), 이민, 그리고 유럽 헌법 문제에 대해 많은 세미나와 연구 집단이 연구하고 있다. 두 번째, 지구화 시대에 유럽이 직면하고 새로운 정책적 · 정치적 도전과 관련된 쟁점에 대한 연구이다. 그 쟁점에는 유럽 국가들과 국가 기구들이 새롭게 부각되는 국민들의 건강 위협에 어떻게 대처할 것인가, 국가가 어떻게 정치적 지지를 잃지 않거나 불평등을 심화시키지 않은 채 성장을 촉진시킬 것인가가 해당된다. 또한 확대된 유럽 속에서 오스트리아 같은 소국가들을 어떻게 볼 것인가도 쟁점이 되는 연구 주제이다. 세 번째, 국제적 행위자로서의 유럽 그리고 아메리카와 유럽 사이의 관계에 대한 연구이다. 이와 관련된 구체적 주제로 미국과 유럽이 민주주의를 세계 전역에 어떻게 증진시킬 것인가를 들 수 있다.

하버드대학교 라틴아메리카학 프로그램(David Rockefeller Center for Latin American Studies)은 라틴아메리카의 정치와 문화에 대해 창의적이고 학제적인 접근에 대한 필요성이 증대됨에 따라 1994년에 세워졌다. 이 프로그램은 기존 학과 경계를 넘어서 라틴아메리카 연구에 종사하고 있는 학생들과 교수들에게 연구비와 다양한 서비스를 지원하고 있다. 이 프로그램은 학위 프로그램을 제공하지는 않지만 라틴아메리카에 관련된 중요한 내용을 담은 과목을 여섯 개 이상 수강하고 라틴아메리카를 주제로 한 졸업 논문을 쓴 학부 학생들에게는 라틴아메리카 분야 졸업 증명서를 수여한다.

라틴아메리카학에 관심을 지닌 학생들이 속한 주 전공 학과들은 이러한 작업을 수행할 수 있도록 지원하고, 라틴아메리카와 관련된 다양한 과목들을 제공하고 있다. 로만스어 문학과(Department of Romance Languages and Literatures)는 학생들에게 라틴아메리카 연구, 히스패닉 연구(Hispanic Studies), 또는 포르투갈 어문학이나 브라질 어문학 내에서 트랙(track)을 선택하도록 허용해준다. 역사와 문학 학위위원회는 라틴아메리카 분야 그리고 라틴아메리카와 북아메리카가 서로 연결된 분야에 대한 트랙을 제공해준다. 역사를 주 전공으로 하는 학생들은 비교사 트랙 프로그램의 후원 하에 라틴아메리카를 연구하는 것을 선택할수 있다. 현재의 학위 프로그램의 경계를 넘어서는 학문적 관심을 가진학생들은 특별전공(a Special Concentration)을 전공으로 요청할 수 있다.

아시아학 협의회는 동아시학 프로그램에 집중되어있다. 동아시아학프로그램은 현재 세계의 아주 중요한 지역이자 인류사에서 위대한 문명의 하나인 동아시아에 대한 연구에 전념한다. 하버드대학교 동아시아학 프로그램은 동아시아가 20세기 동안 엄청난 경제 성장과 문화 변동을 겪었고, 20세기 말에 경제적 위기와 정치적 재편성을 겪기는 했지만 여전히 21세기에도 세계적인 경제, 정치 그리고 문화 변동 과정에서 거대한 역할을 할 것으로 판단하고 있고, 이러한 판단 위에서 자체 프로그램을 계속 발전시켜 왔다. 그 결과 하버드대학교는 지난 50년 동안 교육과 연구 면에서 미국 동아시아학 연구 분야를 선도하고있다고 자평하고 있다.

동아시아학 프로그램은 동아시아 지역을 연구하기 위해서 근대 유럽과 크게 다른 동아시아의 정치 활동, 사회 관계, 종교 전통, 철학 학파 그리고 문학 등을 연구한다. 동아시아학 프로그램의 목적은 학생들에게 방대하고 복잡한 동아시아 지역의 통일성과 다양성을 모두 접하게 하는 것이다. 이를 위해서 동아시아학 프로그램은 학생들에게 동아시아 관련 주제에 대한 학제적 접근을 요구한다. 동아시아 문화는 언어, 정치 경제 제도, 종교 또는 문학뿐만 아니라 이 모든 측면을 동시에 탐구할 필요가 있기 때문이다. 그리고 학생들은 동아시아학과 관련된 다양한 전공 분야의 교수들에게서 교육지도를 받을 수 있다. 인류

학, 경제학, 미술, 행정, 역사 그리고 사회학 분야의 교수들이 동아시아
학 분야의 교육 및 연구에서 중요한 역할을 하고 있다. 더 나아가 하버
드대학교의 법학 대학원(School of Law), 경영 대학원(Business School),
공공 보건 대학원(School of Public Health) 등 다른 단과 대학에서 동아
시아와 관련된 부분을 주 전공으로 하는 교수들도 동아시아학에 대해
자문을 하고 있다.

또한 하버드대학교의 풍부한 도서관 장서, 그리고 뛰어난 박물관 소
장품, 그리고 다양한 학제 간 연구소들이 하버드대학교 동아시아학 발
전을 지난 50년 동안 뒷받침해 왔다. 동아시아와 관련된 학제 간 연구
소들로 에드윈 O. 라이샤워 일본학연구소(Edwin O. Reischauer Institute
of Japanese Studies), 한국연구소(the Korea Institute), 존 F. 페어뱅크 동
아시아연구센터(the John K. Fairbank Center for East Asian Research), 하
버드 법학대학원의 동아시아 법학 프로그램(the East Asian Legal Studies
Programm at the Harvard Law School), 그리고 하버드 – 옌칭 연구소(the
Harvard-Yenching Institute) 등을 들 수 있다.

5. 미국 학제 간 연구 및 교육 과정 수용해서 발전시켜야

이상으로 UC 버클리, MIT 그리고 하버드대학교의 학제 간 연구 프
로그램과 교육 과정 현황을 살펴보았다. UC 버클리는 다른 대학들과
다르게 학제적 연구와 교육을 전담하는 '학제학 분야(Interdisciplinary
Studies Fields: ISF)'를 다른 주요 전통 학문 분야와 동일한 주 전공 분야
로 인정하고 있다는 점에서 가장 활발한 학제적 접근을 실행하고 있
다. UC 버클리 ISF는 학생들에게 인문학, 사회과학 그리고 다른 전문

분야들에서 흥미 있는 교과목을 선택하여 학문 분야를 넘어서는 개별화된 연구 프로그램을 개발할 기회를 학생들에게 제공하고 있다. 학생들은 기존에 개발된 학제 간 프로그램을 이수할 수도 있지만 이 ISF 프로그램을 이용하여 새로운 주 전공을 디자인할 수도 있다. 이러한 과정에서 UC 버클리의 ISF 내에 아주 다양한 많은 학제 간 교과 과정들이 만들어졌고, 학생들은 이러한 교과 과정을 이용하여 다양한 사회 분야로 진출하였다. ISF 프로그램을 주 전공으로 선택한 학생들은 인문학, 사회과학, 자연과학, 법학, 의학 등 다양한 분야의 대학원에 진학했거나 공무원, 교사, 기업가 등 사회의 다양한 분야로 진출해 나갔다.

MIT는 다양한 분야의 많은 학생들과 교수들이 53개의 센터, 연구실 그리고 프로그램들에서 학제 간 공동 작업을 하고 있다. MIT의 인문, 예술, 사회과학 분야 학과들도 '미국학', '고중세학', '응용국제학 부전공', 'MIT 중동프로그램', '여성학 프로그램', '공공정책 부전공', 그리고 '심리 연구' 등 7개의 학제 간 프로그램을 운영하고 있다. 이 프로그램들은 전반적으로 인문, 예술, 사회과학 분야에 속한 학과 교수들이 공동으로 운영하지만 일부 경우에는 자연과학 분야 교수들과 함께 공동으로 운영하기도 한다. 이외에 주목할 만한 것으로 MIT가 자연과학 분야 학생들이 인문사회과학의 관점을 가지고 과학 분야를 연구하도록 하는 '과학, 기술 그리고 사회(STS)'라는 학제적 연구 및 교육 프로그램을 개설하고 있다는 것이다. STS는 과학적, 기술적, 그리고 사회적 요인들이 현대 생활을 이루어 나가는 데 어떻게 상호 작용하는지에 관심을 두고 있다. STS 프로그램은 인문학자, 사회과학자, 공학자 그리고 자연과학자들을 한데 모아, 과학도들과 공학도들이 분과 학문의 경계를 넘는 새로운 통찰력을 가질 수 있도록 지원한다. STS 프로그램의 목적은 과학자들과 공학자들이 행하는 것과 사회의 제한, 요구, 그리

고 반응 사이의 관계를 탐구하는 포럼을 만들려는 것이다. 이와 관련
하여 학생들에게 다양한 부전공, 복수전공, 공동 학위 프로그램 등을
제공하고 있다.

하버드대학교는 기존의 전통적인 학문분과에 근거하면서 이를 지원
하고 보완하는 차원에서 학제 간 조정위원회라는 상설특별위원회를
운영하고 있다. 이 위원회 산하에 10개의 다양한 학제 간 프로그램들
이 진행되고 있다. 이 10개의 프로그램 중 '아프리카 지역학', '유럽학',
'라틴 아메리카학', '동아시학', 그리고 '남아시아학' 등 다섯 개가 지역
학과 관련된 프로그램들이다. 따라서 지역학과 관련된 학제 간 교육
및 연구를 하버드대학교의 학제 간 교육 및 연구의 대표적 특징으로
들 수 있다. 그리고 하버드대학교 대학원에서도 학제 간 연구를 활성
화시키기 위해 여러 학과와 단과 대학들이 협력하여 학제 간 박사학위
를 주고 있다. 따라서 이러한 학제 간 프로그램이나 박사학위 프로그
램을 보면 하버드대학교가 기존학과 체제가 가지고 있는 한계들을 극
복하려고 지속적으로 노력하고 있음을 알 수 있다.

이를 보면 UC 버클리, MIT 그리고 하버드대학교 등이 각각 특색 있
는 학제 간 교육 및 연구 프로그램들을 운영하고 있음을 알 수 있다.
우리는 UC 버클리 사례를 통해서 급변하는 정보혁명 시대에 신속하고
유연하게 대처할 수 있는 학제 간 교육 프로그램 운영 방식을 배울 수
있을 것이다. 기존의 전통적인 학과라는 울타리에서 벗어나 급변하는
현대 정보 산업사회가 요구하는 다양한 인재 및 연구 성과를 배출해야
할 필요성이 갈수록 늘어나기 때문이다.

우리는 MIT의 사례를 통해서 급속하게 발전하는 과학기술 혁명 시
대에 인문학이 공학과 과학 분야에 기여할 수 있는 구체적 대안을 발
견할 수 있다. 이는 특히 최근 한국이 인문학 기반에 대한 고민 없이

일방적으로 과학기술 정책을 추구하는 과정에서 나타난 '황우석 사태'
에 대한 근본적인 대안적 처방의 하나로서 역할을 할 수 있다. 인문학
에 근거한 올바른 생명 윤리나 과학 윤리는 장기적으로 한국의 과학기
술의 세계적 경쟁력을 확보하는 주요한 기초가 될 수 있기 때문이다.

우리는 하버드대학교 사례를 통해 세계 10대 무역 강국이라는 한국
위상에 걸맞은 해외 지역학에 대한 학제 간 교육 및 연구의 필요성을
배울 수 있다. 2005년 11월에 수출입 5,000억 달러를 달성한 한국은 중
장기적인 경제적 이익과 국가의 생존과 관련된 전략 안보적 측면에서
한국을 둘러싼 동아시아 지역뿐만 아니라 한국과 직접적인 관련을 맺
고 있는 미국, 중동, 유럽, 러시아 등에 대한 학제적인 교육과 연구를
강화시켜 나갈 필요가 있다. 그리고 그 지역들에 대한 역사적·사회
적·문화적·심리적 특성을 입체적으로 파악하는 과정에서 인문학이
지니는 중요성은 아무리 강조해도 지나치지 않을 것이다.

결론적으로 한국은 미국의 이러한 세 대학의 학제 간 연구 및 교육
과정 프로그램을 적극적으로 수용하여 한국적 상황에 맞게 발전시켜
나갈 필요가 있다. 이는 한국 인문학의 발전뿐만 아니라 한국 학문 전
체의 국제적 경쟁력을 높이는 데 도움이 될 것이다.

3장

인문학 지원 선진국 영국과 미국

1. 한국의 인문 진흥 지원 기관 현황

선진 국가들은 인문 분야를 체계적으로 지원하는 국가 차원의 지원 기구를 지니고 있다. 이에 비해 한국에서는 2005년 현재 국공립 부문에서 인문학 관련 기관은 여러 개 존재하고 있으나 인문학 전반을 체계적으로 지원하는 인문학 지원 기관이나 인문 진흥 정책 연구 기관은 존재하지 않는다.[1] 국공립 분야에 인문학 관련 기관으로 국무총리실 산하의 '경제·인문사회연구회' 내 '인문정책위원회'가 있고, 교육인적자원부 산하에 '한국학술진흥재단', '한국학중앙연구원', '국사편찬위원회'가 있고, 그리고 문화관광부 산하에 '국립국어원', '한국문화관광정책연구원', '한국문화컨텐츠진흥원' 등이 있다. '한국학 중앙연구원', '국사편찬위원회', '국립국어원', '한국문화관광정책연구원' 등은 인문학의

---

[1] 보다 구체적인 한국의 연구 지원 체제 현황은 강성호, 「한국 인문학 현황과 과제」, 『인문학의 위기현황과 인문진흥정책대안』, 국회 인문한국학술진흥재단 의원실, 경제·인문사회연구회(2005. 10. 20), 14~19쪽 참조.

특정 분야를 집중적으로 연구 지원하는 기관이다. 이에 비해 한국학술진흥재단과 경제·인문사회연구회 인문정책위원회는 인문학의 특수한 분야가 아니라 인문학 전반에 관한 지원 및 정책과 관련을 가지고 있다.

먼저 한국학술진흥재단에 대해 살펴보기로 하겠다. 한국학술진흥재단은 1981년 학술진흥법에 의하여 학술 연구 지원 행정의 전담 기관으로 설립되었다. 한국학술진흥재단은 2005년에 1조를 넘는 대규모 예산을 운영하였다. 이런 상황에서 한국학술진흥재단은 기초학문 및 순수 기초 연구 지원 중심 부처 및 연구 기관으로 위상과 책임이 강화되었고, 2004년 12월에 조직이 개편되었다. 한국학술진흥재단은 기초 연구 육성의지를 강화하기 위해서 기초과학지원단과 인문사회지원단을 신설하고, 기존의 분야별 전문위원(PD) 외에 학문 분야를 41개 분야로 세분하여 학계의 중견 연구자를 프로그램 관리자(Program Manager, PM)로 위촉하여 전문성을 강화하였다. 이 과정에서 인문학 분야에 대한 지원이 확대되고 있으나 한국학술진흥재단은 학문 전반을 다루고 있어 인문학 분야에 집중적인 고려를 하기 어렵다. 또한 1조가 넘는 전체 예산에서 인문학이 차지하는 비중이 5% 정도에 지나지 않기 때문에 인문학 지원에 근본적 한계가 있다.[2]

국무총리실 산하 경제·인문사회연구회 인문정책위원회는 인문학 정책 자문 기구이다. 경제·인문사회연구회는 경제 사회 계열 정부 출연

---

[2] 한국학술진흥재단에서 인문학 분야에 지원한 연구비는 2001년 153억 원, 2002년 521억 원, 2003년 514억 원, 2004년 524억 원이었다. 2001년에서 2002년 사이에 인문 분야 연구비가 늘어난 이후에 3년 동안 계속 인문 분야에 대한 지원이 정체되고 있고, 한국학술진흥재단 전체에서 인문학 예산이 차지하는 비중이 상대적으로 축소되고 있다고 할 수 있다(「2001~2004 KRF 인문학 분야 학술 연구 지원」, 『한국학술진흥재단 소식지』(2005. 4).

기관 23개의 재정과 인사권을 담당하는 기구이다. 인문정책위원회는 2002년 이후 매년 예산을 지원받아 2005년까지 22억 3천만 원의 예산을 지원받아 한국 인문 진흥을 위한 정책 과제 개발에 노력을 기울여 62개의 인문 진흥 정책 보고서를 발간하였다. 또한 인문정책위원회는 인문학을 활성화하기 위한 인문 정책 전문가 포럼, 심포지엄, 관계자 워크숍 등을 개최하여 연구 성과를 널리 홍보하고 있다. 그러나 인문정책위원회는 이러한 활발한 활동에도 불구하고 독립된 기구가 아니라 자문 기구라는 한계를 지니고 있다. 또한 경제·인문사회연구회 소관 23개 연구 기관 중 인문 분야 전담 연구 기관이 없으므로 인문학 진흥을 위한 지원과 정책 연구 수행에 근본적인 한계를 가질 수밖에 없다. 따라서 한국에서 인문학 진흥과 지원을 전담할 기구를 신설하는 것이 시급한 과제이다.

2. 영국의 인문·예술지원회

한국에 인문학 진흥 및 지원 기구를 설립하는 데 있어 선진국의 인문 진흥 기관을 살펴볼 필요가 있다. 여기서는 영국의 인문·예술지원회와 미국의 국립인문재단을 중심으로 살펴보기로 하겠다. 미국과 영국은 오랫동안 인문학 등의 기초학문 분야에 투자를 해 왔다. 그 결과 이러한 투자는 학문, 문화, 경제, 사회 분야에서 세계를 주도할 수 있는 중요한 기반이 되었다. 먼저 2005년 4월에 기존의 인문예술연구위원회를 발전 계승하여 설립된 영국의 인문·예술지원회의 경우를 살펴보고 뒤이어 미국의 국립인문재단을 살펴보기로 하겠다.

영국은 인문학에 대한 연구 지원은 주로 영국학술원(British Academy)

과 인문·예술연구지원회(AHRC: Art and Humanities Research Council)를 중심으로 진행되고 있다. 또한 영국 정부는 한시적으로 예술·사회과학·인문학 연구소(CRASSH: Center for Research in the Arts, Social Science and Humanities)를 통해 인문학 지원을 하고 있다.

인문학과 사회과학을 담당하고 있는 영국학술원은 매년 1,500만 파운드 정도를 중견 학자의 연구 지원, 기초 연구 지원, 박사학위 취득자의 대학과 연계한 연구 지원, 학술 대회 개최, 대중에게 인문학 및 사회학 연구에 대한 이해의 선전, 그리고 상호 협정을 맺은 국가와의 교류 지원 등을 하고 있다. 이에 비해 인문·예술연구지원회는 매년 약 7,000만 파운드를 인문·예술 분야에 지원을 하고 있어서 영국 내 최대 인문 연구 지원 기관으로 역할하고 있다.

영국은 2005년 4월 1일에 기존에 임의 기구로 활동하고 있던 '인문·예술연구위원회(AHRB: Arts and Humanities Research Board)'를 법정기구인 '인문·예술연구지원회(AHRC: Art and Humanities Research Council)'로 강화해서 인문학 지원을 늘렸다. 현재 '인문·예술연구지원회'는 영국 산업통상부(Department of Trade and Industry) 과학기술국(OST: Office of Science and Technology) 산하에 설립된 법적 기구의 지위를 지니게 되었다.

인문·예술연구지원회의 전신 기관인 인문예술연구위원회는 1998년 10월 『데어링 보고서(*Daring Report*)』의 권고에 따라 설립되었다. 인문·예술연구위원회의 기금은 영국 내의 3대 고등교육재정위원회,3) 북아일랜드의 고용교육부(DEL), 영국학술원(Britisch Academy)의 공동 출자

---

3) 잉글랜드 고등교육재정위원회(HEFCE), 스코틀랜드 고등교육재정위원회(SHEFC), 웨일즈 고등교육재정위원회(HEFCW)가 3대 고등교육위원회이다.

로 이루어졌다. 인문예술연구위원회는 인문예술 분야의 연구와 대학 원생 양성을 지원하는 것을 주 임무로 삼았다.

현재 영국 산업통상부 과학기술국 안에는 이번에 새로 신설된 '인문· 예술연구지원회' 이외에 이미 사회과학 분야 1개와 자연과학 분야 6개의 연구지원회가 결성되어 활동하고 있었다. 사회과학 분야에는 '경제 사회 연구지원회(Economic & Social Research Council)'가 운영되고 있다. 자연 과학 분야에는 '생명공학과 생물학 연구지원회(Biotechnology & Biological Sciences Research Council)', '공학과 물리학 연구지원회(Engineering & Physcal Sciences Research Council)', '의료연구지원회(Medical Research Council)', '자연환경연구지원회(Natural Environment Research Council)', '분자 물리학 및 천문학 연구지원회(Particle Physics & Astronomy Research Council)', '중앙 실험실 연구지원회(Council for the Central Laboratory of the Research Councils)' 등이 있다.

인문·예술연구회의 목표는 다음과 같다. 첫째, 인문 예술 분야의 우수하고 창의적인 연구를 지원하고 진흥한다. 둘째, 인문 예술 분야 의 프로그램을 통해서 학문직, 전문직, 그리고 다른 직업 분야에 필요 한 전문 인력 육성을 지원한다. 셋째, 우리 자신, 우리 사회, 우리의 과 거와 미래, 그리고 우리가 살고 있는 세계에서 인문 예술 연구가 차지 하는 중요성과 역할에 대한 인식을 증진시킨다. 넷째, 인문 예술 연구 에 의해 형성된 학식과 지식을 영국과 영국을 넘어선 지역의 경제적, 사회적 그리고 문화적 이익을 위해 널리 유포하는 책임을 진다. 다섯 째, 인문 예술과 관련된 국가 정책의 형성에 기여한다.

인문·예술연구지원회는 인문 예술에 대한 전략적 지원 방향과 재정 운영을 결정하는 책임을 진 15명으로 구성된 위원회(Council)에 의해 운영된다. 이 위원회는 7개의 자문 위원회의 자문을 받아 주요 사항을 결정한다. 7개 자문위원회는 연구위원회(Research Committee), 대학원위원회(Postgraduate Committee), 박물관·미술관위원회(Museums and Galleries Committee), 학문평가위원회(Knowledge and Evaluation Committee), 감사위원회(Audit Committee), 보수위원회(Remuneration Committee), 추천위원회(Nominating Committee) 등으로 구성되어 있다.

인문·예술연구회(AHRC)는 2005년에 7천 500만 파운드를 넘는 예산을 가지고 인문 예술 분야의 연구와 대학원생 양성을 지원하고 있다. 연구 지원 분야에서는 1,500명이 지원하여 500~600명 정도가 선정되었다. 대학원생 지원 분야에는 5,500명이 지원하여 1,500명이 선정되었다. 연구 지원 분야는 현재 8개이다. 1분야는 고전학, 고대사와 고고학이고, 2분야는 시각 예술과 미디어이고, 3분야는 영어와 영문학이고, 4분야는 중세사와 근대사이고, 5분야는 근대 언어와 언어학이고, 6분야는 도서관직, 정보 그리고 박물관학이고, 7분야는 음악과 공연 예술이고, 8분야는 철학, 법학 그리고 종교학이다. 이외에 인문·예술연구회는 박물관과 미술관 분야에서 잉글랜드 고등교육재정위원회(HEFCE)를 대신하여 1,000만 파운드를 지원하고 있다.

〈표 9〉 영국 인문·예술연구회의 수익 명세서

수 입 원	2004-05(£m)	2005-06(£m)
HEFCE	59.875	67.266
SHEFC	5.388	5.523
HEFCW	1.704	1.746
DEL	0.779	0.799
합계	67,746	75.334
HEFCE – 박물관과 미술관	10.100	10.352
총합계	77.846	85.686

3. 미국의 국립인문재단

미국은 정부 차원과 민간 차원에서 인문 분야를 체계적으로 지원하고 있다. 1965년에 '국가 예술·인문지원법(National Foundation on the Arts and Humanities Act of 1965)'이 제정된 이후로 인문학에 대한 지원이 활성화 되었다. 미국 정부는 크게 세 가지 차원에서 인문학을 체계적으로 지원하였다.[4] 연방 정부 차원에서는 대통령 직속의 국립인문재단(National Endowment for the Humanities)을 중심으로 지원하고 있다. 국립인문재단은 대통령이 지명하고 연방 상원에 의해 인준 받은 4년 임기의 의장(Chairman)에 의해 운영된다. 국립인문재단의 제8대 의장(2001~2009년)은 부르스 콜(Bruce Milan Cole)이다. 의장의 임무를 자문하기 위한 기구로 전국인문학위원회(National Council on the Humanities)가 설치되어 있다. 이 위원회는 대통령이 임명하고, 연방 상원이 인준하는 6년 임기의 26명의 탁월한 민간 위원으로 구성되어있다.

각주 수준에서 국립인문재단과 협력하여 인문학을 육성하기 위한 위원회(State Humanities Council)가 50개 주에 설치되어 있다. 이외에 외국에 있는 미국 영토 디스트릭 오브 콜럼비아(District of Columbia), 미국령 사모아(American Samoa), 괌, 노던 마리나(Northern Marinas), 푸에르토 리코(Puerto Rico), 버진 아일랜드(Virgin Islands) 등에도 설치되어 총 56개 지방 위원회가 활동한다. 또한 미국 연방 정부가 전국 모든 주의 인문학을 동시에 대규모로 지원하기 어렵기 때문에, 지역별로 '지역 인문학 센터'를 설치하여 운영하고 있다. 중부 지역(오하이오대

---

4) 전영평 외 5인, 『선진국 인문학 진흥체계와 한국 인문정책 연구기관 운영방안』, 43~49쪽.

학교), 남서부 지역(사우스 웨스트 텍사스 주립대학교), 최남 동부 지방
(툴란대학교), 대서양 중부 연안 지역(템플대학교와 루처스 캠든 대학
교), 태평양 연안 지역(유시 데이비스 대학교), 중부 평원 지역(네브라
스카 링컨대학교), 미시시피계곡 상부 지역(위스콘신－메디슨 대학교),
그리고 대서양 남안 지역(버지니아대학교와 버지니아기술대학교)에
'지역 인문학 센터'를 두었다.

국립인문재단은 크게 다섯 가지를 목표로 한다. 첫째, 전국에 있는
학교와 대학에서 인문 교육과 연구를 강화한다. 둘째, 연구와 독창적
인 지식을 촉진한다. 셋째, 평생 교육의 기회를 제공한다. 넷째, 문화
적·교육적 자원을 보존하고 접근한다. 다섯째, 인문학의 제도적 기반
을 강화한다.

국립인문재단은 이 목적을 실행하기 위해서 다양한 지원 프로그램
(Grant programs)을 운영하였다. 이 프로그램들은 크게 인문학 관련 연
구와 교육에 대한 지원, 각종 문서 보관 기관(Archival Institutions)의 보
존과 접근에 대한 지원, 미술관·박물관·문화원 등 각종 기관들에 대
해 중장기적으로 지원하는 '도전 프로그램(Challenge Program)', 각 주
와 미국 영토들에 산재한 주(州) 인문학위원회에 대한 지원, 그리고 공
영 방송을 비롯한 언론이나 프로덕션사들의 인문 관련 프로그램의 제
작에 대한 지원 등 다섯 분야로 구분될 수 있다.

국립인문재단의 사업지원은 대체로 자체의 예산 범위 내에서 단독
으로 이루진다. 때로는 연방의 다른 정부 기관들과 협력하여 프로그램
운영을 지원하는 경우도 있다. 국립인문재단의 예산 전액이 연방 정부
에서 지원되며, 따라서 매년 정부와 의회의 예산 협의를 거쳐 확정된
다. 예산 확보 과정은 다른 연방 정부의 프로그램과 크게 다를 바 없
다. 대부분의 국립인문재단 프로그램에 대한 지원은 보통 지속적으로

지원된다. 그러나 새로운 프로그램을 도입하려면 국립인문재단 의장을 중심으로 기관 전체가 적극적으로 노력해야 한다. 예컨대 2004년부터 새롭게 포함된 'We the People Initiative' 프로그램의 경우, 첫해에는 9백 8십 7만 달러에 불과하였으나 부시 행정부의 지원에 따라 2005년에는 3천 3백만 달러로 증액된 예산이 신청되었다.

국립인문재단의 예산 규모는 예산 책정 과정에 따라 약간씩의 변동이 있을 수 있다. 레이건과 아버지 부시 시절에 특히 개인에 대한 연구비 지원을 중심으로 큰 폭의 삭감이 이루어졌던 적이 있었다. 이후 2003년 이후 예산 규모가 꾸준히 증가되기 시작했다. 국립인문재단의 예산 규모는 2003년 1억 2,493만 6천 달러, 2004년 1억 3,531만 달러, 그리고 2005년 1억 6,200만 달러였다. 그러다가 2006년에는 'We the People Initiative' 프로그램에서 2,000만 달러가 삭감되면서 1억 3,800만 달러로 감소하였다. 2003년 이후의 구체적인 예산의 내용과 규모는 아래의 표에 정리되어 있다.

〈표 10〉 미국 국립인문재단 사업과 예산의 변화(2003~2006)(단위: 천 달러)

구 분	2003 배정	2004 배정	2005 요청	2006 요청
We the People Initiative	–	9,876	33,000	11,217
Federal/State Partnership	31,622	31,436	31,829	31,387
Education Programs	12,542	12,468	12,624	12,449
Preservation and Access	18,782	18,672	18,905	18,643
Public Programs	13,029	12,952	13,114	12,566
Research Programs	12,978	12,902	13,063	12,881
Program Development	394	392	397	381
Subtotal	89,347	98,698	122,932	99,524
Challenge Grants	10,368	10,308	10,436	10,000
Treasury Funds	5,649	5,616	5,686	5,449
Subtotal	16,017	15,924	16,122	15,449

구 분	2003 배정	2004 배정	2005 요청	2006 요청
Administration	19,572	20,688	22,946	23,081
TOTAL	124,936	135,310	162,000	138,054

　　미국에서 인문 분야에 대한 민간 차원 지원이 정부 지원보다 훨씬 큰 규모로 진행되고 있다. 인문 분야를 지원하는 대표적인 민간 재단으로 앤드류 W. 멜론재단(Andrew W. Mellon Foundation, 뉴욕), 록펠러재단(Rockfeller Foundation, 뉴욕), 포드재단(Ford Foundation, 뉴욕), J. 폴 게티 트러스트(J. Paul Getty Trust, 캘리포니아), 팩커드 인문학연구소(Packcard Humanities Institute, 캘리포니아), 길더재단(Gilder Foundation, 뉴욕), 사무엘 H. 크레스재단(Samuel H. Kress Foundation, 뉴욕) 등이 있다. 이들 기관들은 인문학이나 사회과학의 연구, 교육, 역사와 문화 활동, 전시회, 인문 관련 언론 방송 프로그램 등을 지원하고 있다. 2002년 말 현재 이들 재단들의 총 지원액은 3억 3,500만 달러이고, 이 중 사회과학 분야 지원 약 2,240달러를 뺀 약 3억 1,200만 달러 정도가 인문 분야에 지원되었다.[5]

〈표 11〉 미국 내 상위 25개 인문 분야 지원 재단의 현황(2002)

순위	재 단 명	주	재단형태	금액($)	총 지원 중 인문 분야 비중
1	Andrew W. Mellon Fdn.	NY	IN	25,893,000	11.6
2	Packard Humanities Ins.	CA	OP	21,221,916	63.6
3	Righteous Persons Fdn.	CA	IN	17,375,387	82.9

5) IN=Independent, CS=Corporate, OP=Operating(Loren Renz and Steven Lawrence with contribution of James Allen Smith, *Foundation Funding for the Humanities: An Overview of Current and Historical Trends*, The Foundation Center, June 2004, 6(전영평 외 5인, 『선진국 인문학 진흥체계와 한국 인문정책 연구기관 운영방안』, 50~55쪽에서 재인용)).

순위	재 단 명	주	재단 형태	금액($)	총 지원 중 인문 분야 비중
4	Ford Fdn.	NY	IN	11,172,135	2.1
5	Annenberg Fdn.	PA	IN	9,613,000	2.7
6	Lilly Endowment	IN	IN	6,870,550	1.1
7	Rockfeller Fdn.	NY	IN	6,867,302	5.6
8	J. Paul Getty Trust	CA	OP	5,900,280	40.6
9	Robert R. McCormick Tribune Fdn.	IL	IN	5,816,672	5.3
10	Gilder Fdn.	NY	IN	5,501,547	65.1
11	Charles H. Revson Fdn.	NY	IN	5,098,000	40.1
12	Ford Motor Company Fund	MI	CS	5,033,268	4.7
13	Perry and Nancy Lee Bass Corp.	TX	IN	5,000,000	42.7
14	Kresge Fdn.	MI	IN	3,550,000	3.4
15	William Penn Fdn.	PA	IN	3,498,786	6.2
16	Pew Charitable Trusts	PA	IN	3,470,000	2.1
17	Greenwall Fdn.	NY	IN	3,438,390	85.0
18	Edward C. Johnson Fund	MA	IN	3,324,833	21.3
19	Kohler Fdn.	WI	IN	2,980,050	95.6
20	Horace W. Goldsmith Fdn.	NY	IN	2,955,000	7.6
21	Henry Luce Fdn.	NY	IN	2,826,000	15.2
22	Carnegie Corp. New York	NY	IN	2,747,000	1.9
23	Watson-Brown Fdn.	GA	IN	2,391,500	37.1
24	T.L.L. Temple Fdn.	TX	IN	2,340,905	16.7
25	General Motors Fdn.	MI	CS	2,310,000	6.5
Subtotal				167,195,521	
All other Fdns				167,761,113	
TOTAL				334,956,634	

4. 정부와 민간 차원의 인문학 육성 강화해야

선진국에 비해 한국에서 인문 분야에 대한 민간 투자 및 지원이 매우 적다. 또한 정부·국회와 같은 국가 기관으로부터의 정책적 배려와 지원도 매우 부족한 실정이다. 이런 상황이 지속된다면 한국은 21세기 세계 일류 선진국 도약이라는 국가 목표를 달성하기도 힘들 뿐 아니라 앞으로 상당 기간 서구 선진 제국의 발전 경로를 추종하는 이류 국가에 머무를 수밖에 없을 것이다. 최근 경제 성장의 효과로 인하여 인문 진흥을 위해서 투자할 수 있는 여력이 생겼다. 이를 보다 효과적으로 수행할 수 있는 21세기 인문 진흥의 비전과 정책적 투자 계획이 정부, 국회, 학계, 실무 차원에서 수립되고 실행되어야 한다.

한국에서 인문학을 육성하는 데 있어서 영국과 미국의 인문 지원 사례에 대한 검토를 통해 몇 가지 중요한 시사점을 얻을 수 있다. 첫째는 이미 세계적 수준을 자랑하는 영국과 미국 같은 인문 선진국이 지속적으로 인문학을 정부 차원에서 지원하고 있는 것처럼, 한국 정부도 인문학 육성에 적극적으로 동참할 필요가 있다. 둘째, 미국은 정부 차원뿐만 아니라 민간 차원에서도 크게 인문학을 지원하고 있다. 따라서 한국에서도 세계적인 기업으로 성장한 주요 기업들이 인문학 지원에 적극적으로 나서야 하고, 정부는 기업의 인문학 지원을 도와주는 제도적 장치를 마련할 필요가 있다.

셋째, 영국이 인문학 지원의 대부분을 대학원생에게 지급하고 있듯이, 인문학 후속 세대가 단절될 위기에 처한 한국에서 인문학 대학원생들이 안정적으로 학업과 연구에 종사할 수 있도록 하는 대규모 지원 프로그램을 세워 나갈 필요가 있다. 넷째, 미국이 인문 연구 분야뿐만 아니라 인문과 관련된 교육, 전시, 매스미디어, 영상 등에 대해 다양하게 지원하는 것처럼, 한국에서도 인문학의 사회적 파급 효과를 높일 수 있도록 인문과 관련된 다양한 분야에 대한 지원 프로그램을 개발해 나갈 필요가 있다.

제2부

체계화되는 인문사회
학술 지원 체제와 지원

學問

政策

4장

인문 학술 지원 체제의 태동과 동요

1. '인문학 위기'와 인문학 지원 체계화

　1990년대 후반 이후로 인문학의 위기에 대한 논의가 활발하게 진행되어왔다. 인문학의 위기는 인문학 내부적으로 인문학 관련 학생, 연구자, 연구 활동의 침체를 낳았고, 외부적으로는 인문학의 사회적 위상과 역할의 저하로 나타났다. 이러한 인문학의 위기는 외부적으로는 세계적 차원에서 신자유주의가 확산되면서 자본주의적 가치가 강화되고 인간 중심 가치가 쇠퇴하고 있는 데서 찾을 수 있다. 내부적으로는 인문학이 변화하는 역사적 상황에 능동적으로 대처하지 못함으로써 역사 현실에서 제 역할을 하지 못한 점을 들 수 있다.

　노무현 참여 정부 시기에 이러한 인문학의 위기를 극복하기 위한 노력들이 다양하게 진행되었다. 인문학자들은 새로운 대중 미디어 매체와 인터넷 매체들을 활용하여 대중들에게 좀 더 가까이 다가가려고 노력했고, 새로운 역사 상황에 맞는 다양한 패러다임들을 모색하였다. 이 과정에서 정부에 인문학을 비롯한 인문사회과학에 대한 지원을 요구하였고, 그 결과 2003년부터 1,000억 원 예산이 인문사회 분야에 추가로 배정되기도 하였다.

이러한 과정을 통해 인문학에 대한 연구 지원은 그 이전에 대해 양적으로 많이 팽창되었다. 그러나 인문학에 대한 지원 체제와 연구비 지원 방식을 둘러싸고 논란이 발생하였다. 한국은 외국처럼 인문학을 체계적으로 지원하는 기관이 존재하지 않고 있고, 인문학에 특유한 방식의 연구 지원 방식도 아직 개발되어 있지 않은 상황이다. 여기서는 현행 인문학 연구비 지원 체제와 연구비 지원 방식의 문제점을 살펴보고 이를 극복할 대안을 모색하려고 한다.

선진 국가들은 인문 분야를 체계적으로 지원하는 국가 차원의 지원 기구를 지니고 있다. 영국의 인문·예술연구위원회(AHRB), 미국의 국립인문재단(NEH), 프랑스의 국립학술원(CNRS), 그리고 일본의 인문사회과학특별위원회 등이 그것이다.[1] 선진 국가들은 이러한 기구들을 통해 인문사회 분야 전반을 활발하게 육성 지원하여 국가 발전에 기여하도록 하고 있다.

이에 비해 한국에서는 국공립 부문에서 인문학 관련 기관은 여러 개 존재하고 있으나 인문학 전반을 체계적으로 지원하는 인문학 지원 기관이나 인문 진흥 정책 연구 기관은 존재하지 않는다. 국공립 분야에 인문학 관련 기관으로 국무총리실 산하의 경제·인문사회연구회 인문정책위원회가 있고, 교육인적자원부 산하에 한국학술진흥재단, 한국학중앙연구원, 국사편찬위원회가 있고, 그리고 문화관광부 산하에 국립국어원, 한국문화관광정책연구원, 한국문화컨텐츠진흥원 등이 있

---

1) 전영평, 홍성걸, 이병량, 김중락, 임문영, 이원범,『선진국 인문학 진흥 체계와 한국 인문 정책 연구 기관 운영 방안』(인문사회연구회, 2004)와 박덕규·김지순,『국내외 인문학 지원 체제 비교 연구』(인문사회연구회·한국교육개발원, 2002) 참조.

다.[2] 이 중에서 한국학중앙연구원, 국사편찬위원회, 국립국어원, 한국문화관광정책연구원 등은 인문학의 특정 분야를 집중적으로 연구 지원하는 기관이다. 그리고 한국문화콘텐츠진흥원과 한국문화관광정책연구원은 인문학 자체보다는 인문학을 관광 분야나 문화콘텐츠 분야에 응용하는 정책을 주로 연구하고 있다.

이에 비해 한국학술진흥재단과 경제·인문사회연구회 인문정책위원회는 인문학 전반에 관한 지원과 정책에 관련을 가지고 있다. 한국학술진흥재단은 1981년 학술진흥법에 의하여 학술 연구 지원 행정의 전담 기관으로 설립되었다. 교육부는 2000년 두뇌한국21사업, 지방대학혁신역량강화사업(NURI) 등의 대형 국책 사업의 집행을 한국학술진흥재단에게 위탁하였다. 더욱이 2004년 5월 20일에 개최된 제43회 국정과제 회의에서 정부 부처 간 R&D 역할 분담을 통해 과기부의 순수 기초 연구 지원 사업(2005년 예산 976억 원)도 한국학술진흥재단에 이관되었다. 그 결과 2005년에 한국학술진흥재단은 1조 원이 넘는 대규모 예산을 운영하게 되었다.

교육인적자원부와 한국학술진흥재단이 기초학문 및 순수 기초 연구 지원 중심 부처 및 연구 기관으로 위상과 책임이 강화됨에 따라, 정부 기초 연구 투자를 효율적으로 지원하기 위해 교육인적자원부와 한국학술진흥재단의 조직을 개편하였다. 교육인적자원부에 '한국연구진흥체제개편 TF팀'을 구성·운영하여 2004년 12월에 교육인적자원부에 기초학문지원과를 신설하고, 한국학술진흥재단의 조직을 개편하였다. 신설된 기초학문지원과는 기초학문 육성에 대한 종합 계획의 수립 및 시

---

[2] 이종수, 『인문학 진흥을 위한 제도적 기반 형성 연구』(인문사회연구회·한국교육개발원, 2002), 23~26쪽. 각 기관들의 이후 명칭과 기능의 변화 상황은 각 기관의 홈페이지를 참조하여 수정하였다.

행을 담당하면서 인문사회 분야 연구 지원 사업의 수립과 시행에 이전
보다 많은 관심을 가지게 되었다.

그러나 2005년도 9월 1일 교육인적자원부 조직 개편으로 '기초학문
지원과'가 '인적자원개발국'의 '학술정책과'와 통합되어 대학지원국의
'학술진흥과'로 개편되면서 기초학문 전담 부서가 사라졌다. 이로 인해
정부 조직에서 인문학 분야를 포함한 기초학문 분야 위상이 축소되었
다. 이는 교육인적자원부가 교육 중심 부처에서 기초학문 및 기초 연
구 지원 중심 부처로 나아갈 수 있는 좋은 계기를 놓쳤다는 점에서 안
타까운 일이다. 정부는 21세기 지식 기반 사회의 국가 발전의 토대가
되는 기초학문 전담 부서를 다시 만들어야 할 것이다.

2004년 12월에 교육부에 '기초학문지원과'가 신설되면서, 한국학술진
흥재단도 대대적인 내부 조직 개편을 겪었다. 한국학술진흥재단은 기
초 연구 육성 의지를 강화하기 위해서 기초과학지원단과 인문사회지
원단을 신설하였다.3) 한국학술진흥재단은 미국국립과학재단(National
Science Foundation, 'NSF')의 경우처럼, 기존의 분야별 전문 위원(PD)외
에 학문 분야를 41개 분야로 세분하여 학계의 중견 연구자들을 프로그
램 관리자(Program Manager, PM)로 위촉하여 사업기획 · 집행 · 평가 및
사후 연구 결과를 관리하고 있다.

한국학술진흥재단은 학문 전반을 다루고 있고, 정책 연구보다는 연
구비 지원에 초점을 두고 있다. 따라서 한국학술진흥재단은 일시적으
로 인문 진흥 정책에 대한 정책 연구를 공모하기는 하지만, 정책 연구
를 체계적으로 수행하기에는 근본적인 한계를 지닌다.

국무총리실 산하 경제 · 인문사회연구회 인문정책위원회는 인문학

---

3) 「한국학술진흥재단, 조직 전면 개편」, 교육인적자원부 보도자료(2004. 12. 24), 7쪽.

정책 자문 기구이다. 인문정책위원회는 인문사회연구회의 자문 기관
으로 출발하였다. 인문사회연구회가 경제사회연구회와 함께 2005년 7
월에 경제·인문사회연구회로 통합되고, 인문정책위원회가 승계됨에
따라 계속 활동하였다. 경제·인문사회연구회는 양 기관을 통합함으로
써 2005년에 23개 정부 출연 기관의 재정과 인사권을 담당하는 거대
기구로 확대되었다.

인문정책위원회는 인문학 위기를 극복하기 위한 방안 모색 과정에
서 설립되었다. 1999년 8월 11일 국회 제206회 임시 국회 정무위원회에
서 '인문학의 위기에 어떻게 대처하고 있는가'라는 지적에 대해 당시
인문사회연구회 이사장은 인문학 위기 현상을 진단하고 정책 방안을
마련하겠다고 대답하였다. 이를 계기로 인문사회연구회 내에서 인문
학 진흥 발전 방안이 모색되었고, 그 결과 2002년 인문 정책 연구 사업
비로 10억을 배정받아, 인문사회연구회 이사장 자문 기구로 인문학 관
련 인사들로 구성된 '인문정책위원회'가 구성되었다.[4]

인문정책위원회는 2005년까지 총 22억 3천만 원의 예산을 지원받아
인문 정책에 대한 연구와 홍보 활동을 수행하였다. 인문정책위원회는
2002년도에 한국 인문학 진흥을 위한 정책 과제를 발굴하였고, 2003년
도에 한국 인문 교육을 진단하고 이를 활성화시킬 정책 대안을 연구했
다. 또한 인문정책위원회는 2004년도에 21세기 한국 인문학 연구 체계
를 재정립하려는 대안을 모색했고, 2005년도에는 21세기 지식 기반 사
회에서 인문학을 사회적으로 활용할 정책 방안을 연구하였다. 인문정
책위원회의 예산 현황은 다음 표와 같다.[5]

---

[4] 경제·인문사회연구회, 「경제·인문사회연구회 인문 정책 연구 사업 추진 현황」
   (2005. 7).

〈표 12〉 인문학정책위원회 2002~2005년 예산 현황(단위: 백만 원)

연 도	예산배정액 (A)	전년도 이월금(B)	예산현액 (C=A+B)	집행액 (D)	집행잔액 (C-D)	비 고
2002	1,000	–	1,000	970	30	교육개발원 집행
2003	400	30	430	430	–	연구회위탁계약집행
2004	400	–	400	400	–	〃
2005	430	–	430	집행 중		〃
합 계	2,230	30	2,260			

　　인문정책위원회는 또한 인문학을 활성화하기 위해 각종 학술 행사를 추진하였다. 인문 정책 전문가 포럼, 심포지엄, 관계자 워크숍 등을 개최하여 인문 정책 연구 관련 사업을 수행하면서 연구 성과를 널리 홍보하였다. 2004년과 2005년에는 한국을 넘어서 일본과 중국 등의 인문학 기관 및 학자들과 교류를 함으로써 그 연구 성과를 동아시아 차원에서 확산하였다. 2004년 12월에 일본 문부과학성 연구진흥국과 공동으로 '한·일 인문정책 포럼'을 일본 도쿄에서 개최하였다. 2005년 6월에는 중국사회과학원과 공동으로 '한·중 인문진흥정책 현황과 전망'을 주제로 하여 한·중 국제 학술 회의를 중국 북경에서 진행하였다.

　　인문정책위원회는 이러한 활발한 활동에도 불구하고 독립된 기구가 아니라 자문 기구라는 한계를 지니고 있다. 또한 경제·인문사회연구회 소관 23개 연구 기관 중 인문 분야 전담 연구 기관이 없으므로 인문학 진흥을 위한 지원과 정책 연구 수행에 근본적인 한계를 가질 수밖에 없다.

　　이상의 국공립 인문학 관련 기관을 개관해 볼 때 인문학 전반에 대

---

5) 「문학진의원 한국학술진흥재단 의원 요구 자료(국회정무위원회, 열린우리당)」(인문사회연구회, 2005. 4), 2005년도 자료를 추가한 것이다.

한 지원과 정책을 담당하는 인문학 진흥 기관이나 인문 진흥 정책 전담 연구 기관이 없음을 알 수 있다. 따라서 선진국처럼 한국도 국가 차원에서 인문학을 체계적으로 지원 육성할 수 있는 기관을 새롭게 세워야 할 필요가 있다.6)

2. 노무현 정부 시기 인문학 지원 체제의 한계7)

참여 정부 시기 인문학 진흥 정책은 인문학에 대한 대규모 지원과 제도적 기초를 제공해주었다는 점에서 의의가 있다. 무엇보다 먼저 참여 정부 초기에 교육인적자원부의 기초학문지원과 신설과 한국학술진흥재단 개혁 프로그램은 인문학 지원을 제도화할 수 있는 좋은 기초를 제공해 주었다.

참여 정부는 2007년에 인문학 관련 신규 300억을 확대 지원하고, 10년 간에 걸친 인문한국(Human Korea) 사업을 시작하였다. 이는 본격적인 인문학 연구 지원 모델을 제시해 주었다는 점에서 큰 의미가 있다. 해방 이후 기초학문인 인문학에 대한 정부 차원의 최초의 대규모 지원이라는 점에서 높은 역사적 평가를 내릴 수 있다. 또한 경제·인문사회연구회 인문정책위원회에 대한 지속적 지원 확대는 인문 정책을 보다 체계화하는 계기가 되었다.

---

6) 국회 정무위원회 소속 문학진 의원이 2005년 5월 30일에 '한국인문정책연구원'을 정부 출연 연구 기관으로 설립하기 위해 '정부 출연 연구 기관 등의 설립·운영 및 육성에 관한 법률 일부 개정 법률안'을 국회에 제출하였다.
7) 강성호, 「한국학술진흥재단, 'HK' 등 인문학 진흥 사업의 개선 방향에 대한 몇 가지 제언」, 『인문학 진흥 관련 오찬 간담회』, 노무현정부 대통령자문정책기획위원회, 코리아나호텔 3층 사카에 일식당(2008. 1. 21).

이러한 기여에도 불구하고 참여 정부 시기 인문 지원 정책은 몇 가지 한계를 지니고 있다. 첫째, 인문학 분야에 대한 지원 기관들이 분산되어 있고, 이들을 총괄적으로 조율할 수 있는 제도적 장치가 마련되어 있지 않아 인문학 지원과 육성의 효율성이 떨어졌다. 둘째, 인문학 분야에 대한 지원이 신규로 300억 원이 늘어났으나, 정부 R&D 전체 예산에서 차지하는 비중은 1% 전후로 추산되기 때문에 여전히 크게 낮은 수준이다.

셋째, 인문학과 인문학을 비롯한 인문사회과학 전반에 대한 지원·육성에 대한 정부 차원의 체계적인 정책 개발이 이루어지지 못했다. 2003년 1월 참여 정부 인수위원회 시기에 학술단체협의회, 민주교수협의회, 전국대학인문학연구소협의회 등이 인문사회 진흥 방안을 공동 제안했으나 채택되지 않았다. 그 후 노무현 정부 시기에 몇 번의 시도가 있었으나 실현되지 못했다. 2005년 7월~8월 대통령자문정책기획위원회에서 인문사회 진흥 관련 정책 연구를 시작하려 했지만, 정책기획위원장 교체로 중단되었다. 또 2006년 1월에 대통령자문정책기획위원회에서 인문사회과학 진흥 관련 대통령 보고 일정을 잡았으나, 한미 FTA 국면과 맞물려 대통령 보고가 이루어지 못하고 중단되었다. 이로 인해 인문학 및 사회과학 전반에 대한 체계적인 제도적 지원 방안을 실현할 기회가 무산되었다.

넷째, 인문한국(HK) 사업의 경우 긍정적인 측면도 많으나 준비 기간의 부족으로 인해 보완할 필요가 있다. 연구 사업단 선정과정에서 비슷한 주제가 선택되지 않도록 전체 선정 과정이 조정될 필요가 있다. 균형적인 후속 세대 양성을 고려하여 연구 과제 선정시 지역별 고려가 강화되어야 한다. 그리고 선정된 인문한국(HK) 사업단의 경우 관련 규정들의 미비로 사업 진행 초기에 많은 행정상의 어려움이 발생하고 있

다. 선정된 사업단이 속해 있는 대학 본부, 한국학술진흥재단, 그리고
교육인적자원부들이 서로 협력하여 현실적인 지침들을 빨리 제정하여
효율적인 연구가 진행될 수 있게 해야 할 것이다.

3. 정부 교체로 동요하는 인문학 지원 체제

2007년 12월 19일 진행된 17대 대선에서 이명박 대통령이 당선되면
서 2008년 2월 25일 이명박 정부가 출범하였다. 이명박 정부 출범 직전
인 2008년 1월 21일에 노무현 대통령자문정책기획위원회가 주최한 인
문학 진흥 관련 오찬 간담회가 열렸다. 여기에서 노무현 대통령자문정
책기획위원회가 차기 이명박 대통령직인수위원회에게 노무현 정부에
서 진전된 인문학 진흥 정책 전달 문제가 논의되었다.[8] 기존 인문학
진흥 정책의 추진 배경, 성과, 제기된 주요 제안들이 제대로 전달될 경
우 이명박 정부의 시행 착오를 줄일 수 있을 것이라고 생각되었기 때
문이다.

필자가 전달을 제안했던 내용은 다음과 같다. 첫째, 인문 진흥 관련
법률 및 전담 기관 설립이 필요하다. 인문학 진흥을 법률로 보장하는
'(가칭) 인문진흥법'을 국회에서 제정해서 인문학 진흥을 장기적이고
체계적으로 시도하는 것이 필요하다. 또한 인문학 진흥을 총괄해서 전
담할 수 있는 기관이나 정부 부서 신설이 필요하다. 경제·인문사회연
구연구회 인문정책위원회가 추진해 왔던 '(가칭) 한국인문정책연구원'

8) 강성호, 「한국학술진흥재단, 'HK' 등 인문학 진흥 사업의 개선 방향에 대한 몇 가지
제언」.

이나 '(가칭) 대통령 직속 인문진흥위원회' 설립 등을 추진할 필요가 있다. 또는 새롭게 통합 논의 중인 연구 지원 조직(한국학술진흥재단+과학재단)과 정부 부서(교육인적자원부+과학기술부)에 인문학 진흥을 전담하는 부서가 신설될 수 있도록 요청할 필요가 있다.

둘째, 기초학문 연구, 고등 교육, 첨단 기술 중심의 정부 조직 재편이 필요하다. 과학기술부와 교육인적자원부가 통합되는 과정에서 과학기술부의 현재 조직 구성이 최대한 보장되는 쪽으로 조직 개편이 되도록 노력해야 한다. 1960년대 이후 출현한 과학기술혁명 시대에 과학과 기술의 분리는 시대에 역행하는 조치이고, 한국 과학기술계와 이에 근거한 산업 경제계의 국제적 경쟁력 약화를 초래할 것이다. 또한 기술 부분을 과학에서 분리할 경우 현재에도 취약한 기초 과학 연구에 대한 지원을 더 약화시킬 것이다. 기초 과학 연구에 대한 지원 약화는 인문학 연구에 대해서도 부정적인 영향을 미칠 것이다.

과학기술혁명 시대에 자연과학과 인문학의 상호 관계는 더욱 밀접해지고 있다. 주요 선진국에서도 자연과학과 인문학 사이의 학제적 교육과 연구가 활성화되고 있다. 미국의 주요 공과대인 MIT나 UC 버클리 공대의 경우를 대표적인 사례로 들 수 있다. 유럽의 과학재단(ESF)이나 영국의 '혁신대학기술부(Department for Innovation, Universities and Skills)'도 인문학과 자연과학을 동시에 지원하고 있다.

2007년 12월 20일에 개최된 '제26회 국가과학기술위원회'가 확정한 '과학기술 5대 강국 진입을 위한 제2차 과학기술 기본 계획(2008~2012)'도 과학 기술 정책의 범위를 경제, 인문, 사회 분야까지 확대할 것을 주장하고 있다. 제2차 기본 계획은 국가 R&D 지원 대상에 과학 기술 관련 인문·사회과학 연구를 포함시키고 있고, 이와 관련된 기관으로 '(가칭) 사회기술연구센터'의 설치 운영을 결정하였다. 따라서 이명박

정부는 과학기술부와 교육인적자원부의 재편을 이미 확정된 '제2차 과
학기술 기본 계획'의 기본 정신에 근거해서 진행해야 할 것이다.

  과학기술부와 교육인적자원부가 통합된 새 정부조직은 기초학문, 고
등 교육, 기술 혁신을 중심으로 하는 조직 형태로 재편될 수 있도록 노
력해야 한다. 이명박 정부 인수위원회가 고려했다고 하는 실용적인 아
일랜드 모델보다는 2007년 영국에서 개편되어 설립된 '혁신대학기술
부' 사례를 벤치마킹할 필요가 있다.

  셋째, 교육인적자원부와 과학기술부가 '인적과학부'로 통합 재편되
는 과정에서 인문학을 비롯한 기초학문에 대한 정부의 지원이 약화될
가능성이 크다. 따라서 이명박 정부 인수위원회의 정부조직 개편안이
국회 비준 과정에서 논의될 때, 인문학과 기초과학을 모두 포괄하는
기초학문 지원이 제대로 이루어질 수 있는 '기초학문지원과(가칭)' 같
은 부서 신설을 요청해야 한다. 한국학술진흥재단과 과학재단의 통합
이 논의되고 있는데, 통합된 재단에서 기초 과학과 인문학에 대한 지
원을 강화할 수 있는 구조를 가지도록 주문해야 한다. 특히 2007년도
부터 처음 시행된 인문한국(HK) 사업의 지속적 확대도 요청할 필요가
있다.

5장

학술진흥재단과 인문 학술 지원

1. 노무현 정부 시기 인문학 연구 지원 현황

정부 R&D 예산에서 인문학이 차지하는 비중이 너무 미약하다. 2003
년 정부 R&D 예산에서 인문학이 차지하는 비중은 전체 5조 1,189억
원 예산의 1.7%인 940억 원에 불과한 실정이다. 인문학 관련 학과 재
학생 수가 전체의 13.4%를 차지하는 데 비해 정부 R&D 예산에서 인
문학이 차지하는 비중은 1.7%에 지나지 않기 때문에, 인문학 관련 예
산의 대폭 증액이 요구된다.[1] 1.7%의 인문학 예산은 인문학이 차지하
는 학문 비중, 인문학 연구자 수 등이 차지하는 비중에 비해 지나치게
적은 수치이다. 따라서 정부는 인문학 관련 정부 예산을 대폭 늘려나
가야 한다.

---

[1] 『교육통계연보』(2001).

〈그림 1〉정부 R&D 예산에서 인문학이 차지하는 비중

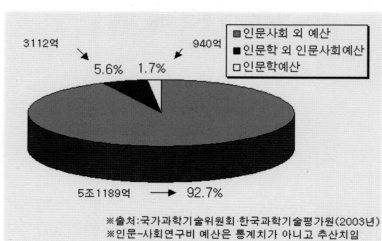

2. 한국학술진흥재단의 인문학 연구비 지원 현황

한국학술진흥재단의 조직 규모와 예산은 지난 몇 년 동안 급속도로 규모가 확대되어 왔다. 한국학술진흥재단은 BK 21이나 누리사업 같은 대형 국책사업의 집행을 위탁받고, 과기부의 순수 기초 연구 지원 사업을 이관받음으로써, 운영 예산 규모가 2004년 9,400억 원에서 2005년에 1조 376억 원으로 1조 원을 넘게 되었다.[2]

---

[2] 2005년 학술진흥재단 주요사업 표(「한국학술진흥재단, 조직 전면 개편」, 교육인적자원부 보도자료(2004. 12. 24), 5쪽)에 2005년 학술진흥재단 사업비 예산 현황을 반영한 것이다. 여기에는 누리 사업과 두뇌한국21 사업 수탁액, 기타 경상 운영비 등이 빠져 있다.

〈표 13〉2005년도 한국학술진흥재단 주요 사업 예산(단위: 백만 원)

	사업명	'05 예산	비 고
재 단 출연금 사 업	1. 학술지평가및정보화사업	1,875	학술지 평가, 학술연구 논문평가, 등
	2. 국제학술교류사업	3,842	대학교수해외방문연구, 해외한국학 지원 등
	3. 학술연구지원 정책 및 성과분석사업	215	
수 탁 사 업	○ 학술연구조성사업	219,000	기초학문육성사업, 우수연구자 지원 등
	○ 기초과학연구지원사업	47,550	선도과학자 연구지원 젊은과학자연구지원 등 6개 세부사업 (과기부 이관사업)
	○ 과학기술인력양성활용사업	50,000	박사후 해외연수지원 등 5개 세부사업 (과기부 이관사업)
	○ 두뇌한국21지원 관리 두뇌한국 21 국제협력 P/G 개발비지원 두뇌한국 21 신규사업	600 4,512 17,223	두뇌한국 21 지원관리 및 신규 사업
	○ 지방대학혁신역량강화사업 평가관리	11,500	
학자금 지 원 사 업	○ 학자금 지원	12,647	
	○ 농촌출신대학생 학자금융자사업	56,299	
	○ 사도장학금 지원사업	1,104	
	○ 이공계대학(원)생 장학금지원사업	102,045	
	○ 학자금 이차보전 지원	106,217	
총 계		612,899	

　인문학 분야에 대한 한국학술진흥재단의 지원 규모는 2002년에 늘
어난 이후에 정체되었다.[3] 한국학술진흥재단에서 인문학 분야에 지원
한 연구비는 2001년 153억 원, 2002년 521억 원, 2003년 514억 원, 2004

---

[3] 2001~2004년 한국학술진흥재단의 인문학 분야 학술 연구 지원에 대한 통계는
「2001~20004 KRF 인문학 분야 학술 연구 지원」, 『한국학술진흥재단 소식지』(2005. 4)
참조.

년 524억 원이었다. 이것을 보면 2001년에서 2002년 사이에 인문학 분야 연구비가 늘어난 이후에 3년 동안 계속 인문학 분야에 대한 지원이 정체되고 있음을 알 수 있다. 이것은 한국학술진흥재단의 재정 규모가 확대된 것에 비추어 보면 인문학 분야에 대한 지원이 상대적으로 축소되었다고 볼 수 있다.

〈표 14〉 한국학술진흥재단 인문학 분야 평균 지원비(단위: 억)

연도	인문학 분야 지원비
2001	153억
2002	521억
2003	514억
2004	524억

2001년에서 2004년 사이에 1인당 평균 연구 지원비도 비슷한 경향을 보여주고 있다. 2001년에 2,063만 원에서 2002년에 5,649만 원으로 크게 늘어난 뒤에, 2003년에 5,429만 원, 2004년 5,086만 원으로 지원 규모가 정체하면서 오히려 조금씩 줄어들고 있다.

〈표 15〉 한국학술진흥재단 인문학 분야 평균 1인당 지원비(단위: 원)

연도	인문학 분야 1인당 평균 연구 지원비
2001	20,632,000원
2002	56,498,000원
2003	54,298,000원
2004	50,861,000원

이처럼 한국학술진흥재단의 인문학 분야 지원이 상대적으로 정체됨에 따라 인문학 분야 신청 과제 수도 2001~2004년 기간 동안 정체되었

다. 2001년에 2,220 과제가 신청되고, 2002년에는 2,197 과제가, 2003년에는 2,342 과제가 그리고 2004년에는 2,121 과제가 신청되었다. 다른 분야의 연구 지원 신청 수가 증대함으로써 인문학 분야 연구 신청이 전체 신청에서 차지하는 비중이 2002년 22.0%에서 2004년 17.4%로 축소되었다. 이를 보면 인문학에 대한 지원이 침체되면 인문학에 대한 연구 의욕도 상대적으로 감소된다는 지표로 해석될 수도 있을 것이다.

〈표 16〉 한국학술진흥재단 연도별 인문학 분야 신청 과제 수 비율

신청과제수 \ 연도	2001년	2002년	2003년	2004년
전 체	10,232	9,978	11,473	12,204
인문학	2,220	2,197	2,342	2,121
비 율	21.6%	22.0%	20.4%	17.4%

3. 개선해야 할 한국학술진흥재단 인문학 지원 방식

인문학에 대한 지원은 주로 한국학술진흥재단의 연구비 지원 사업을 통해 이루어지고 있다. 따라서 한국학술진흥재단의 인문학 분야에 대한 지원 방식 문제를 검토해 볼 필요가 있다. 먼저 한국학술진흥재단 전반의 연구 지원 방식의 문제점부터 살펴보기로 하겠다. 한국학술진흥재단은 국가 발전의 초석이 되는 기초학문 지원 역할을 제대로 할 때만이 국가 기관으로서 존립 이유를 가질 수 있다. 2004년에 과기부의 기초 과학 지원 사업이 이관됨으로써, 한국학술진흥재단의 이러한 위상은 더욱 강화되고 있다.

한국학술진흥재단은 자신의 역할과 관련하여 그동안 많은 비판을

받아왔다. 그중에서 한국학술진흥재단의 연구 지원 방식과 관련해서 크게 두 가지 문제점이 지적되어왔다.[4] 첫째, 기존의 한국학술진흥재단 사업 구조와 조직 시스템이 학문 분야별 특성을 체계적으로 반영하지 못했다. 심사 기준 및 절차, 연구비 산정 및 집행지침 등이 학문 분야 간 구분이 거의 없이 일괄적으로 적용됨으로써 연구 지원의 효율성을 떨어트리는 결과를 낳았다. 둘째, 한국학술진흥재단에 연구 지원과 관련된 학술 연구 및 R&D 정책, 기획, 조사, 분석 평가를 전담하는 조직이 존재하지 않았다. 이로 인해 학술 지원 정책을 수립하는 데 연구 및 학술 현장의 요구가 제대로 반영되기 어려웠고, 지원 사업의 성과에 대한 측정도 제대로 이루어지지 않았다는 것이다. 이러한 비판들로 인해 2005년 12월 한국학술진흥재단 조직 체제 개편에서 인문사회지원단과 기초과학단이 분리되었다. 또한 프로그램 관리자(Program Director 및 Program Manager) 제도가 도입되어, 전문적인 학술 연구 지원이 가능하게 되었다.

한국학술진흥재단의 학술 연구 지원 체제가 나아지고 있지만, 인문학 지원과 관련해서 해결해야 할 문제들이 여전히 많이 존재한다. 먼저 지적할 문제로 한국학술진흥재단의 인문학 분야에 대한 지원이 다른 학문 분야에 비해 정체 상태에 놓여 있다는 점이다. 따라서 한국학술진흥재단은 인문사회과학 분야의 기초학문인 인문학 분야에 대한 예산 지원을 더욱 강화 방안을 적극 모색할 필요가 있다.

인문학 연구 지원 방식의 문제점에 대한 전면적인 검토를 통해 인문학 연구를 효율적으로 지원할 수 있는 방안을 적극적으로 모색할 필요

---

[4] 서진호, 「한국학술진흥재단 기초 학문 육성 정책: 한국학술진흥재단 체제 개편과 기초 학문 육성 정책의 기본 방향을 중심으로」, 『Nice』(2005. 6), 336쪽.

가 있다. 인문학에 대한 연구 지원 형태는 인문학의 특성을 고려하지 않은 채 다른 학문 분야와 비슷한 방식으로 지원 형태를 강행함으로써 연구 지원의 효율성을 떨어뜨려왔다. 인문학 연구비 지원 방식의 개선을 위해 다음 몇 가지 점이 고려될 필요가 있다.[5]

첫째, 인문학 연구 지원의 효율성을 늘릴 수 있는 방안을 모색해야 한다. 2002년 이후 인문학에 대한 연구비 지원 규모와 과제 수가 상대적으로 커졌지만 그 지원의 효과에 대해서는 논란이 많다. 인문학에 대한 연구비 지원 규모가 커지면서 3~4억 원 정도를 받는 중형 과제나 10억 원까지 받을 수 있는 대형 연구 과제들이 출현하였다. 그러나 중대형 일부 과제는 그 연구 성과로 참가한 연구자들이 각각 논문 한두 편을 학술지에 게재하거나 그 연구팀 전체가 책 한 두 권 내고 끝내는 경우가 종종 생김으로써 지원 효율성에 대한 논란이 발생하였다.

중대형 인문학 연구 과제들의 연구 효율이 떨어지는 원인을 몇 가지로 들 수 있다. 첫째는 인문학에 대한 연구 지원 방식이 자연과학에 대한 지원 방식과 유사하다는 것이다. 자연과학 분야는 연구 결과를 내기위해서는 실험을 해야 하고, 이를 위한 실험 기자재와 재료 구입비, 그리고 이를 담당할 인력에 대한 생활비를 해결해주어야 한다. 따라서 자연과학 분야의 연구비의 대부분은 이러한 부분에 사용되고 있다.

그러나 인문학 분야는 상황이 다르다. 인문학 분야에서 연구 과제에 참여한 학부생들이나 석·박사과정 학생들에게 주어지는 연구 지원비는 장학금의 성격을 많이 띠고 있다. 왜냐하면 이들이 연구 책임자의 연구 진행에 실질적으로 기여하는 부분이 그다지 크지 않기 때문이다.

---

5) 고영진, 「경쟁력있는 인문학 육성, 어떻게 할 것인가」, 『한국학술진흥재단 소식지』 (2005. 4).

또한 박사학위 취득 후 자리를 잡지 못한 전임 연구원들은 연구 책임자가 받는 연구 인건비의 거의 10배 정도를 받는다. 이는 신진연구자들의 생계지원비 개념이 연구비에 상정되었기 때문으로 보인다.

석·박사과정 학생들과 박사학위를 지닌 신진 연구자들에 대한 배려와 지원은 인문학 분야의 지속적인 발전을 위해서는 빠져서 안 되는 중요한 부분이다. 그러나 인문학 분야에서는 자연과학 분야와 다르게 이 두 부분을 분리해서 사용할 필요가 있다. 왜냐하면 이 두 부분이 한 연구 과제의 예산에 혼재되어 편성되어 있을 경우 인문학 분야 연구비 지원의 효율성을 떨어뜨릴 뿐만 아니라 연구 책임자의 연구 의욕을 저해할 수 있기 때문이다.

연구 과제 예산 산정 과정에서 장학금과 생계비 형태의 예산과 연구 지원비 형태의 예산을 분리하는 문제를 고려해볼 필요가 있다. 인문학 관련 학부, 석사, 박사 과정 학생들에 대한 장학금 지급 프로그램 확대, 신진 연구자 육성 지원 프로그램 확대 등은 이러한 문제를 해결하는 데 큰 도움이 된다. 또한 인문학 분야 연구비 집행 과정에서 나타나는 잘못된 연구비 집행 사례를 실질적으로 줄이는 데도 기여할 수 있을 것이다.

이와 동시에 한국학술진흥재단에서 실시한 정산할 필요가 없는 소액 정액제 연구 과제가 차지하는 비중을 늘려 나갈 필요가 있다. 이는 적은 예산으로 많은 인문학자들에게 지원하여 연구 의욕을 높이고 연구 지원 효율성도 높일 수 있을 것이다. 소액 정액제의 연구 지원은 연구 논문에 한정되어 있다. 이 액수를 좀 더 늘려 연구 저서에 대한 지원을 늘리는 방안을 적극 모색해볼 필요가 있다. 저서는 자연과학 분야와 다르게 인문학 분야에서 차지하는 비중이 매우 큼에도 불구하고 그동안 저서에 대한 연구비 지원이 거의 이루어지지 않았다.

한국학술진흥재단은 상업적으로 출판되기 어려운 고전 번역에 대해 연구 지원을 통해 사회적으로도 큰 호평을 받고 있고 학계 발전에도 큰 기여를 하였다. 한국학술진흥재단은 개인 연구자의 개인 저서에 대해서도 이와 유사한 프로그램을 신설하여 그 프로그램이 인문학 지원 전체에서 차지하는 비중을 대폭 늘려나갈 필요가 있다. 한국학술진흥재단은 대우학술재단이 적은 예산으로 대우학술 총서를 발행하여 한국학계에 기여한 사례를 적극적으로 한국학술진흥재단의 인문학 지원 프로그램에 반영해 나갈 필요가 있다.

둘째, 연구 지원의 효율성을 늘리기 위한 방안의 하나로 인문학 관련 연구 사업에 적합한 독자적인 평가 지표를 마련해야 한다. 여기에는 해방 이후 60년간 인문학 학문 분야별 기존 연구 성과에 대한 학술 데이터 구축과 이에 대한 평가 작업이 덧붙여져야 할 것이다. 이러한 작업은 한두 사람의 연구자나 연구 과제 발주를 통해 이루어지기는 어렵다. 이러한 작업을 지속적이고 체계적으로 진행할 수 있는 '(가칭) 인문학 학술 통계 센터' 같은 기구를 세울 필요가 있다. 이러한 기반들이 형성될 때 자연과학이나 사회과학과 다른 인문학 분야에 적합한 평가 모델을 만들어내기 수월할 것이다. 그렇게 되면 인문학의 연구 성과에 대한 양적이고 획일적인 평가에서 벗어나 질적인 평가로 나아갈 수 있을 것이다.

셋째, 인문학 연구 지원의 전문성을 강화해 나갈 필요가 있다. 현재 한국학술진흥재단은 이전에 비해 연구비 지원의 규모가 커짐에 따라 연구 지원의 전문성을 높이려고 노력하고 있다. 한국학술진흥재단은 미국국립과학재단(National Science Foundation, 'NSF')의 경우처럼, 기존의 분야별 전문 위원(PD)외에 학문 분야를 41개 분야로 세분하여 학계의 중견 연구자를 프로그램 관리자(Program Manager, PM)로 추가로 위촉하여 사업기획·집행·평가 및 사후 연구결과 관리를 하려하고 있다. 이러한 체제 정비를 통해서 인문학 분야에 대한 연구비 지원의 전문성이 크게 강화되고 있는 것은 긍정적인 일이다.

그럼에도 불구하고 인문학 연구 지원을 전담하고 있는 전문 위원과 프로그램 관리자들이 안정적으로 연구 지원 업무에 참여하기 어렵다는 점에서 여전히 구조적 문제점을 안고 있다. 전문 위원들은 대부분 1년 임기로 대학에서 한국학술진흥재단으로 파견되었다가 다시 대학으로 돌아가기 때문에 연구 지원 업무를 전문적으로 파악하기 어렵고, 파악했다 하더라도 단기간 근무하고 돌아가기 때문에 업무의 지속성이 유지되기 어렵다. 또한 프로그램 관리자들은 비상근이기 때문에 업무의 전문성과 지속성을 지니기가 어렵다. 따라서 한국학술진흥재단은 중장기적으로 연구 프로그램 관리자들과 전문 위원들을 안정적으로 육성할 수 있는 트랙을 개발해 나갈 필요가 있다.

넷째, 국가 발전 전략과 관련된 중장기적 인문학 연구 지원 전략 속에서 인문학에 대해 연구를 진행할 필요가 있다. 학문의 토착화와 한국의 지속적 선진화에 어떻게 기여할 것인가에 대해 인문학 분야 나름대로의 학문적 전략을 가져야 한다. 이러한 전략이 있어야 한국형 브랜드의 학문 체계를 수립하는 데 기초가 될 인문학 분야에 대한 '선택과 집중' 방식이 도입될 수 있을 것이다. 동시에 국가적인 발전 전략에 기여할 수 있는 인문학의 육성을 국가 차원에서 고민하는 위원회나 기구 설립도 마련해 나갈 필요가 있다.

다섯째, 인문학 분야가 지속적으로 발전하기 위해서는, 중장기적으로 인문학 분야에 우수한 인력을 안정적으로 재생산할 수 있는 파격적이고 체계적인 지원 프로그램을 개발해 나가야 한다. 인문학 분야 학자의 재생산이 위기에 처하게 되었다는 것은 국가적 차원에서 주목해야 할 만한 큰 문제이기 때문이다. 그동안 서울의 몇몇 주요 대학의 대학원들이 문학, 역사, 철학 분야 등의 인문학 학자들을 양성해 왔다. 그런데 최근 이들 분야에 대한 진학이 줄어들면서 정원 규모가 축소되고 있고, 그나마 그 정원도 다 채우지 못하는 실정이다. 대표적인 예로 서울대학교 대학원 인문학 분야를 들 수 있다. 2003년, 2004년, 2005년 현황을 보면 인문학 분야 대학원생 수가 계속 줄어들고 있다(〈표 17〉). 그리고 3년 연속 석사 과정과 박사 과정 모두 정원에 미달하는 학생들이 등록하고 있음을 알 수 있다.

〈표 17〉 서울대 인문대 대학(원)생 인원 현황(2003~2005)

구분 연도	정 원				등 록 생			
	학사과정	석사과정	박사과정	계	학사과정	석사과정	박사과정	계
2003	1,410	427	246	2,083	1,824	396	221	2,441
2004	1,375	393	230	1,998	1,825	373	192	2,390
2005	1,273	384	224	1,881	1,726	364	204	2,294

※출처: 서울대학교 2003~2005 통계연감.

정원에 미달되는 등록 사태가 나타나는 것은 낮은 지원율에 따라 입학 정원 자체를 채우지 못하기 때문이다. 서울대학교 인문대학 대학원은 2004년 전기 모집과 후기 모집을 통해서 정원을 충원하지 못했다. 다음 표를 보면 석사 과정은 192명 정원 중 172명 선발에 그쳤고, 박사 과정은 112명 정원에 86명 선발에 그쳤을 뿐이다.

〈표 18〉 서울대 2004년도 대학원 신입생 선발 현황

대학(원)	입학 정원		전기 모집 충원 인원		통합 과정 인원	후기 모집 인원		후기 선발 인원		2004 충원	
	석사	박사	석사	박사		석사	박사	석사	박사	석사	박사
인문대학	192	112	123	53	1	42	50	49	32	172	86

※출처: 서울대 홈페이지, 2004. 06. 11.

2005학년도 서울대 대학원 인문대학 신입생 지원 현황도 2004년도 와 큰 차이가 없이 저조한 지원율을 보이고 있다.

〈표 19〉 서울대 2005년도 대학원 신입생 전기 모집 지원 현황

대학(원)	모집 인원		지원 인원		경쟁률		2004 전기 경쟁률	
	석사	박사	석사	박사	석사	박사	석사	박사
인문대학	141	74	274	75	1.9	1.0	1.9	0.9

※출처: 서울대학교 홈페이지, 2005. 10. 08.

이러한 상황이 계속 된다면 순수 인문학 분야 학자들을 국내에서 지속적으로 재생산하기가 어렵게 될 것이다. 이러한 순수 인문학 분야가 지속적으로 육성되지 않는다면 인문 계열 내의 응용 분야나 사회과학 분야가 중장기적으로 발전하는 데 어려움을 겪게 될 것이다. 이는 결국 국가 경쟁력의 약화로 이어질 것이다. 따라서 국가 차원에서 인문 계열 내의 주요 기초학문 분야를 보호 육성할 필요가 있다.

이를 막기 위해서는 인문학을 지원하려는 우수한 학생들을 학부에서부터 지원하고, 석·박사 과정에서 최소한의 생계비를 지원하여 연구를 지속할 수 있게 하고, 연구자가 되면 한국학술진흥재단의 연구 사업과 연결될 수 있도록 하는 '연구자의 생애 주기에 따라 체계적으로 지원하는 시스템' 마련을 적극 고려해야 한다.[6]

이상으로 인문학과 관련된 연구 지원 체제, 연구비 지원 현황, 그리고 지원 방식과 개선 방안 등에 대해 살펴보았다. 이를 통해 해결해야 할 몇 가지 점을 확인할 수 있었다. 첫째, 인문학 전반에 대한 지원과

---

[6] 고영진, 「경쟁력있는 인문학 육성, 어떻게 할 것인가」.

정책을 담당하는 인문학 진흥 기관이나 인문 진흥 정책 전담 연구 기관이 없다. 따라서 선진국처럼 한국도 국가 차원에서 인문학을 체계적으로 지원하고 육성할 수 있는 기관의 신설이 필요하다.

둘째, 인문학에 대한 연구 지원비는 일시적으로 증대했지만 최근에는 그 지원 규모가 더 이상 늘지 않고 있고 학문 전체 연구비 지원에서 차지하는 비중이 축소되고 있다. 따라서 인문학에 대한 연구비 지원 규모를 다른 학문 영역과 어느 정도 균형을 맞출 수 있도록 확대해 나갈 필요가 있다.

셋째, 인문학 연구비 지원의 효율성을 올리기 위해서는 기존의 지원 방식을 개선할 필요가 있다. 새로운 개선 방안으로 인문학 분야 특성에 맞는 소액 정액제 연구 논문 지원이나 개인 연구자 저서 지원 같은 연구비 지원 프로그램 신설, 인문학 분야에 적합한 독자 평가 지표의 개발, 인문학 연구 지원 담당자의 전문성 제고, 국가 발전 전략과 연결된 중장기적인 인문학 발전 전략 수립, 그리고 인문학 연구자들을 지속적으로 재생산해 내기 위한 '연구자의 생애 주기에 따라 체계적으로 지원하는 시스템' 구축 등이 필요하다.

6장

더 나아가야 할 인문사회 분야 학술 지원 재편

1. 전면 개편해야 할 인문사회 분야 학술 지원 사업

한국은 2018년에 30~50클럽(국민소득 3만 불, 인구 5천만 이상)에 진입하게 되었다. 기존의 미국, 독일, 영국, 프랑스, 일본, 이탈리아에 이어 한국이 7번째로 30~50클럽에 포함이 되었다. 따라서 한국은 세계 주요 국가 반열에 걸맞은 중장기적인 전략에 기초한 한국형 인문사회 분야 학술 지원 시스템을 구축할 필요가 있다. 또한 제4차 인공지능혁명 시대에 부응하는 새로운 학문 패러다임을 반영하는 학술 지원 사업 전략 방안 마련이 필요하다. 더욱이 한국연구재단의 인문사회 분야 학술 지원 사업은 1963년 학술 연구 조성 사업 시작 이후 큰 변화 없이 지속되어 왔다. 따라서 급변하는 시대적 상황에 맞게 한국연구재단의 인문사회 분야 학술 지원 사업을 전면 개편할 필요가 있다.

인문사회 분야 학술 지원 사업은 교육부 재정 사업 재구조화와 연계해서 진행할 필요가 있다. 2018년에 교육부는 8개의 대학 재정 지원 사업을 재구조화하여 국립 대학 육성, 혁신 지원, 산학 협력, 연구 지원 등 4가지 유형으로 단순화하려고 하였다.[1] 따라서 BK 21플러스, 프라임(PRIME) 사업, 코어(CORE) 사업 등에 포함되어 있는 인문사회 분야 학술 지원 사업 예산을 인문사회 분야 학술 지원 사업 재구조화 과정에서 접목할 수 있는 논리의 개발이 필요하다.

한국연구재단의 인문사회 분야 학술 지원 사업은 상황에 따라 신규 사업들이 추가되어 왔기 때문에 기존 사업과의 중복성이 나타나고 있다.[2] 인문사회 분야 학술 지원 사업 현황 분석을 통한 사업 통합과 다양한 현장 의견을 반영한 신규 사업 추진 등 인문사회 분야 학술 지원 사업의 전면 개편 방안 마련이 시급한 실정이다. 효과적 사업 관리를 위해 기존 사업 구분 중심에서 연구 유형별(개인/공동/집단/성과 확산) 및 분야별 연구 지원 방안 등 연구자 중심의 연구 지원 체계 수립 필요의 가능성도 적극 검토해 볼 필요가 있다.

기존 연구는 중장기 또는 특정 사업 중심의 연구이며, 2019년 전체 사업 개편 방안 수립에 실제 활용할 수 있는 방안 연구가 필요하다. 인문사회 분야 학술 지원 사업 전면 개편 방안 연구는 기존 사업의 효율성을 증대시켜 한국의 인문사회 분야 연구 성과를 높이는 데 기여할 것이다. 또한 인문사회 분야 학술 지원 예산 확대 논리 개발을 통한 예산 증액에도 기여하여 이공 분야와 인문사회 분야 사이의 학문적 불균형을 개선하는 데 도움이 될 것이다.

한국연구재단 인문사회 분야 학술 지원 사업 재편과 관련된 연구들

---

[1] 8개 대학 재정 지원 사업은 PoINT(국립대), ACE+(학부), CK(특성화), PRIME(산업연계), CORE(인문), WE-UP(여성공학), LINC+(산학협력), BK21 PLUS(연구) 등이다.

[2] 대표적으로 2018년부터 새롭게 실시되고 있는 HK+2 유형 사업과 대학중점연구소 사업의 중복성, HK+ 1유형 사업의 지역 인문학 센터와 인문도시 사업의 중복성 등을 들 수 있다.

이 2014년 이후 진행되었다. 대표적인 선행 연구로 박성민(2014), 한재민 (2015), 김민희(2016), 이승종(2017) 등의 연구를 들 수 있다. 박성민은 학술 지원 사업 전면 개편을 통해 정부 연구비의 효율성을 높이고 연구자 친화적 사업을 제시하려고 하였다.[3] 이 연구는 학술 지원 사업을 5가지 측면에서 재설계 방안을 제시한다. 5가지 측면은 구조적 측면, 법·제도적 측면, 예산 분배적 측면, 프로세스 측면, 그리고 연구 성과 및 활용 활성화 등이다. 이러한 5가지 측면의 재설계하는 방안을 통해, 박성민은 생애 주기별 연구 지원 사업 개선, 국가 전략적 아젠다 개발 지원 확대, 인문사회 분야 학술 지원 관련 법안과 전담 추진기구 설립, 개인·소규모 그룹에 대한 기초 연구 지원 확대 등을 중점적으로 제안하였다.

한재민은 학술 연구 지원을 연구자 중심의 바텀업(Bottom-up) 연구 지원 방식에서 탑다운(Top-down) 방식의 사회 문제 해결형 연구, 장기 연구, 아젠다 제시형 연구 강화 등을 제시하였다.[4] 그는 체계적인 미래 사회 전망과 현실 분석을 통해 장기 비전을 수립하고 단계별 추진 전략을 마련하여 미래 국가 수요에 부응하는 인문사회과학 발전 방안의 필요성을 제시하였다. 또한 인문사회 R&D 컨트롤 타워 기능 강화가 강조되었다. 그는 인문학기본법에 '인문사회 학술정책의 수립 및 추진 체계, 투자 및 인력 자원의 확충, 기반 강화 및 환경 조성' 관련 항목을 명시하고, 이러한 정책을 실행할 추진체계 구축을 제안하였다.

김민희는 2011~1016년 인문사회 분야 학술 지원 사업 신청 및 선정 과제 수, 연구자별 사업 신청 및 선정 경향 사례, 설문 조사 분석 결과

---

[3] 박성민 외, 「인문사회 분야 학술 지원 사업의 재설계를 위한 연구」(한국연구재단, 2013).
[4] 한재민 외, 『2030년 국가 아젠다 기반의 인문사회 학술 진흥 전략 수립을 위한 기초 연구』(한국연구재단, 2015).

등을 분석하여 구조 재설계의 근거로 삼았다.[5] 인문사회 분야 연구 과제 신청 및 선정 비율이 정적 상관관계를 보이기 때문에 연구비 지원 규모 확대와 연구 지원의 효율성 제고 노력이 필요하다고 보았다. 인문사회 분야 학술 지원 사업 재설계 방안으로 3개 연구군(개인 연구, 집단(공동) 연구, 연구소)과 3개 연구 영역(기반 조성, 연구 지원, 성과 확산)으로 재설계되어 제시되었다. 김민희는 현행 주요 21개 세부 과제 중에서 2개 사업을 제외한 나머지 19개 세부 과제를 그대로 유지하고 폐지 사업을 신설 사업으로 전환할 것을 제안하였다.

이승종은 분석 대상으로 토대연구, 대학중점연구소, 신흥지역연구, 인문한국(HK), 사회과학연구(SSK)를 선택하였다.[6] 그의 성과 분석 결과에 따르면, 인문한국 사업과 사회과학연구 사업은 성과가 양호하게 나왔다. 토대연구, 대학중점연구소, 신흥지역연구 사업 등은 성과가 보통·미흡으로 분석되었다. 그는 성과 분석이 양호한 사업을 유지하고, 성과가 보통·미흡인 사업을 통합하는 신규 사업 설계가 필요하다고 주장하였다. 사업 재설계안을 지속 사업, 통합 조정 사업, 신규 사업 세 가지 유형으로 분류되어 제시되었다.[7]

대표적 선행 연구들은 대부분 인문사회 분야 학술 지원 사업들의 중

---

[5] 김민희 외, 『2020년 인문사회 분야 학술 지원 사업 구조 재설계를 위한 연구』(한국연구재단, 2016).

[6] 이승종 외, 『집단연구사업 성과분석을 통한 사업재개편 방안 연구』(한국연구재단, 2017).

[7] 1) 지속 사업: HK, SSK 사업을 축소/확대하여 HK+, World Class SSK로 재개편한다. 2) 통합 조정 사업: 토대연구, 대학중점연구소, 신흥지역연구를 통합하여 인문사회 기반 연구 지원 사업으로 재개편한다. 3) 신규사업: 제4차 산업 융합 연구 지원 사업, 집단 지성 공동 연구 지원 사업 등을 신설한다. 사업 재설계의 기대 효과는 신규 사업 예산 배분을 차등적으로 구성(집단 공동 연구 규모 확대)할 때 가장 좋은 것으로 예측된다.

복성을 제거하고 효율성을 높이기 위해 재개편 작업을 할 것을 주장하고 있다. 박성민은 학술 지원 사업을 5가지 측면에서 재설계할 것을 주장했고, 한재민은 인문사회 R&D 컨트롤 타워 기능을 강조했다. 김민희는 학술 지원 사업을 3개 연구군(개인 연구, 집단(공동) 연구, 연구소)과 3개 연구 영역(기반 조성, 연구 지원, 성과 확산)으로 재설계하였다. 이승종은 성과 분석 결과를 토대로 기존 학술 지원 사업으로 지속 사업, 통합 조정 사업, 신규 사업 세 가지 유형으로 분류하여 제시하였다.

  이 장은 위 선행 연구들의 제안 중 일부를 선별적으로 반영하고자 노력하였다. 박성민의 연구에서 생애 주기별 연구 지원 사업 개선, 국가 전략적 아젠다 개발 지원 확대, 인문사회 분야 학술 지원 관련 법안과 전담 기구 추진 기구 설립 제안 등을 주목하였다. 한재민의 연구에서 탑다운 방식의 아젠다 제시형 연구, 인문학 기반 지원을 통한 학술 지원 정책 강화를 참고하였다. 김민희의 연구에서 학문 후속 세대 지원 사업 강화, 인문한국 연구소 통합과 인문사회과학연구원(IHSS) 신설을 참조하였다. 그리고 이승종의 연구에서 한국사회과학연구(SSK) 사업의 세계 수준 한국사회과학연구(World Class SSK) 사업으로의 재개편, 토대연구, 대학중점연구소, 신흥지역연구를 통합하여 인문사회 기반 연구 지원사업으로 재개편 등을 집중적으로 검토하였다.

  선행 연구에는 학술 지원 사업 재편 과정이 일부만 다루어져서 기존의 사업들이 대부분 유지되고 있었다. 비교적으로 적극적인 구조 조정을 제안했던 김민희의 연구도 2개만 폐지되어 19개 기존 사업이 유지되게 된다. 따라서 기존 사업들을 대폭 통폐합하여 사업 유형을 단순화하여 효율성을 높일 필요가 있다. 따라서 이 글은 기존 주요 학술 지원 20개 사업을 5개 유형 9개 사업으로 대폭 축소하여 사업의 중복성을 줄이고 효율성을 크게 높이려고 했다는 점에서 기존 연구와 차별성이 있다.

선행 연구에는 연구자 개인 연구, 연구자 집단 연구, 연구소 연구 사이의 차별성과 상호 관계에 대한 고려가 적었다. 연구자 개인 연구와 연구자 집단 연구는 연구소 기반 시설 없이 진행된다는 점에서 연구 규모는 차이가 난다 하더라도 공통성이 많다. 이에 비해 연구소 연구는 연구비 규모와 관계없이 연구소 인프라(공간, 시설, 정보)를 구축하여 중장기적 전망을 가지고 진행된다는 점에서 차이가 있다. 연구자 개인 연구나 연구자 집단 연구는 연구 지원이 끝나면서 해당 연구 단위가 해체된다. 연구소는 연구 과제 지원이 끝나더라도 구축된 인프라 위에 지속성을 가지고 나간다는 점에서 근본적인 차이가 있다. 따라서 필자의 연구는 연구자 개인 연구, 연구자 집단 연구, 연구소 연구로 발전해 나가야 한다는 비전 하에 인문사회 분야 학술 지원 사업을 전면 개편했다는 점에서 기존 연구와 차이가 있다. 예를 들어 한국사회과학연구(SSK) 3단계 대형은 연구비 규모가 대학중점연구소나 신흥지역연구소보다 크지만 연구자 집단 연구라는 점에서 연구자 집단에 배치하였다.

선행 연구는 인문학 분야와 사회과학의 보호 · 학문 분야 학부생들을 차세대 학문 후속 세대로 육성하는 부분에 대한 고려를 하지 못하였다. 2016년부터 진행된 CORE 사업을 통해 인문학 분야 학부생들이 대학원 진학을 통해 차세대 학문 후속 세대로 육성될 수 있는 가능성이 확인되고 있다. 이 글은 CORE 사업의 정신을 계승하는 학술 연구 역량 강화 사업을 신설하여 인문학 분야와 사회과학의 보호 · 학문 분야 학부생들을 차세대 학문 후속 세대로 육성하려는 신규 사업을 제안하였다. 이 글은 학부생, 석박사 대학원생, 학문 후속 세대(박사후 과정, 시간 강사, 강의 연구 교수, 국가 인문사회 교수), 신진 연구자, 중견 연구자, 우수학자 등으로 이어지는 전면적인 '생애 주기별' 연구 지원 모델을 제시한다는 점에서 선행 연구보다 진일보했다고 할 수 있다.

2. 인문사회 분야 학술 지원 사업 형태 변천 과정

1) 인문사회 분야 학술 지원 사업의 역사

한국연구재단에서 1963년 학술 연구 조성 사업 시작 이후 기간을 학술 지원 기반 조성기(1963~1980), 학술 지원 체계 정립기(1981~2008), 학술 지원 체계 정체 및 새로운 모색기(2008~)로 크게 3단계로 구분하려고 한다. 이는 지원 규모, 지원 방식, 지원 주체 등을 종합적으로 고려하여 전체적인 흐름을 한 눈에 파악할 수 있도록 하기 위해서이다. 각 시기에 대해 좀 더 살펴보기로 하겠다.

학술 지원 기반 조성기(1963~1980)에 연구비 조성의 기본 정책이 수립되고 시행되었다. 1963년에 학술 연구 조성 사업이 시작되었고, 1979년에 학술진흥법이 제정되었다. 이 시기에 교수 및 연구 요원 양성 과정 중점 육성, 연구 재원의 확대, 연구비 배분 과정의 합리화 등 연구비 조성의 기본 정책이 수립되었다.

학술 지원 체계 정립기에 한국학술진흥재단 설립과 더불어 인문사회 분야에 대한 학술 지원이 본격적으로 진행되었다. 이 시기는 한국학술진흥재단 설립과 더불어 인문사회 분야 학술 지원 규모를 키우면서 중장기적인 발전 전망을 모색하는 시기라는 특징을 지닌다. 1981년 한국학술진흥재단이 설립되었고, 1986년 이후 선진국에 비해 낙후된 한국 학술 연구를 활성화하고 질적 수준을 제고하기 위한 지원 체계 개선 노력이 진행되었다. 이러한 노력 속에서 여러 지원 사업들이 신설되었다. 1986년 자유 공모 과제 사업, 1989년 신진 교수 과제 사업, 1990년 지방 대학 육성비 사업, 1990년 대학 부설 연구소 사업, 1998년 동서양 학술 명저 번역 지원 사업, 1998년 인문사회 중점 연구 사업,

1999년 보호 학문 분야 강의 지원 사업, 2000년 예술 이론 및 예술 교육 연구 지원 사업, 2000년 인문학 육성 지원 사업, 그리고 2007년 인문한국(HK)사업 등이 신설되었다.

이 단계에서 연구 지원이 규모가 커지고 체계화되기 시작했다. 1995년에 연구비 규모가 상향조정되었고, 1999년 학문 후속 세대의 양성 강화와 기초학문 투자 강화로 중장기적인 연구비 지원 사업으로 전환되었다. 개인 연구 사업, 공동 연구 사업, 대학 부설 연구소 지원사업 체제도 시작되었다. 2005년 인문사회과학과 기초과학을 분리하여 지원하면서 인문사회과학 비중이 축소되기 시작했다.

학술 지원 체계 정체 및 새로운 모색기에 인문사회 분야 학술 지원 예산의 규모가 정체되고, 이로 인해 연구 과제 신청 수가 오히려 축소되고 있다. 한국학술진흥재단이 한국연구재단으로 편입된 후, 한국연구재단 내 인문사회 분야가 차지하는 비중이 축소되면서 인문사회 분야 학술 지원 예산도 정체되고 있다. 또한 인문사회 분야 학술 지원 사업 사이의 중복성으로 인해 효율성이 저하되고, 사업들 전체를 총괄하는 기본 사업 추진 논리와 체계가 명확히 제시되지 않다는 점도 인문사회 분야 학술 지원 예산 확대에 걸림돌로 작용하고 있다.

특히 이 시기에 자연과학 분야 예산 규모가 지속적으로 성장하는 데 비해, 인문사회 분야 예산이 상대적으로 정체하는 것은 심각한 문제이다. 인문사회 분야 학술 지원 사업 전면 재편을 통해 인문사회 분야 예산의 효율성을 증대하면서 예산 규모를 증대하는 것이 현 단계에서 해결해야 할 당면 과제이다. 동시에 한국연구재단 내에서 인문 학술 지원 분야가 차지하는 비중을 높이는 문제도 중장기적으로 해결해야 할 중요한 과제이다.

2) 인문사회 분야 학술 지원 사업 형태 변천 과정

1999년 학문 후속 세대의 양성 강화와 기초학문 투자 강화로 중장기적인 연구비 지원 사업으로 전환되었고, 개인 연구 사업, 공동 연구 사업, 대학부설 연구소 지원 사업 체제가 시작되었다. 2000~2005년의 연구 지원 사업 구조는 우수 연구자 지원, 공동 연구 과제 지원, 우수 학술 단체 지원, 특정 연구 지원, 기초학문 육성으로 구분되었다. 2001년에 기초학문 육성과 보호 학문 분야가 새롭게 추가 편성되었다.

〈표 20〉 2000년 연구 지원 사업 구조

분 야	해당 사업
우수연구자지원	선도연구자, 신진교수과제
공동연구과제지원	협동연구지원, 중점연구소지원, 대학연구기관지원
우수학술단체지원	학술대회지원, 국내학술지발행, 국제학술지 발행
특정연구지원	사전편찬지원, 교육정책개발연구, 교과교육연구, 국학연구(고전번역), 동서양학술명저번역, 보호학문지원, 강의콘텐츠개발, 대학원국내교류
기초학문육성	인문학 지원, 박사후 연구과정, 신진연구인력 장려금

〈표 21〉 2001년 기초학문 육성 분야의 분화

분 야	해당 사업
기초학문육성	인문사회분야(국학고전연구, 국내외지역연구, 한국근현대연구), 대학교육과정개발연구, 인문사회분야우수연구자 지원, 우수학술도서 선정지원
보호학문분야	보호학문시간강사지원, 동서양학술명저지원, 국학연구기관 육성지원, 교육정책연구지원, 대학교수교류지원, 사전편찬지원, 교과교육공동연구

2006~2008년의 연구 지원 사업 구조는 우수 기초 연구 지원군, 학술 기반 기초 지원군, 특정 목적 사업군, 국제 교류 사업군으로 편성되었다. 2007년에 우수 기초 연구 지원군에 국학 연구(한국학중앙연구원 주관)가

추가되고, 학술 기반 구축 지원군에 인문학 진흥 사업이 추가되었다.

〈표 22〉 2006~2008년 연구 지원 사업 구조

분 야	해당 사업
우수기초연구지원군	학문후속세대양성사업(신진연구인력지원, 학술연구교수지원, 박사후연수과정지원), 신진교수연구지원, 기초연구과제지원(선도연구자지원, 협동연구지원, 사전편찬지원, 인문사회기초지원, 창의주제연구, 토대연구, 해외지역연구, 특화주제연구, 국학연구지원(해외한국학, 한중연주관), 우수학자 지원
학술기반기초지원군	중점연구소지원, 학술단체지원, 명저번역지원, 기초학문자료센터, 우수학술도서선정(학술원주관), 인문학 진흥 방안사업(2007년)
특정목적사업군	학술성과확산, 남북학술교류, 보호학문분야연구지원, 대학교수 교류지원(대교협주관), 교육과정개발지원(대학학문과주관)
국제교류사업군	외국인교수초빙사업

2009년 연구 지원 사업 구조는 인문사회 연구 역량 강화, 인문학 진흥, 학술 연구 인력 양성, 대학중점연구소 지원, 학술 단체 지원, 학술자원 공동 활용 기반 구축, 남북 교류 협력, 국제 공동 연구, 대학 연구국제 교류 강화 사업으로 편성되었다.

〈표 23〉 2009년 연구 지원 사업 구조

분 야	해당 사업
인문사회연구역량강화	신진연구, 리더연구, 기반연구지원(기초연구, 명저번역, 학제 간 융합연구)
인문학 진흥방안	인문한국(HK)연구소, 인문저술, 인문학대중화(인문주간, 석학인문강좌, 시민인문강좌)
학술연구 인력양성	학문후속세대양성지원, 대학교육과정개발연구지원, 보호학문분야강의지원
대학중점연구소지원	인문사회연구소, 융복합연구소
학술단체지원	국제학술지발행, 국내학술지발행, 학술대회 개최 및 소규모연구회
학술자원공동활용기반구축	기초학문자료센터
남북교류협력	

분 야	해당 사업
국제공동연구	
대학연구국제교류강화	대학교수해외방문, 외국인교수초빙, 해외학생연구원 초빙

2010~2017년의 연구 지원 사업 구조는 개인 연구군, 집단 연구군, 기반 연구군으로 재편되었다. 2011년 이후 기반 연구군이 인문한국과 한국사회과학 연구 지원으로 편성되었다.

〈표 24〉 2010년 연구 지원 사업 구조

분 야	해당 사업
개인연구군	학문후속세대지원, 신진연구교수지원, 일반기초연구지원, 우수학자지원, 보호학문분야 강의지원
집단연구군	학제간융합연구지원, 대학중점연구소지원, 한국사회과학발전방안, 인문한국
기반연구군	토대기초연구지원, 명저번역지원, 인문저술지원, 인문학대중화

〈표 25〉 2011년 연구 지원 사업 구조

분 야	해당 사업
개인연구군	학문후속세대지원(박사후국내외연수, 학술연구교수, 시간강사지원), 일반연구지원(신진연구, 기본연구 – 단독·공동·우수논문사후지원), 명저번역지원, 우수학자지원
집단연구군	학제간융합연구지원, 대학중점연구소지원, 토대기초연구지원
인문학 진흥지원	인문한국, 인문저술지원, 인문학대중사업
한국 사회과학 연구지원	한국사회기반연구, 사회과학 특정연구

2018년의 연구 지원 사업 구조는 인문사회 기초 연구(개인, 공동 및 집단 연구), 인문학 진흥, 사회과학 연구로 재편되었다. 개인 연구, 공동 연구 및 집단 연구를 인문사회 기초 연구로 묶었다.

〈표 26〉 2018년 연구 지원 사업 구조

분 야	해당 사업
인문사회기초연구	학문후속세대지원(박사후국내연수, 학술연구교수, 시간강사연구지원), 일반연구지원(신진연구, 중견연구, 일반공동, 우수논문), 우수학자지원, 명저번역지원, 학제간융복합연구, 신흥지역연구, 대학중점연구소, 토대연구
인문학 진흥	인문한국(HK/인문한국플러스HK+)(HK, HK+1유형, HK+2유형), 성과확산총괄센터), 저술출판지원, 인문학대중화(인문도시, 석학인문강좌, 인문주간, 홍보 및 성과확산), 인문전략연구(인문학국책, 디지털인문학, 인문브릿지)
사회과학연구	사회과학연구지원(SSK)지원(소형, 중형, 대형, 단기과제)

1999~2018년도까지 진행된 인문사회 분야 학술 지원 사업 구조 및 사업 내용 변화 과정의 특징은 다음과 같다. 먼저 이 시기는 1999~2009년과 2010~2018년 두 시기로 크게 구분해서 살펴볼 필요가 있다. 1999~2009년 시기는 기초 연구, 기반 구축, 남북 교류 협력, 국제 공동 연구, 대학 연구, 국제 교류 강화 등 지원 목적별로 사업을 구별했다. 2010~2018년 시기는 개인, 집단, 인문학 진흥, 사회과학 연구 지원 대상과 지원 분야를 중심으로 사업을 구분했다.

2010년 이후 시기는 인문 학술 지원 구조는 안정되었으나 예산 규모와 지원 과제 수가 늘지 않는 정체기이다. 인문사회 분야 학술 지원 사업 구조와 사업 내용이 중장기적 발전 전망 속에서 체계적인 원칙에 근거하여 진행되지 못하였기 때문이다. 사업들의 명칭과 사업 규모들이 자주 바뀌고, 신규 사업들이 지속성을 지니지 못하고 통폐합되는 경우들이 많았다.

이공 분야에 비해 사업 예산 규모가 현저하게 작음에도 불구하고, 인문사회 분야 사업들을 일정한 원칙 하에 체계적으로 파악하기 어렵기 때문에 사업 운영이나 예산 확보가 어려웠다. 따라서 인문사회 분야 학술 지원 사업 구조를 전면 개편하여 다양한 사업들을 단순하게 체계화하여 중장기적 전망 속에서 지속적으로 사업을 운영하고 발전시켜 나갈 필요가 있다.

3. 2018년 학술 지원 재편 방향과 특징

2018년에 주요 20개 학술 지원 사업이 진행되었다. 인문사회 기초연구(학문 후속 세대 및 신진 연구 등 13개 세부 사업), 인문학 진흥(HK 플러스 등 4개 세부 사업), 사회과학 연구 지원 및 글로벌 연구 네트워크 지원 등이 이에 포함된다. 다양한 사업 영역에 중복성이 발견된다. 대표적으로 2018년부터 새롭게 실시되고 있는 HK+2 유형 사업과 대학중점연구소 사업의 중복, HK+1 유형 사업의 지역 인문학 센터와 인문도시 사업의 중복, HK 해외 지역 분야와 신흥 지역 연구 지원 사업의 중복, HK 융복합 분야와 인문 브릿지 사업의 중복 등을 들 수 있다. 중복되는 사업들을 통폐합하고 비어있는 지원 영역을 신설하여 체계적이고 효율적인 학술 지원 정책 마련이 필요하다.

〈표 27〉 2018년 연구 지원 사업 내용

사업 구분			사업 목적	지원 대상	지원 규모 (과제당/연)	지원 기간
인문사회 기초연구	학문 후속 세대 지원	박사후 국내연수	박사학위를 취득한 연구자에게 연구기관 연수제공	국내·외 대학 박사학위 취득 후 5년 이내	34백만 원 (기관지원금 1백만 원 포함)	1년 2년
		학술연구 교수	박사후 연구자가 대학연구소에서 연구에 전념할 수 있도록 지원	국내·외 대학 박사학위 소지자 중 고등교육기관 부설연구소 전임연구교수 채용 예정자	40백만 원 (기관지원금 1백만 원 포함)	3년
		시간강사 연구	대학 시간강사 연구 지원	최근 5년 내 대학 강의 경력이 있는 박사학위 소지자 중 국내 대학의 전업시간강사	14백만 원 (기관지원금 1백만 원 포함)	1년

사업 구분			사업 목적	지원 대상	지원 규모 (과제당/연)	지원 기간
일반 연구 지원	신진연구		신진연구자의 연구 의욕 고취 및 연구역량 강화	조교수 이상 임용 후 5년 이내인 국내대학 소속 교원 또는 박사학위 취득 후 10년 이내 연구자	20백만 원 이내	1년 2년 3년
	중견연구		중견연구자 개인 연구 지원	조교수 이상 임용 후 5년이 초과한 국내대학 소속 교원 또는 박사학위 취득 후 10년 초과 연구자	10백만 원/ 20백만 원 이내	7년(3+4)/ 1~3년
	일반공동		소규모 공동연구 지원	대학·연구기관 등에 소속된 연구자	50/100백만 원 이내	1년 2년 3년
	우수논문		연구비를 지원받지 않은 우수한 논문의 후속연구 지원	대학·연구기관 등에 소속된 연구자	10백만 원	1년
	우수학자지원		인문사회 분야에서 한국을 대표할 우수학자 지원	박사학위 취득 후 10년 이상이고 조교수 이상의 경력이 10년 이상인 대학 또는 학회 소속의 연구자	30백만 원	5년(3+2)
	명저번역지원		동서양의 명저를 체계적으로 번역·보급	단독번역출판물 또는 4인 이하 공동번역 출판물이 1종 이상인 연구자	지정도서별 분량과 난이도를 고려하여 지원 (간접비 없음)	2년 3년
	학제간융합연구		인문사회와 이공계 분야와의 융합연구 활성화	인문사회와 이공분야의 융합분야 연구팀	40/200백만 원 이내 * 센터 130	1년/ 5년(3+2) /3년
	신흥지역연구		신흥지역 전문가 육성 및 연구지원	대학부설연구소	230백만 원 이내	5년 (2+3)
	대학중점연구소		대학연구소의 전문화, 특성화를 통한 대학의 연구거점 구축	대학부설연구소	200/300백만 원 이내	6년(3+3)/ 9년(3+3+3)
	토대연구		연구토대가 되는 기초자료, 사전 등 연구	대학부설연구소 및 국내 연구기관 등에 소속된 연구자	200백만 원 이내	3년/ 5년(3+2)
인문한국 학술진흥 재단흥	인문한국 (HK)/ 인문한국 플러스 (HK+)	인문기초 학문	대학 내 '연구소' 중심의 연구체제 확립으로 세계적 수준의 연구역량 확보	대학부설연구소	〈HK〉 3~15억 원 〈HK+〉 최대 17억 원 ※ 지역인문학센터 운영비 /간접비 포함 〈HK+ 2유형〉 최대 3.3억 원 ※ 지역인문학센터 운영비/간접비 포함	〈HK〉 10년(3+3+4) 〈HK+〉 7년(3+4)
		해외지역 분야				
		소외·보호· 창의·도전				
		2유형		기 지원 종료 연구소 중 우수 연구소		
		성과확산 총괄센터		HK연구소 협의회(지정)	100백만 원	2년

사업 구분			사업 목적	지원 대상	지원 규모 (과제당/연)	지원 기간
저술출판지원			인문사회분야 저술지원	대학·연구기관 등에 소속된 연구자	10백만 원 (간접비 없음)	2년 3년
인문학 대중화	인문도시		지역의 인문자산 발굴 및 지역 간 네트워크체제 활성화	전국 대학 및 대학부설 연구기관	150백만 원 이내 (간접비 10백만 원 포함)	1/3년
	석학 인문강좌		인문학분야 학술적 성과가 높은 석학들의 정기강좌 운영	각 분야에서 학문적 성과가 높은 인문학자	–	1년
	인문주간 등		인문주간, 한·중 인문학 포럼 등 운영	–	–	–
	홍보 및 성과 확산		인문학 탐방단 운영, 인문학대중화 연중 SNS 홍보	–	–	1년
인문전략 연구	인문학 국책		인문학 기반의 국내외 사회문제 해결도모 및 정책수립 지원	대학·연구기관 등에 소속된 연구자	100백만 원 이내	3년(1+2)
	디지털 인문학		인문학 성과의 체계적인 디지털 콘텐츠 개발 및 원천 소재콘텐츠 제공	대학·연구기관 등에 소속된 연구자	150백만 원 이내	3년(1+2)
	인문 브릿지		인문학의 사회적 실용성을 증대시킬 산학협력 활성화 모색	대학부설연구소 및 산업체 컨소시엄	280백만 원 이내	3년(1+2)
사회과학 연구	사회과학 연구 (SSK) 지원	소형	사회과학분야 세계적 수준의 연구센터 육성	대학 전임교원 및 박사후 연구자(연구책임자는 사회과학분야 전임교원)	100백만 원	10년 (소형 3+중형 3+대형 4)
		중형			230백만 원	
		대형			450백만 원	
		단기과제	사회과학분야 네트워크 구축 및 성과확산	사회과학분야 연구자 및 단체	270백만 원 (간접비 포함)	3년
글로벌연구네트워크			해외 우수연구자들과의 공동연구 및 네트워크 확대	학술진흥법 제2조제5호의 연구자	80백만 원 (간접비 포함)	2~3년

인문사회 분야 학술 지원 사업의 전면 개편을 위한 주요 방향 및 방안은 다음과 같다. 기존 주요 20개 학술 지원 사업을 5개 유형 9개 사업으로 단순화하여 전면 개편 한다. 5개 연구 유형은 연구자 지원 사

업, 연구자 집단 지원 사업, 연구소 지원 사업, 연구 성과 확산 사업,
학술 연구 역량 강화 사업이다.

〈표 28〉 2019년 연구 지원 사업 전면 개편안

현행 (20개 세부 사업)		개편(안) (9개 세부 사업)	
		사업명	세부 사업(선정 유형)
인문 사회 기초 연구	박사후국내연수	1. 연구자 지원사업	① 학문후속세대 지원 (박사후연구자지원, 강의연구교수, 시간강사지원)
	학술연구교수		
	시간강사연구지원		
	신진연구자지원		
	중견연구자지원		② 개인연구 지원 (신진, 중견, 우수연구자)
	우수학자지원		
	우수논문지원		
	명저번역지원	2. 연구자 집단 연구 지원사업	③ 공동연구 지원 (소형, 중형)
	일반공동연구지원		
	학제간융합연구지원		④ 사회과학연구지원(SSK) (소형, 중형, 대형, SSK네트워크)
	신흥지역연구지원		
	대학중점연구소		
	토대연구		
인문한국 학술진흥 재단흥	인문한국지원 (HK/HK+)	3. 연구소 지원사업	⑤ 중점연구소 지원 (소형, 중형)
	저술출판지원		⑥ 인문한국지원(HK/HK+) (HK, HI+1, HK+2, 성과확산총괄센터)
	인문학대중화		
	인문전략		
	우수학술도서		
사회과학연구지원(SSK)		4. 연구성과 확산사업	⑦ 학술저역서 지원l (번역, 학술서)
			⑧ 네트워크형 학술문화 지원 (국제포럼, 네트워크 구축, 강좌지원, 인문역사문화도시)
글로벌연구네트워크(GRN)		5. 학술연구역량 강화사업	⑨ 학술연구역량강화사업

연구자 지원 사업에서 학부생, 대학원생, 학문 후속 세대, 신진 연구자, 중진 연구자, 우수 연구자로 이어지는 생애 주기별로 균형 있게 학술 지원을 체계적으로 진행한다. 특히 학문 후속 세대 지원을 강화하여 연구자 재생산 구조를 안정적으로 확보할 필요가 있다. 학문 후속 세대 지원 사업에 국내 박사후 연수 지원 사업, 시간 강사 지원 사업은 현행 사업에서 그대로 유지하고, 해외 박사후 연수 지원 사업, 강의 연구 교수 지원 사업, 국가 인문사회 교수 지원 사업을 신설하여 학문 후속 세대가 중장기적 전망 속에서 안정적으로 연구에 전념할 수 있도록 한다.

연구자 집단 사업에서 공동 연구와 한국사회과학연구(SSK) 사업을 중심적으로 지원한다. 연구소 지원 사업에서 대학중점연구소와 인문한국(HK/HK+)사업을 중점적으로 지원한다. 연구 성과 확산 사업에서 학술 저역서 지원을 강화, 직접 지원에서 네트워크형 학술 문화 지원으로 재편한다. 학술 연구 역량 강화 사업에서 인문학 분야와 사회과학의 소외·보호 분야의 학문 후속 세대를 지원하고 육성한다.

4. 학문 재생산 구조 안정적 재구축으로 더 나아가

이 글은 효율적 연구 지원을 위한 인문사회 분야 학술 지원 사업 전면 개편 방안을 제시하려 했다. 이를 위해 다양한 연구 방법을 사용하여 학술 지원 사업 전면 개편 방안을 만들었다. 기존 주요 20개 학술 지원사업을 5개 유형 9개 사업으로 단순화하여 전면 개편할 것을 제안하였다. 5개 연구 유형은 연구자 지원 사업, 연구자 집단 지원 사업, 연구소 지원 사업, 연구 성과 확산 사업, 학술 연구 역량 강화 사업이다.

연구 결과를 종합하여 인문사회 분야 학술 지원 사업을 효율적으로 진행하는 데 필요한 몇 가지 정책적 제언을 하고자 한다. 첫째, 인문사회 분야 연구자들이 중장기적 비전을 가지고 예산을 확보해 나가야 한다. 현재 2018년 현재 1.6%에서 문재인 정부 기간 내에 2.5%까지 점진적으로 예산을 확보해 나가고 장기적으로 2030년까지 5%까지 확보해 나가야 한다. 둘째, 학문적 재생산 구조의 안정적 구축을 위해 노력해야 한다. 이를 위해 학부−대학원−학문 후속 세대−신진−중진−우수학자를 체계적으로 육성하여 학문 재생산 구조의 안정적 구축을 진행해야 한다.

셋째, 연구소 분야를 중장기적으로 확대 지원 육성해야 한다. 이와 관련하여 연구자와 연구자 집단의 학술 성과가 연구소의 확대 발전으로 이어지는 흐름으로 학술 지원 사업 개편이 필요하다. 넷째, 인문사회 분야 학술 지원 사업 전체를 주기적으로 모니터링하여 중복 지원되는 부분을 조정하여 예산과 사업의 효율성을 높여 나갈 필요가 있다. 교육부, 문체부, 보사부, 행정부, 국무총리실 등 다양한 영역에서 진행되고 있는 인문사회 학술 지원 예산과 사업 형태를 총괄할 수 있는 기구를 중장기적으로 설립해 나갈 필요가 있다.

學問
政策

學問
政策

7장

학술지 등재 제도 폐지에서 개선으로

1. 학술지 등재 제도는 폐지해야 하나

한국연구재단은 한국 학술지에 대한 평가와 관리를 체계적으로 진행하였다.[1] 한국연구재단은 1991년부터 학술지 평가 및 지원 사업을 시작하였고, 1998년에는 학술지 평가를 체계적으로 담당하는 학술지 등재 제도를 본격 도입했다. 학술지 등재 제도는 한국의 학술지 수준을 올리는 데 기여했다는 긍정적인 평가와 한국 학술지의 자율적 발전을 왜곡했다는 부정적인 평가를 동시에 받았다. 이러한 상황에서 교육부는 2011년 12월에 '학술지 지원 제도 개선 방안'을 통해 기존의 학술지 등재 제도를 실제적으로 폐지하려 했다. 그러나 학술지 등재 제도를 대신할 방안을 단시간 내에 찾기 어렵다는 현실적인 한계로 인해 대학과 학계의 반발이 격화되자 이러한 폐지 시도는 중단되었다.

---

[1] 강성호 외, 『인문·예체 분야 학술지 평가 및 지원 사업 개선 방안 연구』, 23~28쪽; 교육부 학술진흥과, 『학술지 평가 및 지원 제도 개선 방안』(2013. 7), 1~2쪽.

2013년 7월에 교육부는 학술지 등재 제도를 폐지하는 대신 개선을 추진하려는 새로운 '학술지 평가 및 지원 제도 개선 방안'을 고민하기 시작하였고.[2] 2014년 1월에는 새로운 학술지 등재 제도 개선 방안을 제안하였다.[3] 개선안은 신청 자격을 점수제가 아니라 합격/불합격제 (Pass/Fail)로 바꾸고, 체계 평가 비율을 30%로 줄이고 내용 평가를 50% 로 늘리고, 학문 분야 특수 평가 부문을 20%로 신설하였다. 이러한 학술지 등재 제도 개선안은 학술지발전위원회 인문·예체 및 사회과학 분과위원회 회의, 학술지 편집위원장 간담회, 그리고 공식 공청회 등을 통해 의견 수렴과 검증을 받아 최종안으로 확정되었다. 이 안은 2018년 도까지 일부만 수정된 채 유지되었다. 2019년도 학술지 등재 제도 평가 에서 합격/불합격제 부분을 상대적으로 완화하는 조치가 이루어졌다.

한국연구재단의 학술지 평가 정책에 대한 기존 연구는 몇 가지 점에서 보완될 필요가 있다. 첫째, 기존 연구들은 학문 분야 전체를 연구하다보니[4] 각 학문 분야별 학술지 현황과 특성을 깊이 분석하기가 어려웠고, 구체적인 대안 제시가 제대로 이루어지기 힘들었다. 여기서는 인문학 분야 학술지 평가 정책을 심도 깊게 분석하고 대안을 제시하려한

2) 교육부 학술진흥과, 『학술지 평가 및 지원 제도 개선 방안』, 8~9쪽.
3) 교육부 학술진흥과, 『학술지 등재 제도 개선 방안(案)』(2014. 1).
4) 오세희 외, 『학술지 평가 개선안 연구』(한국연구재단, 2011); 심광보 외, 『세계적 수준의 학술지 육성 지원 사업 추진 방안 연구』(한국학술진흥재단, 2010); 백종섭 외, 『국내외 학술지 발행 지원 사업의 개선 방안 관련 연구』(한국학술진흥재단, 2008); 이덕우, 「국내 학회 지원 사업 현실화 방안과 학술지 평가 방식 개선에 관한 연구: 한국학술진흥재단 지원 사업을 중심으로」(경기대학교 산업정보대학원 석사논문, 2006); 장덕현, 「학술지 평가 정책에 관한 고찰: 학술진흥재단의 학술지 정책을 중심으로」, 『한국도서관·정보학회지』, 35(1)(2004); 이창수·김신영, 「학술지 선정을 위한 평가 요소에 관한 연구」(경북대학교 사회과학대학, 2003); 정태인, 『대학의 교수 업적 평가 및 학술지 평가 제도화의 관한 연구』, 교육부 정책연구(2003); 한상완·박홍석, 「국내 학술지 평가 모형에 관한 연구」, 『한국문헌정보학회지』(1999).

다. 둘째, 2014년도에 전면 개편된 학술지 평가 제도가 2014년과 2015년
도에 진행되었다. 새 학술지 평가 제도 운영 과정에서 나타난 문제점
을 인문학 분야와 관련하여 지적하고 대안을 제시하고자 한다. 셋째,
2015년도에 처음으로 우수 등재 학술지 선정이 진행되었다.[5] 인문학
분야 우수 등재 학술지 제도가 중장기적으로 정착하는 데 필요한 기준
들도 모색해보려 한다.

2. 한국 인문학 분야 학술지 현황

한국 인문학 분야 학술 단체는 한국연구재단 KCI에 등록된 전체
8,467개 학술 단체 가운데 1,416개로 17%를 차지하고 있다.[6] 이는 인문
학 분야가 사회과학 분야 2,473개, 공학 분야 1,502개와 더불어 3대 주
요 학문 분야의 하나이다. 인문학 분야 등재 학술지는 전체 1,763개의
등재 학술지 중 460개 26.1%를 차지해 전체 등재 학술지의 4분의 1 이
상을 차지하고 있다.[7]

---

[5] 한국연구재단 학술기반진흥팀이 2015년 8월 현재 준비하고 있는 「학술지 등재 제도
관리 지침」에 학술지 '학술지 등재 제도', '등재 후보 학술지', '등재 학술지', '우수 등재
학술지'에 대한 설명은 다음과 같다. "제2조(용어 정의) ① '학술지 등재 제도'는 국내
학술지의 관리 체계 확보 및 질적 수준 향상을 위해 국내에서 발행되는 학술지를 평가
하고 관리하는 제도를 말하고, '학술지 평가'는 '학술지 등재 제도' 운영을 위해 진행되
는 실질적인 평가를 말한다. ② '등재 학술지'와 '등재 후보 학술지'는 학술지 평가를
통해 일정 기준을 충족한 학술지를 말한다. ③ '우수 등재 학술지'는 학문 분야별 대표
학술지를 의미하며, 계속 평가 결과 등재 학술지 중 학문 분야별 상위 10% 내외 학술지
를 선정한다. ④ '학술지 평가'는 '신규 평가'와 '계속 평가', '재인증'으로 구성되어 있으
며, '신규 평가'는 미등재 학술지가 등재 후보 학술지로 인증받고자 할 때 받는 평가이
고, '계속 평가'는 현재 등재 후보 학술지 이상을 대상으로 실시하는 평가이다. '재인증'
은 등재 학술지를 대상으로 실시하는 간소화된 '계속 평가'로, 2018년부터 실시된다."
[6] 강성호 외, 『인문·예체분야 학술 평가 및 지원사업 개선 방안 연구』, 31쪽.

〈표 29〉 학술 단체와 등재(후보) 학술지 현황(KCI 등록기관 기준, 2015)

대분류	학술 단체		등재 학술지		등재 후보 학술지	
	수(개)	비율(%)	수(개)	비율(%)	수(개)	비율(%)
인문학	1,416	17%	460	26.1%	82	20.1%
예술체육	606	7%	91	5.2%	33	8.1%
공학	1,502	18%	203	11.5%	21	5.1%
농수해양	254	3%	64	3.6%	8	2.0%
자연과학	732	9%	102	5.8%	15	3.7%
의약학	946	11%	183	10.4%	65	15.9%
사회과학	2,473	29%	605	34.3%	161	39.5%
복합학	358	4%	55	3.1%	23	5.6%
미분류	180	2%				
합계	8,467	100%	1,763	100%	408	100%

한국 인문학 분야의 전체 1,416개 학술 단체 가운데 학회가 52%인 730개, 대학 부설 연구소가 46%인 652개이고, 그리고 일반 기관이 2%인 34개이다. 이를 보면 한국 인문학 학술 단체는 학회와 대학 부설 연구소를 중심으로 진행되고 있음을 알 수 있다.[8]

〈표 30〉 인문학 분야 학술 단체 유형

구분	수(개)	비율(%)
대학 부설 연구소	652	46%
학회	730	52%
일반 기관	34	2%

한국의 인문학은 이처럼 단체 수나 한국연구재단 등재(후보) 학술지

7) 위의 글, 32쪽.
8) 위의 글, 33쪽.

비중 면에서 중요한 위치를 차지하고 있다. 그러나 인문학 내부의 중
분류는 영역별 단체 수나 등재 학술지 현황을 고려하지 않은 채 나열
되어 있고, 일부 분류는 중복되어 있다. 중분류 영역이 24개로 너무 많
고, 인문학과 기타 인문학 등의 구별 기준이 명확하지 않다. 더욱이
'서양고전과 문학', '기타 서양어문학', '인문학', '사전학' 등은 학술지가
1종밖에 없는데도 하나의 영역으로 분류되어 있다는 점에서 문제가
많다. 2015년부터 등재 학술지의 10% 이내에서 우수 등재 학술지를 선
정하기 시작하였는데, 인문학 분야에서 이러한 영역 분류의 난맥상을
시급하게 정리해야 할 필요가 있다. 그렇지 않을 경우 우수 등재 학술
지 선정 과정에서 영역별 형평성 문제가 크게 논란이 될 것이다.[9]

〈표 31〉 인문학 분야 중분류 영역별 학술 단체와 학술지 현황

구분	영어와 문학	독일어와 문학	프랑스어와 문학	러시아어와 문학	서양고전어와 문학	스페인어와 문학
학술 단체	55	15	7	3	2	5
	3.9%	1.1%	0.5%	0.2%	0.1%	0.4%
학술지	42	11	8	4	1	3
	7.7%	2.0%	1.5%	0.7%	0.2%	0.6%
구분	한국어와 문학	일본어와 문학	중국어와 문학	기타 동양어문학	기타 서양어문학	통역 번역학
학술 단체	115	31	31	4	3	11
	8.1%	2.2%	2.2%	0.3%	0.2%	0.8%
학술지	87	18	22	3	1	3
	16.1%	3.3%	4.1%	0.6%	0.2%	0.6%

9) 강성호 외, 『인문・예체분야 학술지평가 및 지원사업 개선방안연구』, 34~35쪽.

구분	역사학	인문학	기타 인문학	문학	언어학	사전학
학술 단체	164	451	136	45	39	1
	11.6%	31.9%	9.6%	3.2%	2.8%	0.1%
학술지	109	1	78	13	27	1
	20.1%	0.2%	14.4%	2.4%	5.0%	0.2%
구분	철학	유교학	종교학	가톨릭 신학	기독교 신학	불교학
학술 단체	108	3	35	12	122	18
	7.6%	0.2%	2.5%	0.8%	8.6%	1.3%
학술지	48	5	11	6	30	10
	8.9%	0.9%	2.0%	1.1%	5.5%	1.8%

2015년 현재 한국연구재단의 학술 단체와 학술지 분류 자체가 잘못 된 경우가 적지 않다. 인문학으로 분류된 144개 단체를 사회과학, 예술 체육, 복합학 등으로 수정할 필요가 있다.[10] 이러한 수정 사항을 반영 하면 인문학 관련 학술 단체는 1,288개로 조정된다.[11] 1,288개 단체와 학 술지를 영역별 양적, 질적 비중을 고려하여 재분류하였다. 분류 기준 이 명확하지 않은 것은 해당 중분류의 '기타' 항목으로 분류하였다.[12]

〈표 32〉 인문학 분야 수정 중분류/소분류 체계(안)

중분류	역사학	어문학	철학	종교학	기타인문학
소분류	한국사학 서양사학 동양사학 기타역사학	국어국문학 동양어문학 서양어문학 기타어문학	한국철학 동양철학 서양철학 기타철학	기독교신학 불교학 기타종교학	민속학 기타인문학

---

10) 위의 글, 40~46쪽.
11) 위의 글, 47쪽.
12) 위의 글, 47쪽.

인문학 분야의 수정된 중분류 체계에 따른 학술 단체와 학술지 현황을 보면, 단체 수와 등재 학술지 수는 비례하지 않다는 사실을 알 수 있다. 학술 단체 비중 면에서 종교학은 257개 20%를, 기타 인문학은 294개 22.8%를 차지하지만, 등재 학술지 비중 면에서는 종교학은 51개 11.9%, 기타 인문학은 45개 10.5%만 차지하는 데 그치고 있기 때문이다. 이에 비해 학술 단체 비중 면에서 어문학은 418개 32.5%, 역사학은 184개 14.3%이지만, 등재 학술지 비중 면에서 어문학은 214개 49.9%를, 역사학은 74개 17.2%를 차지하고 있다.[13)]

〈표 33〉 인문 분야 수정 중분류별 학술 단체와 학술지 현황

중분류	학술 단체		학술지 발행		등재 학술지		등재 후보 학술지	
	수(개)	비율(%)	수(개)	비율(%)	수(개)	비율(%)	수(개)	비율(%)
역사학	184	14.3%	126	15.1%	74	17.2%	17	21.8%
어문학	418	32.5%	306	36.7%	214	49.9%	18	23.1%
철학	135	10.5%	78	9.4%	45	10.5%	10	12.8%
종교학	257	20.0%	137	16.4%	51	11.9%	10	12.8%
기타인문학	294	22.8%	187	22.4%	45	10.5%	23	29.5%

이러한 중분류를 다시 소분류로 나누었다. 소분류에는 최소한 10개 전후의 한국연구재단 등재 학술지가 포함될 수 있도록 하였다. 이는 특정 분야의 10% 이내를 선정하는 우수 등재 학술지 제도의 도입을 고려한 것이다. 수정된 중분류와 소분류 체계를 적용해 학술 단체와 학술지의 현황을 살펴보면 다음과 같다.[14)]

---

13) 위의 글, 48쪽.
14) 중분류 내의 더 구체적인 소분류 현황은 강성호 외, 『인문·예체 분야 학술지 평가 및 지원 사업 개선 방안 연구』, 51쪽 참조.

〈표 34〉 인문 분야 수정 중분류·소분류별 학술 단체와 학술지 현황

중분류	소분류	학술 단체 수 (개)	학술 단체 비율 (%)	학술지 발행 수 (개)	학술지 발행 비율 (%)	등재 학술지 수 (개)	등재 학술지 비율 (%)	등재 후보 학술지 수 (개)	등재 후보 학술지 비율 (%)
역사학	한국사학	117	9.1%	80	9.6%	45	10.5%	12	15.4%
	서양사학	11	0.9%	9	1.1%	8	1.9%	1	1.3%
	동양사학	22	1.7%	14	1.7%	10	2.3%	0	0.0%
	기타 역사학	34	2.6%	23	2.8%	11	2.6%	4	5.1%
	소계	184	14.3%	126	15.1%	74	17.2%	17	21.8%
어문학	국어국문학	153	11.9%	119	14.3%	81	18.9%	11	14.1%
	동양어문학	73	5.7%	48	5.8%	34	7.9%	0	0.0%
	서양어문학	105	8.2%	84	10.1%	63	14.7%	3	3.8%
	기타 어문학	87	6.8%	55	6.6%	36	8.4%	4	5.1%
	소계	418	32.5%	306	36.7%	214	49.9%	18	23.1%
철학	한국철학	28	2.2%	19	2.3%	10	2.3%	4	5.1%
	동양철학	29	2.3%	14	1.7%	9	2.1%	1	1.3%
	서양철학	16	1.2%	11	1.3%	8	1.9%	1	1.3%
	기타철학	62	4.8%	34	4.1%	18	4.2%	4	5.1%
	소계	135	10.5%	78	9.4%	45	10.5%	10	12.8%
종교학	기독교신학	205	15.9%	101	12.1%	34	7.9%	8	10.3%
	불교학	31	2.4%	21	2.5%	10	2.3%	1	1.3%
	기타 종교학	21	1.6%	15	1.8%	7	1.6%	1	1.3%
	소계	257	20.0%	137	16.4%	51	11.9%	10	12.8%
기타 인문학	민속학	55	4.3%	35	4.2%	13	3.0%	4	5.1%
	기타 인문학	239	18.6%	152	18.2%	32	7.5%	19	24.4%
	소계	294	22.8%	187	22.4%	45	10.5%	23	29.5%
	전체	1,288	100%	834	64.8%	429	33.3%	78	6.1%

3. 2014년도 학술지 평가 제도 개선 방향

2014년에 새로 정비된 학술지 평가 제도는 정량적 평가보다 정성적

평가의 비중을 큰 폭으로 늘렸다.15) 이는 정량적 평 가기준의 문제점
에 대한 지속적인 비판이 반영된 것이다. 이렇게 개선되었지만, 발행
횟수와 게재 논문 수, 전국성과 투고자 분포도 등 같은 기준이 더 완화
될 필요가 있다. 학술지 발행 횟수와 게재된 논문 수가 많을수록 높은
점수를 받는 다는 것은 우수 논문을 선별해 게재한다는 원칙과 대립된
다. '단행본' 업적 비중이 커지는 상황에서 학술지 발표 논문 수도 줄어
들 수 있는 상황도 고려할 필요가 있다.16) 또한 전국성과 투고자 분포
와 관련된 기준을 일률적으로 적용하면, 신생·소수 학문 분야는 학과
가 설치된 대학이 적거나 연구자 수가 적어서 불이익을 당하게 된다.
따라서 신생·소수 학문 분야에 대해서는 전국성과 투고자 분포 기준
을 낮추어 적용할 필요가 있다.17)

2014년과 2015년 학술지 평가에서는 정성 평가 부문에 대한 이의제
기가 허용되지 않았다.18) 한국연구재단은 재심 신청이 가능한 영역을
'신청 자격 및 체계 평가(정량)'로만 제한하였다. '내용 평가 및 학문 분
야 특수 평가 부문(정성평가)'은 "고도의 전문성과 주관성이 필요한 부
문"이고, "전문성 인정 및 평가의 일관성 유지를 위해서"라는 이유로
재심이 허용되지 않았다.

정성 평가 분야는 정량 평가보다 평가자 주관이 더 많이 개입됨에도
이의 제기가 원천적으로 허용되지 않자, 결국 우려했던 상황이 '2015년
9월 학술지 평가 파동'에서 일어났다.19) 평가자도 전문가이지만, 학술

15) 강성호 외, 『인문·예체 분야 학술지 평가 및 지원 사업 개선 방안 연구』, 189~190쪽.
16) 위행복, 「한국 인문학의 발전을 위한 학회지 평가를 기대하며」, 『한국 인문·예체 분야 학술지 평가 및 지원 방안 정책 연구 공청회』, 53쪽.
17) 위행복, 「한국 인문학의 발전을 위한 학회지 평가를 기대하며」, 53쪽.
18) 강성호 외, 『인문·예체 분야 학술지 평가 및 지원 사업 개선 방안 연구』, 190~191쪽.

지 편집 관계자들도 학계 전문가이기 때문에, 학술지 편집진들의 정성 평가에 대한 이의 제기를 원천적으로 제한하는 것은 문제가 있을 수밖에 없었다. 결국 그 다음해 2016년에는 정성 평가에 관해서도 재심이 허용되었다. 한국연구재단과 학계 학술지 편집 위원들 사이의 원활한 소통 과정이 '학계의 자율적 평가 역량'을 강화하는 데도 도움이 될 것이다.

인문·예체 분야, 사회과학 분야, 자연과학 분야는 각각 학문적 성격과 방법론이 차이가 있고, 따라서 분야별로 학술지 평가 기준이 달라져야 한다.[20] 한국연구재단은 서양과 다른 우리나라 고유의 평가 기준을 마련하고, 더 나아가 학문 분야별로 '별도의 평가위원'를 구성해서 "학문적 특성을 고려한 정성적 평가 방안의 개선 방안"을 만드는 것을 적극 고민해야 한다.[21] 인문학 분야와 관련해서는 편집 위원장의 편집 노트, 책 리뷰 등을 학술지 질적 평가에 적극 반영하고, 이러한 평가 지표를 우수 등재 학술지 선정 심사에도 반영할 필요가 있다.

KCI 인용 지수를 인문학 분야 학술지 평가에 적극적으로 적용하는 데는 시간이 필요하다.[22] 인문학 분야 학술지 참고 문헌에서 단행본이 차지하는 비중이 50%, 학술지가 차지하는 비중이 33%를 차지하고 있다.[23] 이에 비해 사회과학과 자연과학 분야에서는 논문이 차지하는 비

19) 김기호, [패널토론], 『한국 인문·예체 분야 학술지 평가 및 지원 방안 정책 연구 공청회』, 45쪽.
20) 강성호 외, 『인문·예체 분야 학술지 평가 및 지원 사업 개선 방안 연구』, 191~192.
21) 김기호, [패널토론], 46쪽.
22) 원래 인용 지수는 도서관에서 학술지 구독을 위해 도입된 것인데 학술지 평가 수단으로 왜곡된 것이다(김기호, [패널토론], 46쪽).
23) 한국연구재단 학술기반진흥팀, [학술지발전위원회 본위원회 제9차(2015-5차) 회의자료](2015. 7. 10), 10쪽.

중이 각각 55%와 80%나 된다. 사회과학과 자연과학 분야에서는 학술지가 차지하는 비중이 50%를 넘기 때문에 KCI 인용 지수를 강조하는 것이 의미가 있다. 그러나 단행본 비중이 학술지 비중보다 더 큰 인문학 분야에 KCI 인용 지수를 사회과학이나 자연과학 분야와 동일한 방식으로 바로 적용해서는 안 된다.

인문학 분야에서 KCI 지수를 전면적으로 적용하는 데는 더 많은 시간이 필요하다. KCI 지수는 2008년부터 시행되었을 뿐이기 때문에 더 많은 검증 과정이 필요하다. 예를 들어서 일어일문학계의 대표적 학술지인 『일어일문학연구』의 영향력 지수는 2008년 3위, 2009년 1위를 기록하다가 2011년부터 갑자기 12위권으로 떨어졌다. 이러한 급격한 변동은 인문학 분야 다른 학술지에서도 자주 볼 수 있다. 따라서 KCI 인용 지수가 안정될 때까지 KCI 인용 지수 사용을 유보하거나, 필요할 경우 참고 자료로만 사용해야 해야 한다. 특히 2015년 인문학 분야 우수 등재 학술지 선정 과정에서 KCI 인용 지수를 탈락 여부를 결정짓는 절대 지표로 사용함으로써 관련 학계와 한국연구재단이 어려움을 겪었던 사태가 다시 일어나서는 안 될 것이다.

새롭고 다양한 학술지들이 급변하는 세계 상황을 반영하여 발행되고 있다. 새로운 분야를 개척하는 신생·소수 분야를 보호하고 육성하는 데 적합한 평가 기준도 마련할 필요가 있다.[24] 한국연구재단 학술지발전위원회와 해당 분과위원회의 상호 논의를 거쳐 신생·소수 분야 학술지에 해당되는 학술지를 결정하고, 그 학술지들을 별도로 심사하는 방식을 고려할 필요가 있다. 현재 아프리카와 같이 그동안 주목받지 못했던 지역이나 언어, 국가에 대한 연구는 주로 외국어를 특성

[24] 강성호 외, 『인문·예체 분야 학술지 평가 및 지원 사업 개선 방안 연구』, 193~194쪽.

화하고 있는 특정 대학을 중심으로 초기 연구가 진행되고 있다. 따라서 이러한 초기 연구의 특성을 고려해 신생·소수 분야 학술지로 판정을 받는 학술지의 경우에는 동일 기관 논문 투고 건 비율을 1/3에서 40%나 50% 정도로 상향 조정할 필요가 있다.

학문 발전에서 학술지가 차지하는 비중은 실로 크다. 그러나 한국연구재단의 학술지 관련 재정 지원은 20억 원 이하로 너무 적다. 학술지 관련 재정지원을 원활하게 하기 위해서는 200억~400억 사이의 학술지 지원 예산을 확보할 것을 한국연구재단이나 교육부 학술진흥과에 지속적으로 요청할 필요가 있다.25) 또한 이제 막 시작한 우수 등재 학술지가 명실상부한 세계 수준의 학술지로 운영될 수 있도록 지속적으로 지원하는 방법도 고려해야 한다.

4. 우수 등재 학술지 운영 방안

한국연구재단은 2015년부터 등재 학술지 제도에 우수 등재 학술지 분류를 추가해서 시행하였다.26) 우수 등재 학술지 평가 제도 시행의 궁극적인 목적은 크게 두 가지이다. 첫째, 국내 학문 실정에 맞는 평가 제도와 기준을 도입하여 SCOPUS나 A&HCI에 대한 현재의 비정상적 의존성을 줄인다. 둘째, 국내 학술지를 세계 수준 학술지로 육성하여 한국 학문이 국제 사회에서 인정받고 통용될 수 있도록 한다.

한국연구재단이 우수 등재 학술지를 새롭게 도입한 데 대해 학계에

---

25) 위의 글, 196~197쪽.
26) 위의 글, 185~188쪽.

서 찬성과 반대가 병존하고 있다. 우수 등재 학술지 도입을 반대하는 사람들은 크게 세 가지 주장을 하고 있다.[27] 첫째, 학술지 등급을 더 세분화한다는 것은 계량적·행정적 편의에 의한 발상이다. 둘째, 우수 등재 학술지를 객관적으로 검증하는 자체가 원천적으로 불가능하다. 셋째, '우수'에 대한 판정 기준 및 결과에 대해 관련 학계가 납득하기 어려울 것이다.

그러나 우수 등재 학술지 신규 도입에 대한 학계 편집진들의 반응은 긍정적인 의견이 더 많다. 2015년에 인문학 분야 편집인 28명을 대상으로 심층 면담을 진행하였다. 심층 면담 분석 결과를 보면 15명이 우수등재 학술지 제도를 찬성하고, 7명이 반대하고, 6명이 판단 유보를 하였다. 이를 보면 50% 이상이 찬성하였고, 4분의 1이 반대하였고, 나머지가 판단 유보하였다는 사실을 알 수 있다. 찬성이 50% 이상을 넘기 때문에 우수 등재 학술지 제도를 시행해 나갈 필요가 있다. 그러나 반대와 유보도 절반 가까이 되기 때문에 우수 등재 학술지를 운영할 때 학계 편집진들과의 긴밀한 상호 논의와 협조가 필요할 것이다.

우수 등재 학술지 선정 분야와 관련해서 기존 한국연구재단 중분류는 문제가 있어서 인문학 분야와 관련해서는 정책 연구에서 제시된 새로운 '중분류' 안을 근거로 진행할 필요가 있다. 한국연구재단에 따르면 우수 등재 학술지는 해당 분야별 학술지 중에서 10% 이내에서 선정된다. 이는 기존의 한국연구재단 등재 학술지 제도가 상한선을 두지 않아 등재 학술지를 양산했던 잘못을 되풀이하지 않으려는 것이다. 인문학 분야에서 한국연구재단이 만든 기존의 중분류와 소분류가 무원칙적으로 혼란스럽게 되어 있기 때문에 조정해야 한다. 위에서 새롭게

---

27) 위행복, 「한국 인문학의 발전을 위한 학회지 평가를 기대하며」, 55~56쪽.

제기한 인문학 분야 중분류와 소분류에 근거해서 우수 등재 학술지를 선정할 것을 추천한다.

그런데 분과별로 학술지의 10%를 꼭 맞추어서 우수 등재 학술지로 선정할 필요는 없다. 10%를 넘는 것은 피해야 하지만 대표성이 논란이 될 수 있는 학술지를 10%를 맞추기 위해 선정할 필요는 없다. 특정 중분야 경우 10%보다 5% 정도로 선정 규모를 낮추는 것이 우수 등재 학술지 제도의 도입 취지에 맞을 수 있다. 따라서 각 분야를 대표할 수 있는 우수 등재 학술지를 10% 안에서 선정하고, 억지로 10%를 맞출 필요는 없다.

우수 등재 학술지는 형식적 평가에서도 기준 이상으로 높은 점수를 받아야 할 것이다. 정해진 기준과 내용을 갖춘 학술지가 없으면 선정을 유보할 필요가 있다. 2015년도 우수 등재 학술지 선정 과정에서 일부 분야가 선정되지 않았다. 앞으로도 충분히 자격을 갖춘 우수 학술지가 선정될 때까지 시간을 두고 진행해 나갈 필요가 있다.

2015년 인문학 분야 우수 등재 학술지 선정 기준으로 '지난 10년간 평가 점수를 합산한 전체 평균', '분야별 광역성과 대표성', '학회의 역사', '학회의 등재 기간', '학회의 평판도', '인용 지수(IF)'가 고려되었다. 특히 '인용 지수'는 해당 분야의 50%를 넘지 못하는 학술지는 우수 등재 학술지로 선정될 수 없었다는 점에서 '절대적 지표'로 작용하였다. 위에서 살펴보았던 것처럼, 인문학 분야에서는 '인용 지수'를 아직 안정적인 지표로 보기 어렵기 때문에, 앞으로도 상당 기간 우수 등재 학술지를 선정할 때에는 인용 지수를 상대 지표로 사용하거나 참고용으로만 활용할 필요가 있다.

우수 등재 학술지 선정 기준과 관련하여, 학술지에 게재된 논문 편수에 높은 가중치를 둘 필요는 없다. 외국의 유명 학술지를 보더라도 논문 편수는 많지 않다. 미국 역사학계의 학회지 『어메리컨 히스토리컬 리뷰(*American Historical Review*)』의 경우 서평이 많지 학술 논문은 많지 않다. 또한 국내의 경우에도 논문이 많이 실린 학술지의 경우 심사가 허술해서 논문의 질이 떨어지는 경우도 적지 않다.

학문 분과별로 시대와 분야를 망라할 수 있는 대표 학회의 학술지를 우수 등재 학술지로 선정해 지원해야 한다. 우수 등재 학술지를 지니게 된 대표 학회는 그 분야 분과 학회들과 연계성을 가지면서 활동해 나갈 것이다. 그럴 때 분과 학회의 활동이 위축되지 않을 수 있다. 또한 한국연구재단에서 학술지를 평가하고 지원할 때 "대표 학회와 분과 학회의 트랙을 나눠 평가하고 지원하는 방안"도 모색할 필요가 있다.

우수 등재 학술지 선정 및 지원이 기존 등재 (후보) 학술지에 대한 지원 축소로 이어져서는 안 된다. 따라서 우수 등재 학술지에 대한 지원은 학술지 지원 예산을 대폭 늘려가면서 우수 등재 학술지 지원 방법이 검토되어야 한다.[28] 우수 등재 학술지 지원 규모로 5천만 원 정도를 정한다면, 인문사회 분야 우수 등재 학술지가 100개 선정될 경우에 50억 정도의 예산이 들어간다. 우수 등재 학술지에 대한 연간 5천만 원 정도 지원은 우수 등재 학술지가 세계적 학술지로 커나가는 데 큰 도움이 될 것이다.

학술 단체와 학술지들의 열악한 재정 상태로는 편집이나 교정 인력이 전문성을 갖추기 어렵다. 예산이 안정적으로 확보될 경우 선정된 우수 등재 학술지 편집 간사는 박사급 전임 연구원 대우를 해줄 필요가 있다. 전문 역량을 갖춘 편집 간사와 편집 보조원에 대한 지원은 안

---

[28] 위행복, 「한국 인문학의 발전을 위한 학회지 평가를 기대하며」, 57쪽.

정적이고 질 높은 편집에 유리하다. 이러한 지원은 인문학 분야의 후속 학문 세대 양성에도 도움이 된다. 우수 등재 학술지가 세계적 학술지로 성장하여 자체적으로 전문 편집 인력을 확보할 때까지 지속적으로 지원할 필요가 있다.

5. 학술지 지원 예산 확대해야

이 글에서 2014년도 한국연구재단 학술지 평가 제도에 대해 몇 가지 개선 방안을 제안하였다.

첫째, 인문학 분야별 연구자 현황, 학회 및 학술지 발행 현황을 분석해 인문학 분야에서의 등재지와 등재 후보지의 적정 비율과 종 수 근거를 마련한 뒤에, 단순화되고 체계적인 새로운 중분류 체계를 제안하였다. 이러한 중분류 체계에 근거해 우수 등재 학술지 선정 기준을 마련하였다. 2015년 인문학 분야 우수 등재 학술지 선정 기준으로 '지난 10년 간 평가 점수를 합산한 전체 평균', '분야별 광역성과 대표성', '학회의 역사', '학회의 등재 기간', '학회의 평판도', '인용 지수(IF)'를 제시했다. 동시에 2016년 우수 등재 학술지를 선정할 때에 인용 지수가 차지하는 비중을 상대화하여 '절대적 지표'로 작용해서는 안 된다고 주장하였다.

둘째, 현행 학술지 평가를 점검해 보완해야 할 개선 방안과 인문학 분야의 독자적인 평가 기준에 대한 대안을 제안하였다. 학술지 발행 횟수, 게재 논문 수, 전국성과 투고자 분포도의 경우에는 기준을 더 완화해야 하고, 특히 신생·소수 분야의 경우에는 전국성과 투고자 분포도에 관해 획일적이지 않은 별도의 기준을 적용해야 한다. 인문학과 예술·체육학, 사회과학, 자연과학 분야는 각각 학문적 성격과 방법론에 차이가 있으므로 분야별로 학술지 평가 기준도 달라져야 할 필요가 있다.

셋째, 현행 학술지 지원 정책을 개선할 방안을 제시하였다. 학문 발전에서 학술지가 차지하는 비중을 감안했을 때 연간 20억 원 정도에 지나지 않는 예산 증액을 고려해야만 한다. 200억 원~400억 원 사이의 학술지 지원 예산을 확보할 것을 한국연구재단이나 교육부에 요청할 필요가 있다. 동시에 우수 등재 학술지를 세계 수준의 학술지로 운영할 수 있는 지원 예산도 확보해야 한다. 우수한 학술지의 실무 운영을 안정시키기 위해 편집 인건비를 합당한 범위 안에서 지속적이고 안정적으로 지원할 필요가 있다.

8장

육성해야 할 원천 지식 인프라 대학 연구 기관

1. 메가체인지 시기 대학 학술 연구 기관 위상 변화

코로나 이후 시기는 지구적 위기, 과학 기술의 급변, 국제 질서의 전환, 세계 속의 한국 국가 위상의 근본적 변환이 이루어지는 메가체인지 시기이다.[1] 한 지역에서 발생하여 국지적으로만 전염되던 전염병의 존재는 사라졌다. 코로나 19로 인류는 전 지구적 전염병을 본격적으로 경험하였다. 전염병 확산을 막기 위해 각국들이 문호를 닫으면서, 자유무역주의에서 벗어나 보호무역주의로 전환하는 경향이 나타났다.

지구적 차원에서 전염병 위기, 기후 위기, 에너지 위기, 인구 위기 등 거대 위기가 가속화됨에 따라 국제 질서는 탈세계화, 자국 산업 보호주의, 정치 질서의 보수화, 미·중 무역 분쟁 등으로 인한 신냉전체

---

[1] 이관후, 「토론문」, 『2022 인문사회분야 메가 프로젝트 필요성과 가능성 정책 토론회』(국회의사당 제3세미나실, 2022. 12. 2), 125~128쪽.

제 등장, '현실 이해 기반 다원적 대립 체제'로 전환 중이다.

이와 더불어 제4차 과학기술혁명 가속화로 인해 AI, 로봇, 메타버스 등 새로운 기술은 산업과 사회 영역에서 대규모 변화를 일으키고 있다. 이러한 변화 속에서 선진국으로 진입한 한국의 학술 연구는 선진국을 모방하는 '후발형 모델'을 지양하고, 스스로 '원천 기술, 지식, 정책'을 생산할 수 있는 사회 인프라를 구축한 '선도형 모델'로 나아가야 한다.

선도적인 과학 기술 및 인문사회 원천 기술 확보를 위해서는 먼저 국가 연구 기관, 민간 연구 기관, 대학 연구 기관들이 균형적으로 발전할 수 있도록 대규모 지원이 필요하다. 메가체인지 시기 한국 대학의 위상이 추격형 대학에서 선도형 대학으로 전환되기 위해서는 대학 연구 기관에 대한 대규모 투자를 지속적으로 해야 한다.

현재 한국의 대학 고등 교육 및 학술 연구에 대한 투자는 OECD 국가 평균이 1.1%(국내 총생산 대비)에 비해 0.55%(11조 원)에 불과하다. 한국 대학이 선도형 연구 기관으로 대학 연구 기관을 활성화하기 위해서는 한국 고등 교육에 대한 지원을 신속하게 OECD 국가 평균 이상으로 증대시켜야 한다.

2. 한국 대학 연구 기관의 현황과 한계

2016년에서 2020년 5년 동안 한국 4년제 대학 부설연구소 수는 2016년 4,817개에서 2020년 5,397개로 12% 증가했다. 연구소 전임 연구원은 2016년 3,263명에서 2020년 4,931명으로 51.1% 증가했다. 연구소당 전임 연구원 수가 2016년 0.67명에서 2020년 0.91명으로 35.8% 늘어났다.

연구소 수와 전임 연구원 수가 늘고 있는 것은 바람직하지만, 연구소당 전임 연구원 수가 여전히 1명 미만이기 때문에 대학 부설 연구소가 제대로 운영되고 있다고 보기 어렵다.

4년제 국공립 대학이 사립 대학별 대학 부설 연구소보다 여건이 좋다. 2020년 국공립대 부설 연구소는 1,663개 30.8%이고, 전임 연구원 수가 2,628명 53.3%이다. 사립대 부설 연구소 수는 3,734개 69.2%이고, 전임 연구원 수는 2,303명 46.7%이다. 사립대 부설 연구소 수가 국공립대보다 두 배 많으나 전임 연구원 수가 조금 더 적은 것을 보면 사립대 부설 연구소 운영 여건이 더 열악하다고 볼 수 있다.

〈표 35〉 4년제 대학 설립 형태별 대학 부설 연구소 현황(단위: 개, 명, 건)

구분		연구소 수	전임 연구원수	학술대회 및 학술행사 개최 건수		
				국제 학술대회	국내 학술대회	기타 학술행사
국공립	건수	1,663	2,628	107	646	1,837
	점유율	30.8%	53.3%	48.2%	39.2%	41.0%
사립	건수	3,734	2,303	115	1,000	2,644
	점유율	69.2%	46.7%	51.8%	60.8%	59.0%
합계	건수	5,397	4,931	222	1,646	4,481

※출처: 『2021년도 전국 대학 연구 활동 실태 조사 분석보고서』(한국연구재단, 2021).

수도권 소재 대학 부설 연구소가 비수도권 대학 부설 연구소보다 더 활성화되어 있다. 2020년 수도권 연구소 수가 2,571개로 47.7%를 차지하고, 비수도권 연구소 수가 2,826개로 52.3%를 차지하였다. 수도권 전임 연구원 수가 2,806명 57%를, 비수도권 전임 연구원 수가 2,125명 43%를 차지한다. 이를 보면 수도권 연구소와 비수도권 연구소가 비슷한 비율을 지니고 있으나, 전임 연구원 수는 수도권이 14% 더 많아서 수도권에 편중되어 있다고 볼 수 있다.

〈표 36〉 4년제 대학 수도권과 비수도권 대학 부설 연구소 현황(단위: 개, 명, 건)

구분	연구소 수	전임 연구원수	학술대회 및 학술행사 개최 건수				
			국제 학술대회	국내 학술대회	기타 학술행사	합계	점유율
수도권	2,571	2,806	126	953	2,476	3,553	56.0%
비수도권	2,826	2,125	96	693	2,007	2,796	44.0%
합계	5,397	4,935	222	1,646	6,349	6,349	100%

※출처: 『2021년도 전국대학 대학연구활동실태조사 분석보고서』(한국연구재단, 2021).

〈표 37〉 4년제 대학 수도권과 비수도권 분야별 대학 부설 연구소 현황(단위: 개, 명, 건)

구분	연구소 수	전임 연구원수	학술대회 및 학술행사 개최 건수				
			국제 학술대회	국내 학술대회	기타 학술행사	합계	점유율
자연과학	620	1,186	17	129	526	672	10.6%
공학	1,383	1,209	28	108	752	888	14.6%
의약학	576	1,132	12	152	768	932	14.7%
농수해양학	166	243	6	46	132	184	2.9%
사회과학	1,389	519	81	693	1,250	2,024	31.9%
인문학	728	417	63	382	768	1,213	19.1%
예술체육학	340	64	5	48	76	129	2.0%
복합학	195	161	10	88	209	307	4.8%
합계	5,397	4,935	222	1,646	6,349	6,349	100%

※출처: 『2021년도 전국대학 대학연구활동실태조사 분석보고서』(한국연구재단, 2021).

　　학문 분야별 대학 부설 연구소 현황을 보면 이공 분야 연구소에 비해 인문사회 분야 연구소는 여건이 열악해서 본격적인 연구를 진행하기 어려운 상황이다. 2020년 인문사회 분야 연구소가 2,117개 39.2%, 이공 분야 연구소가 2,745개 50.8%를 차지하고 있다. 전임 연구원은 인문사회 분야가 936명 18.9%, 이공 분야가 3,770명 76.4%를 차지한다. 이공 분야 연구소가 인문사회 분야보다 10.6% 정도 많은 데 비해, 전임 연구원 수는 4배 이상 많다. 인문사회 분야 연구소는 연구소당 전임 연구원이 0.44명에 불과해 본격적인 연구를 진행하기 어려운 상황이다. 인문사회 분야 전임 연구원의 대부분은 한국연구재단에서 지원받는 인문사회연구소 사업, 인문한국 연구소 사업, 한국사회과학연구사업 등 300여 개 연구소 소속 연구원들이 대부분을 차지하고 있다. 사업 수행 연구소에는 연구소당 3~4명의 전임 연구원을 운영할 수 있기 때문이다.

이러한 분산적이고 소규모로 진행되는 연구로는 21세기가 제기하는 거대 과제를 대학 연구 기관이 감당하기 어렵다. 대학 연구 기관이 제대로 역할을 할 수 있도록 대학 학술 연구 및 대학 연구소 연구비 지원 확대에 대한 국가 및 기업의 관심 확대가 절실한 실정이다. 이에 비해 미국 하버드대학교 펀드는 2022년 현재 532억 달러(67조 8,832억 원)이고, 하버드대학교 운영자금은 20억 달러(약 2조 5,520억 원)이다. 한국이 선도형 국가로 지속적으로 발전해 나가기 위해서 대학의 학술 연구에 대한 국가 및 민간 투자를 획기적으로 증대시켜야 할 필요가 있다.

3. 학제 간 융합과 네트워크의 중심 한국인문사회연구소협의회[2]

1) 네트워크의 중심 한국인문사회연구소협의회

2022년 4월 한국인문사회연구소협의회(약칭 인사협)가 출범하였다.

---

[2] 장혜승, 「2022년 한국대학신문 인터뷰: 강성호 한국인문사회연구소협의회장」, 『한국대학신문』(2022. 6. 13).

인사협은 기존에 활동하고 있던 전국대학중점연구소협의회를 확대 개편한 것이다. 전국대학중점연구소협의회 명칭을 한국인문사회연구소협의회로 바꾼 첫 번째 이유는 협의회에 참가하는 인문사회연구소의 비중이 커졌기 때문이다. 2021년 2월에 전국대학중점연구소협의회는 대학중점연구소 35개가 모여 출발했다. 2022년 4월에 인문사회연구소 32개가 추가로 합류하여 인사협에 67개 연구소가 가입하였다. 이후 34개 인문사회연구소가 더 가입하여 2022년 12월에 인사협 회원 연구소가 91개 회원 연구소로 크게 확대되었다.

이름을 바꾼 두 번째 이유는 인사협이 활동하면서 한국의 인문사회 분야 연구소를 대표하는 위치를 지니게 되었기 때문이다. 2021년 국가연구개발혁신법 개정 과정에서 협의회가 인문사회 분야 연구소를 대표하여 교육부, 과학기술정보통신부, 국회 등을 상대했고, 결과도 성공적이다. 따라서 '전국'을 떼고 한국을 세계적으로 대표한다는 의미에서 '한국'이라는 명칭을 붙이게 되었다.

인사협은 한국 인문사회예술 분야 연구소 간 협력을 통한 학문 연구의 효율성 제고 및 성과 교류 확산을 목표로 한다. 인사협은 한국 인문사회 분야 연구소들이 세계 수준으로 발전할 수 있는 연구 인프라 조성을 목표로 한다. 이를 위해 인사협은 정책 연구, 연구소 간 교류 활성화, 학제 간 융합 연구, 그리고 성과 확산 활동 등을 지속적으로 진행하려고 한다.

한국연구재단 지원을 받는 인문한국과 인문한국 플러스 사업(HK+) 사업, 한국사회과학연구(SSK) 사업에 참여하는 연구소들보다 더 많은 91개 연구소가 인사협에 참여하고 있다. 인사협에는 대학 내 인문사회 연구소뿐만 아니라 대학 밖 연구소들도 포함하고 있다. 현재도 대학 밖에서 활동하고 있는 사단법인 아시아평화와 역사연구소, 정암학당,

민족문제연구소 등이 참여하고 있다.

한국인문사회연구소협의회(인사협)는 한국인문사회총연합회(인사총)와 구성과 역할이 다르다. 구성 면에서 한국인문사회과학연구소협의회는 전임 연구 인력과 함께 연구 프로젝트를 실제적으로 운영하는 연구소들로 구성되어 있다. 이에 비해 인사총은 인문학 분야 학회들 연합체인 인문총(한국인문총연합)과 사회과학 분야 대표 학회들 협의체인 사회과학협의회와 인문사회 분야 대학 학장협의회 등으로 구성되어 있다. 인사협은 인문사회 분야 연구소들을 기반으로 구성되어 있고, 인사총은 인문사회 분야 학회와 대학 학장협의회로 구성되어 있는 셈이다.

인사협과 인사총은 구성이 다르기 때문에 역할도 다르다. 인사협은 실제적인 연구 성과를 올릴 수 있는 예산 지원 확대, 연구 교수 처우개선, 연구소 간 성과 공유 및 확산 등을 주 역할로 삼고 있다. 이에 비해 인사총은 인문사회 분야 전반에 걸친 제도 개선이나 진흥 방안 등에 관심을 가지고 활동하고 있다. 물론 '국가연구개발혁신법' 같은 연구소 운영에 직접적인 영향을 미치는 현안에는 인사총과 공동 활동에 나서기도 한다. 인사협은 2022년 8월에 인사총과 공동으로 국가연구개발혁신법 개정 지지 선언을 하였다.

인사협은 한국의 인문사회 분야 예산 비중을 높이기 위해 노력하고 있다. 인문사회 분야 예산은 2009년 한국학술진흥재단과 과학재단이 한국연구재단으로 통합된 뒤 10년 넘게 정체되었다. 2021년에 전체 R&D 예산 중에서 인문사회 분야 비중이 1.2%였는데, 2022년 전체 R&D 예산이 늘어나고 인문사회 분야 예산이 정체되면서 비중이 1%로 더 줄어들었다. 이러한 예산 정체로 인문사회 분야 연구 여건이 열악해져서 후속 세대 육성이 갈수록 더 어려워지고 있다. 연구 지원 규모가 적다 보니 연구비 수혜율이 떨어짐에 따라 연구 분위기가 위축되면서 다양하고 새로운 연구 성과가 미흡하다. 또한 연구 지원 축소로 안정적이고 지속적인 연구가 어렵다 보니, 세계 수준의 연구 성과가 나오기 어렵게 되었다. 이러한 문제는 인문사회 분야에 대한 재정 지원 확대를 통해서만 해결 가능하다. 인사협은 향후 5년 동안 기존 예산을 매년 20%씩 늘려 인문사회 분야 지원 예산이 전체 R&D의 2% 수준까지 되는 것을 목표로 하고 있다.

인사협은 한국의 고등 교육 재정 지원 확대를 위해 노력하고 있다. 고등 교육의 핵심적인 부분은 대학 교육과 학술 연구 부분이다. 대학 교육 부문은 장기간에 걸친 등록금 동결로 균형적인 발전에 큰 어려움을 겪고 있다. 학술 연구 부분도 응용 연구에 집중되어 이공 분야와 인문사회 분야 등 기초 연구 분야가 정체되고 있다. 특히 인문사회 분야와 기초 연구 분야의 지원 부족은 심각해서 새 정부가 이 부분을 집중 보완할 필요가 있다. 한국의 고등 교육 재정 지원은 OECD 국가 평균 1.1%의 절반인 0.6%에 불과하다. 이를 빠르게 OECD 국가 평균 수준 이상으로 올려야 할 필요가 있다.

2) 학제 간 융합 중심 한국인문사회연구소협의회[3]

한국인문사회연구소협의회는 산출한 연구 성과를 효율적으로 교류하고 공유함으로써 확산하고, 새로운 미래지향적 융합적 연구 역량을 강화하고자 하는 성과 공유 학술 대회를 주요 사업으로 상정하였다.

---

[3] 강성호, 「한국인문사회연구소협의회 성과 공유 학술대회(7.6(수)~7.7(목)): 미래적 융합 연구와 정책 모색을 위한 새로운 전환점」, 『미래정책포커스』(2022년 여름).

한국인문사회연구소협의회와 경제·인문사회연구회는 2022년 7월 6일과 7일 제주도에서 2022년 성과 공유 학술 대회를 공동 개최하였다. 6개 섹션에서 25개의 발표가 진행되었는데, 인사협에서는 23개 연구소 성과를 공유했고, 경제·인문사회연구회에서는 인문정책특별위원회 정책 성과를 발표하였다. 제주도임에도 100명이 넘게 참여하였다.

2022년 성과 공유 학술 대회에서 5개 섹션 23개 인문사회연구소들이 성과를 공유하였다. 제1부에서는 인문 고전과 관련된 4개의 연구소가 참여하였고, 최영주 조선대 언어융합연구소장이 사회를 보았다. 김풍기 강원대 강원문화연구소장이 '지역 원형과 지역 인문 클러스터 구축'을, 엄연석 한림대 태동고전연구소장이 '조선 시대 경학 사상사에 대한 문화다원론적 비판 연구'를, 최진묵 연세대 중국연구원 교수가 '중국 당송 정사 예악지(禮樂志) 역주'를, 그리고 김재인 경희대 비교문화연구소 교수가 '대안공동체 인문학'을 발표하였다.

제2부에서는 사회 문화와 관련된 4개 연구소가 참여하였고, 윤두섭 경제·인문사회연구회 국가전략연구센터 부소장이 사회를 보았다. 김지안 상명대 글로벌문화예술교육연구소장이 '생애 주기 문화예술 교육을 위한 홀리스틱 무용 교육 모델 연구'를, 강선경 서강대 생명문화연구소장이 '4대 중독의 한국형 치유 모델 및 프로그램 개발'을, 강성호 순천대 인문학술원장이 '아시아-태평양 전쟁과 한국 전쟁의 역사·문화 효과'를, 그리고 김종갑 건국대 몸문화연구소장이 '한국 사회의 몸 문화와 주체화된 몸 윤리'를 발표하였다.

제3부에서는 정치, 경제, 외교와 관련된 5개 연구소가 참여하였고, 최윤철 건국대 이주사회통합연구소장이 사회를 보았다. 오종현 전남대 교육문제연구소 교수가 '4차 산업 혁명과 통일 시대를 위한 청소년 진로 역량'을, 박상현 부경대 글로벌지역연구소장이 '메가-지역으로

서 환태평양 다중 문명의 평화적 공존화의 탐색'을, 이재은 충북대 국가위기관리연구소장이 '안전 공동체 조성을 위한 지역 사회 위기 관리 레질리언스 강화 연구'를, 김성수 한양대 유럽아프리카 소장이 '아프리카에 대한 새로운 외교적 접근 모색'을, 그리고 윤성민 부산대 경제통상연구원장이 '저탄소·저오염·저위험·저갈등을 위한 지역 관점의 에너지'를 발표하였다.

제4부에서는 고전 번역, 교양 교육, 무형 유산 등과 관련된 5개 연구소가 참여하였고, 이신철 아시아평화연구소장이 사회를 보았다. 이선주 정암학당 교수가 '키케로 철학적 저작 선집 번역'을, 윤혜경 동의대 디그니타스교양교육연구소장이 '교양 교육 R&D 전담 연구소의 역할과 운영 사례'를, 심상렬 광운대 방위사업연구소장이 '국방 및 방위산업에 민군 협력을 위한 개방형 혁신 연구'를, 백진경 인제대 디자인연구소장이 'u+u 커뮤니티 케어디자인 다변화 모델 연구'를, 박순철 전북대 무형유산정보연구소 교수가 '무형 유산과 정보 과학의 융합을 통한 국제화 전략'을 발표하였다.

제5부에는 초연결 시대, 데이터 모델 공유, 외교 문서 DB 구축, 이주 문제 등과 관련된 연구소가 참여하였고 정원섭 경남대 교양교육연구소장이 사회를 보았다. 홍단비 강원대 인문과학연구소 교수가 '초연결 시대, 독서의 의미와 치유적 활용가능성'을, 이경전 경희대 빅데이터연구소장이 '데이터 공유가 아닌 모델 공유에 의한 인문사회 연구 방법론'을, 이행화 동의대 동아시아연구소 교수가 '해방 이후 재일 조선인 관련 외교 문서의 수집 해제 및 DB 구축'을, 최윤철 건국대 이주사회연구소장이 '이주 2세 사회통합 법제 연구'를, 그리고 김준표 제주대 탐라문화연구원 교수가 '〈쿰다〉로 푸는 제주 섬의 역사와 난민'을 발표하였다.

제6부에서는 경제·인문사회연구소 인문 정책 연구 사업과 대표적 연구 성과에 대한 소개가 진행되었고, 윤두섭 부소장이 사회를 보았다. 김순종 경인사 국가전략연구센터 연구네트워크 부장이 'NRC 인문 정책 연구 사업 성과 발표'를, 김만권 인문정책특별위원회 위원이 '혐오의 정치학에 대한 인문학적 이해와 해법'을 발표하였다.

2022년 제주도 성과 공유 학술 대회는 인사협이 한 걸음 앞으로 더 나아가는 계기가 되었다. 경제·인문사회연구회와 공동으로 개최한 점, 한국연구재단과 현장 간담회를 진행한 점, 대회를 통해 다양한 연구소 간의 인적 교류가 시작된 점은 큰 성과이다. 이번 제주도 성과 공유 학술 대회를 통하여 인사협에 참여하는 연구소들이 더 밀접한 연구 협력 관계를 가지고, 인사협과 경제·인문사회연구회가 미래 융합적 연구와 정책 방안 도출을 위하여 더 공고한 협력 관계를 만들어 가야 할 것이다.

3) 21세기 거대 위기 극복은 메가프로젝트로[4]

한국인문사회연구소협의회가 주최한 '인문사회 분야 메가프로젝트 필요성과 가능성 정책 토론회'가 2022년 12월 2일 국회의원 회관에서 열렸다. 이 자리에서 항공우주연구원이 주도하고 있는 수천억대 '누리호 프로젝트' 같은 연구 사업을 인문사회 분야에서도 추진해야 한다는 논의가 진행되었다.

인사협은 정해구 경제·인문사회연구회 이사장, 국회 교육위원회와

[4] 강성호, 「2022 인문사회 분야 메가 프로젝트 필요성과 가능성 정책 토론회: 인문사회 분야도 수천억대 프로젝트 추진해야」, 『미래정책포커스』(2022년 겨울).

과학기술정보통신위원회 여야 간사인 김영호 의원, 이태규 의원, 조승래 의원 등과 함께 이 세미나를 공동 주최했다. 인문사회 분야 메가프로젝트 정책세미나 기획은 조승래 의원과의 간담회를 통해 시작되었다. 청와대 교육비서관, 국회 교육문화위원회와 과학기술방송통신위원회 간사 경험 등을 지닌 조승래 의원은 한국의 인문사회 학술 진흥을 거시적 차원에서 접근할 것을 제안하였다. 이러한 제안을 인사협에서 받아서 이번 정책 세미나가 개최되었다.

해방 이후 한국에서 처음 진행되는 수천억대 규모 인문사회 분야 메가프로젝트의 필요성과 가능성을 두고 활발한 논의가 정책 토론회에서 진행됐다. 국회 제3세미나실의 100여 좌석을 가득 채운 참석자들의 관심과 참여 열기가 뜨거웠다.

6개의 발표 중에서 이형대 고려대학교 민족문화연구원장이 발표한 7,000억대 규모의 '한국 인문사회 – 문화예술 디지털 데이터 플랫폼 구축과 다원적 활용' 프로젝트와 이재은 충북대 국가위기관리연구소장이 발표한 3,200억대 규모의 '국가 위기관리 디지털 플랫폼 구축 사업'이 주목받았다. 엄연석 한림대 태동고전연구소장은 '문명의 위기 대응과 문화의 미래 패러다임 구축'을 통해서 이념적 갈등과 빈부 갈등에서 세계 1위를 기록하고 있는 한국에서 메가 프로젝트를 통해서 공동체성 회복의 가능성을 제안하였다.

김동혁 광주과학기술원(GIST) 융합교육 및 융합연구센터장은 "이미 '호라이즌 유럽(Horizon Europe)' 사업에서 '문화, 창조, 포용적 사회' 군에 약 22억 유로(약 3조 492억 원) 예산이, '시민 안전' 군에 약 15억 유로(약 2조 790억 원) 예산이 사용됐기 때문에, 한국에서도 메가프로젝트가 필요하다"고 발표했다.

토론도 활발하게 진행됐다. 이관후 전 국무총리비서관은 '메가체인지' 시대에 '선도 국가로서 대한민국'이 주체적으로 '메가 프로젝트'를 추진해야 한다고 강조했다. 홍일표 경제 · 인문사회연구회 사무총장은 항공우주연구원의 누리호 프로젝트나 극지연구소의 아라온호 프로젝트 같은 수천억대 연구사업들이 인문사회 분야에도 가능하다고 보았다. 홍일표 사무총장은 정책 세미나에서 발표된 '인문사회 – 문화예술 디지털 데이터 플랫폼'과 '국가위기관리 디지털 플랫폼' 프로젝트가 필요하고 실현가능하다는 의견을 밝혔다. 마지막 토론자였던 신문규 교육부 대학학술정책국장도 인문사회 분야 메가 프로젝트가 필요하다는 점에 동의하면서, 실현에 필요한 구체적인 재정 확보 방안 마련을 위해 교육부, 학계, 국회가 같이 노력해야 한다는 의견을 제시하였다.

인사협, 경제 · 인문사회연구회, 국회, 교육부 등이 힘을 모아 인문사회 분야 대규모 연구 프로젝트에 대해 논의를 시작하였다. 한국인문사회연구소협의회는 이 정책 세미나 논의 결과가 실현될 수 있도록 경제 · 인문사회연구회, 국회, 교육부 등과 함께 지속적으로 노력해 가야 할 것이다.

한국 인문사회 학술정책 발전을 위한 몇 가지 제언

1. 선진 국가 지속을 위한 '선도형' 인문사회 학문정책[1]

한국은 세계적 선진 국가로서 인문사회 학문정책을 마련해 나갈 필요가 있다. 2021년 7월 2일 유엔무역개발회의(UNCTAD, United Nations Conference on Trade and Development)에서 공식적으로 한국을 선진국으로 공인하였다. 코로나 19를 성공적으로 극복한 한국은 2021년 G7국가인 이탈리아 1인당 국민 소득을 추월하였다. 2021년 한국의 1인당 국민 소득 3만 2,860달러로 이탈리아의 3만 2,200달러를 넘어섰다.[2] 또한 IMF는 한국이 2021년부터 3년 동안 명목 GDP로 세계 경제 10위권을 유지할 것으로 전망하였다.[3] 문화 면에서도 BTS, 기생충, 오징어게임, K웹툰 등 한류 확산으로 한국은 세계 일류 문화 국가로 주목받고 있다.[4]

---

[1] 강성호, 「한국인문학술정책 개편방안(안)」, 『인문학술정책 거버넌스 개편 간담회』, 문재인대통령직속정책기획위원회(2022. 2. 24), 오전 10시 Zoom으로 진행.

[2] World Bank(2021. 7. 2).

[3] IMF(2021. 12. 26).

연구 면에서도 한국은 2021년 정부 민간 합쳐 전체 R&D 100조 원 시대에 진입하였다. 2020년 현재 국가 연구개발 규모가 100조가 넘는 나라는 미국, 중국, 일본, 독일 4개국에 불과하다. 이어 한국이 5위. 프랑스 6위, 영국이 7위를 차지하고 있다. 한국이 연구 개발비로 사용하는 액수가 세계 경제 순위권보다 더 높다는 사실을 알 수 있다.

그러나 지식 혁신의 원천인 인문사회 분야 학술 지원은 크게 부족한 실정이다. 2021년 공적 R&D 27조 3천억 원에 비해 2021년 교육부 인문사회 분야 총 예산은 2천 700억여 원에 불과하다. 인문사회 분야 예산은 공적 R&D의 약 1%에 불과하다. 최근 5년('16~'20) 동안 국가 R&D는 연평균 2.7% 증가했지만, 인문사회 분야는 연평 균 0.3%만 늘어났을 뿐이다. 그 결과 영국이나 미국 같은 주요 선진 국가들의 인문사회과학 지원보다 크게 밑돌고 있다.[5]

이는 문재인 정부 100대 국정 과제 내에 인문사회 학술 지원이 빠진 데에 기인한다. 문재인 정부는 국정 과제에 순수 '기초 연구' 예산을 두 배로 증액할 것을 제시하였다. 이에 따라 정부는 5년 동안 이공 분야에만 1천 599억 원을 추가로 지원하였다. 그러나 '기초 연구'에 인문사회 분야가 들어가지 않아 인문사회 분야는 지원받지 못하였다. 따라서 향후 기초 연구 부분에 인문사회 분야를 추가해야 할 필요가 있다.

세계 10대 강국 반열에 올라선 한국이 지속 성장하기 위해서는 한국의 인문사회과학이 기존과 다른 전략적 역할을 할 필요가 있다. 현재 한국이 급속하게 선진국으로 이행하는 과정에서 탈세계화와 자국 중

---

[4] BTS 소속사 하이브의 2021년 매출은 1조 2천 577억이고, 영업 순이익은 1천 410억이다.
[5] 영국은 정부 연구위원회 예산의 9% 이상이다. '16년과 '17년에 9.6% 였고 '18년도에 9.4%였다. 미국은 국립과학재단·국립인문기금 연구지원 예산의 약 7%였다. '15년도에 6.9% 였고 '16년과 '17년도에는 6.8%였다.

심의 보호산업주의로의 강화, 주기적 팬데믹, 기후 이상, 친환경 대체 에너지로의 전환, 인구 감소와 노령화로 인한 성장 동력 상실, 양극화의 심화와 사회적 갈등, 양성 평등 해결 같은 문제 등이 본격적으로 대두되고 있다. 이러한 구조적인 국가·경제·사회적 문제를 해결하기 위해서는 단기적인 처방이 아니라 장기적이고 근원적 해결 방안이 필요하다. 이를 위한 학술 역량의 제고와 높은 학술 역량을 지속적으로 재생산할 수 있는 인문사회 학술 생태계를 구축해야 한다.

2. 인문 학술 지원 체제 개편

1) '한국인문사회기획평가원'(가칭) 신설

이공 분야에는 과학기술정보통신부 산하에 한국과학기술기획평가원 (KISTEP) 같은 과학기술 정책 전문기구가 있다. 이에 비해 인문사회 분야에는 교육부 학술진흥과, 한국연구재단 인문사회기획연구실, 경제·인문사회연구회 인문정책위원회 등에서 학술정책을 부분적으로 담당하고 있을 뿐이다. 예를 들어 한국연구재단은 예산 지원 및 집행 기능만 있고 정책 기능이 없다보니 인문 학술정책 관련 기본 정책자료 생산도 어려운 실정이다. 기존의 조직들로는 인문사회 학술정책을 단기적이고 부분적으로만 담당할 수밖에 없어서, 인문사회 학술정책 전반을 체계적으로 다루는 전문 기구를 신설할 필요가 있다.

2005년 노무현 정부 시절에 경제·인문사회연구회 인문정책위원회가 국회에서 국무총리실, 교육부, 문체부와 함께 전문 기구 신설을 시도했으나 실패했다. 이러한 경험을 참고 삼아서 신중하게 전문 기구 신설을 추진해야 한다. 최근 몇 년 동안 인문사회 학술정책 전문 기관에 대한 다양한 안들이 제시되고 있다. 인재 육성을 강조하는 안으로는 김동춘의 '고등(인문)사회과학원'안(2019), 송승철의 '인문융합혁신연구원'안(2018), 김귀옥의 '인문사회학술정책연구원'안(2021) 등이 있다. 학술정책 기능을 강조하는 안에는 이강재의 '학술진흥위원회－학술진흥원'안(2019)과 주상현의 '한국학술진흥원'안(2021)이 있다. 초기 단계에서는 인문사회 정책 연구 및 평가 기능을 강조하는 이강재안과 주상현 안이 바람직하다고 판단된다. 다만 이 두 안은 기초과학까지 포함하려고 하기 때문에 한국과학기술기획평가원과 중복되고, 기관 신설 과정에서 과학기술정보통신부의 반대를 받을 수 있다. 따라서 인문사회 학술정책만 담당하는 '한국인문사회기획평가원'(가칭)을 우선적으로 신설할 필요가 있다.

2) 한국연구재단 재편 또는 분리

2008년 한국연구재단이 한국학술진흥재단과 과학재단이 통합되어 출범하였다. 한국연구재단 출범 이후 인문사회 분야 예산이 정체되었고, 관련 부서 활동이 침체되었다. 한국연구재단 이사회 및 조직 체계에서 인문사회 분야는 발언권이 축소되었다. 한국연구재단 전체 7개 본부 중에서 인문사회 분야는 인문사회본부와 학술진흥본부 2개에 불과하다. 학술진흥본부는 인문사회 분야와 이공 분야 모두를 다루고 있기 때문에 인문사회 분야가 한국연구재단 조직 체계에서 차지하는 비중은 실제적으로 1.5개 본부에 지나지 않는다.

인문학 분야 및 인문사회 분야 학술 지원을 강화하기 위해서는 한국연구재단 체제를 재편하거나 분리하는 것을 고려해볼 필요가 있다.

한국연구재단 이사회 구성을 인문사회 분야 위원 수가 전체의 절반을 차지하도록 재구성하고, 이사장을 이공 분야와 인문사회 분야가 교대로 맡도록 해서 기존처럼 이공 분야 편중을 방지해야 한다. 또는 한국연구재단을 통합 이전 시기의 인문사회 분야 담당 기관과 이공 분야 담당기관으로 분리하는 방안도 모색할 필요가 있다. 분리될 경우 서울 염곡동에 있는 한국연구재단 건물을 구 한국학술진흥재단 같은 인문사회 분야 전문 학술 지원 기관 건물로 사용할 수도 있을 것이다.

3) 학술진흥법 개정 또는 '인문사회학술기본법'(가칭) 제정 필요

인문사회 학술 진흥 관련법으로 '학술진흥법'(1979), '인문학법'(2016), '국가연구개발혁신법 개정안'(2021 개정), '기초학술기본법'(정청래 2021년 제안) 등이 있다. 인문사회 학술정책을 담당할 전문 기관을 구체적으로 제시하고 있지 못하다는 점에서 기존 법들은 한계를 보인다. '기초학술기본법'은 이공 분야의 '기초과학'을 포함하고 있어 과학기술정보통신부의 협조 없이 진척되기 어렵다는 점도 고려해야 한다.

따라서 학술진흥법을 개정하거나 새롭게 인문사회 정책기능을 명확히 규정한 '인문사회학술기본법'(가칭) 제정을 추진해야 한다. 동시에 학술진흥법을 개정하여 한국연구재단을 재편 또는 분리하고, '인문사회학술기본법'(가칭)을 새로 제정하여 '한국인문사회기획평가원' 신설을 추진할 수 있을 것이다. 주관 부서는 교육부로 하면 좋을 것이다. 과학기술정보통신부와 공동 추진하면 '국가연구개발혁신법'처럼 부서 간 조정이 어려울 것으로 예상된다. 따라서 과학기술정보통신부와 관계없이 교육부를 담당 부서로 하고 인문사회 학술정책에 특화된 법을 제정하여 인문사회 학술정책을 개발해서 실행할 것이다.

4) 인문사회 관련 정부기구 재편 방향

교육부 학술진흥과를 '학술진흥국'(가칭)으로 확대할 필요가 있다. 문
재인 정부 시기에 학술진흥과의 10여 명에 불과한 소수 인원이 인문사
회 분야와 이공 분야 학술 지원 및 학술정책을 담당하고 있어서 인문
학술 정책 수립이 구조적으로 어려운 상황이다. 학술진흥과를 '학술진
흥국'(가칭)으로 승격하고 그 산하에 인문사회 학술정책과를 신설하여
인문사회 학술정책 수립 및 지원을 체계적으로 진행할 필요가 있다.

청와대에 '교육문화수석'을 복원해야 할 필요가 있다. 문재인 정부
시기에 사회수석 산하에 있는 교육비서관만으로는 인문사회 학술정책
을 힘있게 추진하기 어려웠다. '교육문화수석' 부재를 문재인 정부 시
기 고등 교육 정책 및 학술정책이 활성화되지 못했던 원인의 하나로
볼 수 있다. 따라서 '교육문화수석'이나 학술 부분을 강화한 '교육학술
수석'을 신설할 필요가 있다. '교육학술수석'을 통해 과학기술보좌관이
나 과학기술정보통신부 과학혁신본부와 협의해서 인문사회 학술정책
수립 및 지원을 힘 있게 진행할 수 있을 것이다.

3. 인문사회 분야 연구 지원 강화

1) 인문사회 분야 연구 지원 액수와 비율 확대

윤석열 정부 5년 동안 인문사회 분야 연구 지원 액수를 공적 R&D의
1% 수준에서 2% 수준까지 확대할 수 있도록 노력할 필요가 있다. 이
를 위해 매년 0.2%씩 확대하도록 노력한다. 중장기적으로 인문사회 분

야 연구 지원액을 공적 R&D의 5% 수준에 도달할 때까지 확대해야 한
다. 과학기술 분야 연구 개발 사업 수행 과정에 인문사회적 분석 반영
을 의무화하여 기술 지상주의가 초래할 윤리 문제와 인간의 기술 종속
등의 문제를 해결하는 데에도 관심을 늘려야 한다. 미국에서 인간 게놈
프로젝트 연구 진행 시 총 연구비의 5%를 인문사회 연구(Ethical, Legal,
Social Implication)에 투자했던 사례를 벤치마킹할 필요가 있다.

2) 국정 과제 '기초 연구' 지원에 인문사회 분야 지원 추가

문재인 정부 100대 국정 과제 중 36번에 '청년 과학자와 기초 연구
지원으로 과학 기술 미래 역량 확충'이 있다. 문재인 정부 5년 동안 '기
초 연구 지원'에 이공 분야 기초과학만 포함하여 지원하였다. 따라서
순수 '기초 연구' 지원에 인문사회 연구 지원을 포함해야 된다는 점을
윤석열 정부에게 지속적으로 강조할 필요가 있다. '기초 연구' 지원 시
인문학, 사회과학, 기초과학을 균형 있게 지원해야 한다. 이와 관련하
여 '기초 연구' 지원 중장기 계획을 세우고 매년 성과를 공개하고 평가
해야 한다.

3) 지속가능한 인문사회 분야 대학 연구소 지원 강화

인문사회 분야 대학 연구소 지원을 확대해야 한다. 이공 분야 대학
중점연구소 지원과 형평에 맞추어 인문사회 분야 연구비 지원 액수,
연구 교수 처우, 연구 환경을 개선해 나가야 한다. 2021년 현재 이공
분야 대학중점연구소는 연평균 7억 원 정도, 인문사회연구소는 연 평
균 3.3억 원에 불과하다. 이공 분야 대학연구소 연구 교수는 연봉이 평

균 5,000만 원이 넘는 데 비해 인문사회 분야 연구소 연구 교수는 4,000만 원 수준이다. 동일 연구노동을 하는데 연봉 천만 원 이상 차이가 나고 있는 현실을 빠른 시일 내에 고칠 필요가 있다.

연구소 지원 예산을 확대하여 학문 후속 세대, 신진 전임 연구 인력을 지속 육성하는 플랫폼으로 활용하여 인문사회 분야 학술 생태계 구축에 기여해야 한다. 한국연구재단 지원을 받는 인문사회연구소는 현재 전임 연구 교수 인력을 최소 3명 이상 채용해야 한다. 인문사회연구소가 예산을 더 지원받아 전임 연구 교수를 최소 5명 이상을 채용할 수 있게 된다면, 인문사회 분야 학술 연구 생태계가 더 강화될 것이다.

인문사회연구소 지원 기간을 6년에서 최대 20년으로 확대하여 우수한 성과 산출을 유도할 필요가 있다. 우수 연구소는 최장 20년(6+7+7)간 안정적으로 지원하여 우수한 성과를 산출할 수 있도록 한다. 인문사회연구소 사업의 전신인 대학중점연구소 사업을 한국연구재단이 6년+9년으로 2015년까지 지원했던 적이 있다. 인문한국(HK) 사업도 HK사업 10년과 HK+ 사업 7년을 더해서 17년까지 지원 중이다.[6] 목포대학교 도서문화연구원은 목포 기반 섬문화 콘텐츠 연구를 30여 년 동안 지속적으로 연구하여 세계적인 섬문화 연구 기관으로 성장하였다. 도서문화연구원의 대표적 성과로, 국가 차원에서 '섬의 날(8월 8일)'(2018년) 제정과 '한국섬진흥원'(2021년) 신설에 기여한 점을 들 수 있다.

4) 지속가능한 인문 학술 생태계 구축

먼저 학문 후속 세대에 대한 체계적인 지원을 확대해야 한다. 인문

---

[6] 대학중점연구소 사업 15년(9년+6년), HK사업 10년, HK+사업 7년 수행 중.

학 분야 학부, 대학원, 포스트 닥터, 대학 강사, 신진 연구원, 전임 연구원이 지속적으로 재생산될 수 있도록 중장기적으로 체계적인 지원을 해야 한다. 박사후 국내외 연수, 인문사회 학술 연구 교수 A, 인문사회 학술 연구 교수 B(시간강사), 대학 연구소 연구 교수 지원 등이 유기적으로 연결되어 박사 이후 정년 때까지 연구자로 안정적으로 활동할 수 있도록 지원을 확대해야 한다. 또한 인문사회 연구 교수 지원 예산을 확대해서, 현재 600명 규모의 인문사회 학술 연구 교수 수를 2,000명에서 4,000명 정도까지 증대해야 한다. 동시에 인문사회 학술연구 교수 지원과 인문사회연구소 지원을 연계하여 시너지를 높일 수 있는 방안도 모색할 필요가 있다.

참고 문헌

강성호, 「인문학과 사회과학의 '상호 개방'과 재구조화」, 『인문비평』 4(2005. 9).

강성호, 「한국 인문학 현황과 과제」, 『인문학의 위기 현황과 인문 진흥 정책 대
　　　안』, 국회 문학진 의원실, 경제 · 인문사회연구회(2005. 10. 20).

강성호, 「한국 인문학의 연구 지원의 실제와 개선 방안」, 『제9회 전국인문학술대
　　　회: 매체의 발달과 현대의 삶에 대한 성찰과 모색』, 전국대학인문학연구
　　　소협의회/경제 · 인문사회연구회(2005. 11. 20).

강성호, 「한국 및 선진국 인문 진흥 지원 체제 현황」, 『한국 인문 진흥 정책 기반
　　　조성 방안』(경제 · 인문사회연구회, 2005).

강성호, 「한국학술진흥재단, 'HK' 등 인문학 진흥 사업의 개선 방향에 대한 몇 가
　　　지 제언」, 『인문학 진흥 관련 오찬 간담회』, 노무현정부 대통령자문정책
　　　기획위원회, 코리아나호텔 3층 사카에 일식당(2008. 1. 21).

강성호 외, 『인문 · 예체 분야 학술지 평가 및 지원 사업 개선 방안 연구』(한국연
　　　구재단, 2015).

강성호, 「한국 인문학 분야 학술지 현황과 개선 방향, 『인문학술』, 2(2019. 5).

강성호, 「한국 인문 학술정책 개편 방안(안)」, 『인문 학술정책 거버넌스 개편 간
　　　담회』, 문재인대통령 직속정책기획위원회(2022. 2. 24), 오전 10시 Zoom
　　　으로 진행.

강성호, 「한국 인문사회 분야 학술 지원 현황과 재편 방향」, 『인문학술』 6(2021. 5).

강성호, 「한국인문사회연구소협의회 성과 공유 공동 학술 대회(7.6(수)~7.7(목)): 미래적 융합 연구와 정책 모색을 위한 새로운 전환점」, 『미래정책포커스』 (2022년 여름).

강성호, 「인문사회 분야 위기 극복은 고등 교육 투자와 함께」, 『한국대학신문』 (2023. 10. 16).

강성호, 「한국 대학 연구 기관의 현황, 한계, 혁신 방안」, 『정책마루「선우재」 창립 기념 세미나: 대한민국 혁신과 싱크탱크의 역할』, 전국은행연합회 국제회의장(선우재, 2022. 12. 23).

강성호, 「[세미나 지상중계] 2022 인문사회 분야 메가 프로젝트 필요성과 가능성 정책 토론회: 인문사회 분야도 수천억대 프로젝트 추진해야」, 『미래정책포커스』(2022년 겨울).

경제 · 인문사회연구회, 「경제 · 인문사회연구회 인문 정책 연구 사업 추진 현황」 (2005. 7).

권만우, 「인문사회를 기반으로 한 학제 간 융합 연구의 심사 평가 방법론에 관한 연구」(한국연구재단, 2011).

권용혁, 「인문사회 학술 지원 정책에 대한 연구」(한국연구재단, 2009).

고영진, 「경쟁력있는 인문학 육성, 어떻게 할 것인가」, 『한국학술진흥재단 소식지』(2005년 4월).

교육부 학술진흥과, 『학술지 평가 및 지원 제도 개선 방안』(2013. 7).

교육부 학술진흥과, 「학술지 등재 제도 개선 방안(案)」(2014. 1).

김기호, [패널토론], 『한국인문 · 예체 분야 학술지 평가 및 지원 방안 정책 연구 공청회』(2015).

김민희, 『2020년 인문사회 분야 학술 지원 사업 구조 재설계를 위한 연구』(한국연구재단, 2016).

김민희 · 장종화, 「고등교육법 개정(안) 시행에 따른 비전임 연구자 지원 개선방안 마련을 위한 연구: 한국연구재단 시간 강사 연구 지원 사업을 중심으로」(한국연구재단, 2016).

김성수, 「학술 연구 지원의 효율성 제고를 위한 법적 체제 정비를 위한 연구」(한국연구재단, 2013).

김여수 · 강성호 외, 「한국 인문 진흥 정책 보고서」(경제 · 인문사회연구회, 2005).

김영범, 「사회과학 연구 지원 프로그램의 특성화 방안 연구」(한국학술진흥재단, 2007).

김영호,「외교사와 국제 정치 이론 사이의 학제 간 연구의 쟁점과 과제: 탈 냉전기 미국의 대논쟁에 관한 연구」,『한국정치외교사논총』(2004).

막스 베버,「사회과학적 및 사회정책적 인식의 '객관성'」, 임영일, 차명수, 이상률 편역,『막스 베버 선집』(까치, 1991).

바트 무어-길버트,『탈식민주의! 저항에서 유희로』(한길사, 2001).

박덕규 · 김지순,『국내외 인문학 지원 체제 비교 연구』(인문사회연구회 · 한국교육개발원, 2002).

박성민 외,「인문사회 분야 학술 지원 사업의 재설계를 위한 연구」(한국연구재단, 2013).

배인명 외,「한국 사회과학 발전 방안 아젠다 수립을 위한 연구」(교육과학기술부, 2010).

백종섭 외,「국내외 학술지 발행 지원 사업의 개선 방안 관련 연구」(한국학술진흥재단, 2008).

샤피로, 마틴,「법학과 사회과학 — 학제 연구 방법론의 모색: 미국 법원의 헌법, 법률에 대한 해석과 사회과학」,『서울대학교 법학』(2001).

서진호,「한국학술진흥재단 기초 학문 육성 정책: 한국학술진흥재단 체제 개편과 기초 학문 육성 정책의 기본 방향을 중심으로」,『Nice』(2005. 6).

소광섭,「역사와 과학의 학제적 연구에 부쳐」,『역사학보』(1996).

손장권,「인문학의 수사학과 사회과학의 연구 방법 비교」,『민족문화연구』(2003).

송재준,「주요 선진국의 인문학 연구 지원 사업에 관한 연구」(한국학술진흥재단, 2007).

심광보 외,「세계적 수준의 학술지 육성 지원 사업 추진 방안 연구」(한국학술진흥재단, 2010).

양해림,「다매체 시대의 인문학의 패러다임 전환은 가능한가?」,『인문학연구(충남대)』(2000).

에드워드 사이드,『문화와 제국주의』, 김정곤 · 정정호 역(창, 1995).

에드워드 사이드,『에드워드 자서전』(살림, 2000).

에드워드 사이드,『오리엔탈리즘』, 박홍규 역(교보문고, 1999).

에릭 홉스봄,『역사론』, 강성호 역(민음사, 2002).

오세혁 외,「인문사회과학 진흥 관련 법제 개선 방안에 관한 연구」(한국연구재단).

오세희 외,「학술지 평가 개선안 연구」(한국연구재단, 2011).

오세희, 「인문한국(HK) 지원 사업 및 대학 연구소 장기 발전 방안 연구」(한국연구재단, 2012).

위행복, 「한국 인문학의 발전을 위한 학회지 평가를 기대하며」, 『한국인문·예체 분야 학술지 평가 및 지원 방안 정책 연구 공청회』(2015).

이덕우, 「국내 학회 지원 사업 현실화 방안과 학술지 평가 방식 개선에 관한 연구: 한국학술진흥재단 지원 사업을 중심으로」(경기대학교 산업정보대학원 석사논문, 2006).

이매뉴얼 월러스틴 외, 『사회과학의 개방: 사회과학 재구조화에 관한 굴벤키안 위원회 보고서』, 이수훈 역(당대, 1996).

이매뉴얼 월러스틴, 『사회과학으로부터의 탈피: 19세기 패러다임의 한계』, 성백용 역(창작과 비평사, 1994).

이승종 외, 「집단 연구 사업 성과 분석을 통한 사업 재개편 방안 연구」(한국연구재단, 2017).

이종수, 「한국 학제 간 연구 지원 사례 분석」, 『중앙행정논집』(2000).

이준기, 「인문사회 기반 학제 간 융합 연구 지원 사업 후속 사업 확대 방안 연구」(한국연구재단, 2013).

이창수·김신영, 「학술지 선정을 위한 평가 요소에 관한 연구」(경북대학교 사회과학대학, 2003).

이한구, 「인문사회 분야 학술 진흥 장기 비전 수립」(한국연구재단, 2010).

일본학술회의, 「21세기에 있어 인문사회과학의 역할과 그 중요성: 과학기술의 새로운 파악 방법과 일본의 새로운 사회 문화 시스템을 향하여」, 『일본학술회의 성명서』(2001. 4. 26).

임기원, 「인문사회 분야 학제 간 융합 연구의 중장기 발전을 위한 중점 추진 전략 과제 발굴 연구」(한국연구재단, 2011).

임청산, 「인문학의 학제 간, 매체별 연계 운동」, 『인문학연구(충남대)』(2002).

장덕현, 「학술지 평가 정책에 관한 고찰: 학술진흥재단의 학술지 정책을 중심으로」, 『한국도서관·정보학회지』, 35(1)(2004).

장순란, 「자연과학에 기반한 뷔히너의 인문학적 사유 태도」, 『뷔히너와 현대문학』(2004).

전영평·홍성걸·이병량·김중락·임문영·이원범, 『선진국 인문학 진흥 체계와 한국 인문 정책 연구 기관 운영 방안』(인문사회연구회, 2004).

정태인, 「대학의 교수 업적 평가 및 학술지 평가 제도화에 관한 연구」, 교육부 정책연구(2003).

정혜승, 「정책인터뷰: 강성호 한국인문사회연구소협의회 초대 회장 "인문학없는 이공계 발전, 생각하기 어려워," 『한국대학신문』(2022. 6. 20).

조지 이거스, 『20세기 사학사』, 임상우·김기봉 역(푸른역사, 1999).

조동일, 「인문학문과 사회학문의 대립과 화합」, 『인문학문의 사명』(서울대학교 출판부, 1997).

최종렬, 「포스트 모던 미국 사회학의 문화 연구: 정치경제학과 담론 이론의 학제적 연구를 향하여」, 『한국사회학』(2003).

하병학, 「학제적 학문 탐구를 위한 비판적 사고와 논증론(논변)들」, 『철학연구』(2002).

하병학, 「학제적 교양 과목과 의사 소통」, 『철학탐구』(2003).

한국연구재단, 『2021년도 전국 대학 연구 활동 실태 조사 분석 보고서』, 한국연구재단(2021).

한국연구재단 학술기반진흥팀, 「학술지발전위원회 본위원회 제9차[2015-5차] 회의자료」(2015. 7. 10).

한상완·박홍석, 「국내 학술지 평가 모형에 관한 연구」, 『한국문헌정보학회지』(1999).

한재민 외, 『2030년 국가 아젠다 기반의 인문사회 학술 진흥 전략 수립을 위한 기초 연구』(한국연구재단, 2015).

Kopelman, Loretta M., "Bioethics and humanities: what makes us one field?" *Journal of Medicine and Philosophy*, 23. 4(Jun, 1998).

Laszio, Ervin and Alexander Laszio, "The contribution of the systems sciences to humanities," *System Research and Behavioral Science*, 14. 1(Jan.-Feb 1997).

Lee, Orvilles, "Social Theory across disciplinary boundaries: cultural studies and sociology," *Sociological Forum*, 14. 4(Dec., 1999).

Newton, Judith; Kaiser, Susan; Ono, Kent A., "Proposal for MA and PH.D program in Cultural Studies at UC Davis," *Cultural Studies,* 12. 4(Oct., 1988).

Thacher, David, "Police research and the Humanities," *Annales of the American Academy of Political and Social Science*, 593(May, 2004).

Tony, Bennett, "Cultural Studies: a reluctant discipline," *Cultural Studies*, 12. 4(Oct. 1998).

Viet-Brause, Irmline, "Scientists and the cultural politics academic disciplines in late 19th-century Germany: Emile Du Bois-Reymond and the controversy over the role of the cultural sciences," *History of Human Sciences*, 14. 4(Nov., 2001).

Wallerstein, I. etc., "Braudel and the U. S.: interlocuteus," *Review*, 24. 1(2001).

출처

들어가는 말: 21세기 거대 위기 극복은 메가 학문정책으로

제1부 해외 학문정책과 학술 지원

1장 21세기 거대 위기 극복은 '거대(Big)' 학문으로

출처: 강성호, 「인문학과 사회과학의 '상호개방'과 재구조화」, 『인문비평』, 4(2005): 27~42쪽.

2장 분과를 넘어 학제 간 연구와 교육으로

출처: 이태수, 강성호, 문지영, 박경하, 안삼환, 이원범, 주은영, 『외국에서의 인문학의 학제간 연구·교육 및 인문진흥 관련 법 사례 조사연구』(경제·인문사회연구회, 2006), 3~28쪽, 170~172쪽.

3장 인문학 지원 선진국 영국과 미국

출처: 강성호, 「한국 및 선진국 인문 진흥 지원 체제 현황」, 『한국 인문 진흥 정책 기반 조성 방안』(경제·인문사회연구회, 2005), 41~54쪽.

제2부 체계화되는 인문사회 학술 지원 체제와 지원

4장 인문 학술 지원 체제의 태동과 동요

출처: 강성호, 「한국 인문학 연구 지원의 실제와 개선 방안」, 『제9회 전국인문
학술대회: 매체의 발달과 현대의 삶에 대한 성찰과 모색』, 전국대학인
문학연구소협의회, 경제 · 인문사회연구회(2005. 11. 26), 27~41쪽; 강성
호, 「학진, 'HK' 등 인문학 진흥 사업의 개선 방향에 대한 몇 가지 제언」,
『인문학 진흥 관련 오찬 간담회』, 노무현 정부 대통령자문정책기획위
원회, 코리아나호텔 3층 사카에일식당(2008. 1. 21).

5장 학술진흥재단과 인문 학술 지원

출처: 강성호, 「한국 인문학 연구 지원의 실제와 개선 방안」, 『제9회 전국인문
학술대회: 매체의 발달과 현대의 삶에 대한 성찰과 모색』, 전국대학인문
학연구소협의회, 경제 · 인문사회연구회(2005. 11. 26): 27~41.

6장 더 나아가야 할 인문사회 분야 학술 지원 재편

출처: 강성호, 「한국인문사회 분야 학술 지원 현황과 재편방향」, 『인문학술』 6
(2021. 5).

제3부 후발형에서 선도형 학문정책으로

7장 학술지 등재 제도 폐지에서 개선으로

출처: 강성호, 「한국 인문학 분야 학술지 현황과 개선 방향」, 『인문학술』 2(2019.
5), 81~99쪽.

8장 육성해야 할 원천 지식 인프라 대학 연구 기관

출처: 강성호, 「한국 대학 연구 기관의 현황, 한계, 혁신 방안」, 『정책마루 「선우재」 창립 기념세미나: 대한민국 혁신과 싱크탱크의 역할』, 선우재, 전국은행연합회국제회의장(2022. 12. 23); 강성호, 「한국인문사회연구소협의회 성과 공유 공동 학술 대회(7.6(수)~7.7(목)): 미래적 융합연구와 정책 모색을 위한 새로운 전환점」, 『미래정책포커스』(2022년 여름), 108~109쪽; 강성호, 「[세미나 지상중계] 2022 인문사회 분야 메가 프로젝트 필요성과 가능성 정책 토론회: 인문사회 분야도 수천억대 프로젝트 추진해야」, 『미래정책포커스』(2022년 겨울).

맺는말: 한국 인문사회 학술정책 발전을 위한 몇 가지 제언

출처: 강성호, 「한국 인문 학술정책 개편 방안(안)」, 『인문 학술정책 거버넌스 개편 간담회』, 문재인대통령직속정책기획위원회(2022. 2. 24), 오전 10시 Zoom으로 진행.

부록

[부록 1] 2021년 전국대학중점연구소협의회 건의문(2021. 03. 05)
[부록 2] 2021년 전국대학중점연구소협의회 국가연구개발혁신법 개정 지지 선언문
　　　　 (2021. 03. 11)
[부록 3] 2022년 과학기술정보통신부 인문사회 분야 연구자 간담회
　　　　 : 전국대학중점연구소협의회 입장(2021. 05. 06)
[부록 4] 제20대 대통령직인수위원회 과학기술교육분과 전국대학중점연구소협의회
　　　　 건의 사항(1922. 03. 29)
[부록 5] 한국인문사회연구소협의회 고등·평생교육지원특별회계법 지지 선언문
　　　　 (2022. 10. 04)
[부록 6] 21세기 국가 발전을 위한 학문정책 제안(2005. 05. 19)
[부록 7] 노무현정부 대통령 직속 인문사회과학위원회 설립 제안서(2006. 01)

學問
政策

2021년 전국대학중점연구소협의회 건의문 (2021. 03. 05)

1. 건의 배경

❑ 대학중점연구소지원사업은 한국 인문사회예술 분야 학문 발전과 한국 사회에 기여해 왔음

○ 대학중점연구소 사업은 인문사회예술 학술연구에 대한 대표적인 중규모 중장기 연구사업이고, 다른 학술지원사업에 비해 '적정 지원규모'로 높은 연구성과를 보여온 대표적 집단연구 지원 프로그램임.

○ 대학중점연구소사업은 인문사회예술 분야 학술연구에 대한 체계적인 중장기적인 지원을 통해 궁극적으로 한국사회 선진화에 기여하고자 함.

○ 대학중점연구소사업은 지난 20년 동안 인문사회예술 연구 국내 토착화 및 학문 저변확대, 인문사회예술 분야 신진연구자와 후속세대 양성, 대학 내 연구인프라·공간 확충 등을 통한 대학연구소의 포괄적 자원확보 및 환경조성, 지속가능한 융복합 및 지역사회연구 거점으로 역할을 해왔음. 따라서 한국 인문사회예술 분야 대학중점연구소사업이 활성화될 수 있도록 지속적인 지원이 필요함.

❑ 인문사회예술 분야 중규모 집단연구에 대한 수요는 지속/증가 추세임

○ 대학중점연구소사업은 2019년부터 인문사회연구소사업으로 통합되었고, 대학중점연구소사업은 인문사회연구소사업의 계속과제로 지속되고 있음. 인문사회연구소사업은 기존의 대학중점연구소 사업뿐만 아니라 정책연구소사업, 토대연구사업 등을 통합하여 연구범위와 지원예산을 대폭 확대했음.

○ 2021년 현재 기존 대학중점연구소사업 참여 연구소는 43개이고, 총 예산은 11,599백만 원임. 2014년도까지 선정된 대학중점연구소는 3단계(3+3+3) 9년 동안 연 3억 지원을 받지만, 2016~2018년도 선정된 대학중점연구소는 2단계(3+3) 6년 동안 연 2억을 지원받고 있음.

□ 인문사회연구소사업 예산지원 확대에 반해 대학중점연구소 예산지원은 정체

○ 2021년 인문사회연구소 계속사업과 신규사업 지원예산을 모두 2억에서 2억 6천으로 증액함(2020년 대비 약 166억 원 증액: 2020년도 지원액 37,700백만 원, 2021년도 지원금액 54,384백만 원). 연구교수 인건비 기준을 3,000만 원에서 4,000만 원으로 증액하고 행정직원을 둘 수 있도록 함. 또한 HK(HK+)연구소사업, SSK사업, 토대사업, 인문사회학술연구교수사업(A유형) 등이 모두 연구교수 인건비 기준이 4,000만 원으로 상향되었음. 유독 대학중점연구소사업만이 인건비 기준이 3,000만 원으로 유지되고 있는 상황임.

○ 인문사회연구소와 동일한 사업인 대학중점연구소사업은 기존 2억 예산이 그대로 유지됨. 이로 인해 동일한 집단연구사업을 진행하고 있는 대학중점연구소 연구교수의 처우가 1,000만 원 차이가 나고, 행정전담직원을 두지 못해 연구교수들의 연구환경이 열악한 상황임.

○ 대학중점연구소사업과 인문사회연구소사업과 동일한 집단연구사업인 HK+사업은 3.3억을 지원하고 있음. 이에 비해 대학중점연구소사업은 집단연구사업을 진행하는 데 있어 열악한 처우, 적은 연구교수 규모, 행정직원의 부재로 인해 효율적인 연구진행에 어려움을 겪고 있음.

□ 대학중점연구소 사업의 사업기간이 짧아 연구의 지속성과 확산이 어려움

○ 대학중점연구소사업은 2단계(3+3) 6년 동안 지원하고 있음. 이는 1999년에서 2014년까지 3단계(3+3+3) 9년 동안 지원했던 점에 비해 후퇴한 것임. 이로 인해 집단연구의 지속성 유지와 연구성과 확산에 어려움을 겪고 있음.

○ 비슷한 집단연구인 HK(HK+)와 SSK사업은 10~17년까지 장기간 사업지원을 하고 있음. 이는 동일한 집단연구를 하는 사업 간에 지원기간의 차이가 크다는 점에서 형평성의 문제가 있음.

□ 대학중점연구소 사업 목표 달성에 기여해 온 전국대학중점연구소협의회

○ 대학중점연구소협의회는 대학중점연구소 사업 참여 연구진 간의 네트워킹 활성화 및 연구성과의 대내외 홍보확산작업을 함으로써 대학중점연구소 사업의 원활한 운영에 많은 기여를 해왔음.
○ 대학중점연구소협의회는 2019년 인문사회연구소사업이 새로 시작되면서 활동이 중단되었으나 2021년 다시 36개 대학중점연구소 사이의 네트워킹과 상호협력을 통해 전국대학중점연구소협의회로 복원되어 대학중점연구소 사업 활성화에 노력하고 있음.

2. 건의 내용

□ 제4차 혁명시대에 대학 연구소의 특성화·전문화를 통해 대학 연구역량 강화에 도움이 되는 대학중점연구소사업 지원 확대 필요

○ 대학중점연구소사업은 1999년 이후 20년 동안의 연구를 통해 한국사회가 당면한 다양한 사회문제를 통합적으로 고찰하였고, 한국사회의 중장기적인 변화 추세를 통시적으로 분석하고 대안을 제시함으로써 한국의 선진화에 기여해왔음.
○ 코로나 19 위기 상황에서 한국이 G7 선진국 반열로 도약하려고 하는 상황에서 대학중점연구소사업에 대한 지속적인 지원확대는 매우 중요함
○ 이는 대학중점연구소사업을 통합하여 출현한 인문사회연구소사업의 지원예산이 확대되고 있다는 점에서도 바로 확인됨. 2021년에 인문사회연구소 지원사업은 2020년 대비 377억에서 약 543억으로 약 166억 원 증액되었음.

□ 대학중점연구소사업에 대한 재정 지원의 안정성과 지속성 필요

❍ 현재 한국연구재단의 학술지원이 HK(HK+), SSK, 인문사회연구소에 집중되
어 있는 상황에서, 대학중점연구소사업에 대한 지원은 정체되어 있는 자원
배분방식은 재고될 필요가 있음.

❍ 대학중점연구소사업에 대한 지원예산(연 2억)을 2021년 인문사회연구소 지
원예산 수준(연 2.6억)으로 동일하게 확대하여 대학중점연구소 연구교수의
처우와 연구환경을 개선할 필요가 있음. 더 나아가 HK+사업(연 3.3억)과
동일한 수준으로 대학중점연구소사업과 인문사회연구소사업 예산지원을
확대하여 연구효율증대와 코로나 19로 어려움을 겪고 있는 신진연구자들
의 연구 일자리 증대에 기여할 필요가 있음.

❍ 현재 HK(HK+)사업과 SSK사업에 대한 예산지원이 10~17년 지속되고 있는
상황에서, 6년 동안만 지속되고 있는 대학중점연구소사업과 인문사회연구
소 사업의 지원방식은 재고될 필요가 있음.

❍ 대학중점연구소지원사업과 인문사회연구소지원사업 지원기간을 다른 집
단연구사업과 같은 수준으로 확대해야 함. 먼저 대학중점연구소 지원기간
을 2014년 이전처럼 2단계 6년에서 3단계 9년으로 복원할 필요가 있음. 또
한 3단계 9년 사업을 우수하게 마치고 지속적인 연구가 필요한 대학중점연
구소에게 HK+연구소처럼 6~7년의 연구기회를 더 제공할 필요가 있음.

2021. 03. 05

전국대학중점연구소협의회 35개 연구소

한양대 현대영화연구소 대구대 한국특수교육연구소 서울신학대 현대기독교
역사연구소 경기대 관광종합연구소 전북대 문화융복합아카이빙연구소 원광대
원불교사상연구원 동국대 일본학연구소 건국대 몸문화연구소 순천대 인문학술
원 전북대 무형유산정보연구소 한림대 태동고전연구소 강원대 강원문화연구소
부산대 경제통상연구원 충북대 국가위기관리연구소 경희대 빅데이터연구센터
공주교육대 글로벌인재교육센터 서강대 생명문화연구소 전남대 지역개발연구소
동의대 영화트랜스미디어 연구소 한양대학교(Erica 캠퍼스)디테크융합연구소 안

동대 민속학연구소 서울대 언론정보연구소 대구대 다문화사회정책연구소 충남대 경영경제연구소 전남대 교육문제연구소 연세대 중국연구원 한양대 유럽아프리카연구소 이화여대 이화인문과학원 충남대 예술문화연구소 경희대(국제캠퍼스) 비교문화연구소 청암대 재일코리안연구소

2021년 전국대학중점연구소협의회 국가연구개발혁신법 개정 지지 선언문 (2021. 03. 11)

인문사회예술 연구 다양성을 보장하는
"국가연구개발혁신법" 개정안은 통과되어야 한다!

학문의 다양성과 특성을 반영하지 않는 획일적인 국가연구지원은 한국학문의 발전을 저해한다. 해방 이후 지난 70년 동안 정부는 학문별 특성에 따라 부처별로 다양하게 연구지원을 해왔다. 그런데 갑자기 작년 5월 "국가연구개발혁신법"(이하 '혁신법'으로 약칭)이 졸속으로 통과되면서 올해 1월 1일부터 시행되고 있다. 혁신법은 국가 R&D사업을 통합적, 체계적으로 추진하여 국가경쟁력을 높인다는 명분으로 추진하였다.

혁신법으로 인해 전체 27.2조 R&D의 약 1%에 불과한 인문사회 분야 학술지원 예산이 과학기술 분야에 종속되어 연구 자율성과 창의성이 크게 지장 받게 되었다. 또한 '연구노트작성 의무화', '타 기관 소속 학생연구원에게 학생연구비 지급 불가', '과제 종료 후 연구비 사용불가' 등은 인문사회 분야 연구 특성을 전혀 고려하지 못한 비현실적인 법안임을 스스로 고백하고 있다. 결과적으로 혁신법은 국가경쟁력발전에 반하는 법이므로 즉각 폐지되어야 한다.

혁신법은 법 자체뿐만 아니라 제정과정과 실행과정에서도 절차적 정당성을 갖추지 못했다. 혁신법 제정은 인문사회 분야 학술연구지원을 담당해온 교육부, 국회 교육위원회와 충분한 사전 협의 없이 일방적으로 진행되었다. 혁신법 시행 과정에서 관련 시행령 등 하위법령에 인문사회 분야 상황과 의견을 충분히 반영하여 예외를 규정하고 있다는 주장도 자체 모순적이다. 상위에 있는 '법'이 획일적인 데 하위법령을 통해 예외를 보장한다는 것은 말이 안된다. 하위법령에 지속적으로 예외규정을 둔다는 것 자체가 국가연구개발사업을 통합적이고 체계적으로 추진한다는 목표와 근본적으로 어긋나기 때문이다.

또한 정작 일선연구현장에서 인문사회 분야 연구를 담당하고 있는 연구기관과 연구자들과 제대로 된 의견 수렴과정을 거치지 않았다. 혁신법이 제정된 현금에도 대부분의 인문사회예술 분야 연구자들이 혁신법이 제정된 지도 모르는 상황이다. 이는 혁신법 제정과정에서 관련 분야의 의견 수렴과정이 제대로 진행되지 못했다는 강력한 반증이다.

졸속적으로 혁신법을 만들고 실행하면서 소급적용하는 반헌법적 상황이 곳곳에서 발생하고 있다. 혁신법 실행 관련 공문이 일선 대학연구소에 2월 중순에야 전달되었다. 이로 인해 많은 대학연구소들이 혁신법 통과 이전 기준으로 지난 1월 및 2월에 기 집행한 연구비반환으로 부당한 고통을 받고 있는 실정이다. 법을 소급적용해서는 안된다는 기본적인 원칙마저 어겨 헌정질서를 어지럽히고 있는 상황은 조속히 시정되어야 한다.

이러한 여러 정황을 보았을 때 혁신법은 한국인문사회 분야 학술생태계를 교란하여 관련 학문발전의 침체를 야기하고 한국이 선진화되는 데 큰 걸림돌이 될 것이 불을 보듯 명확하다. 이러한 상황에서 유기홍 의원실과 이용빈 의원실이 혁신법 개정안을 발의하여 인문사회 분야를 혁신법적용대상에서 제외하려고 하고 있다. 우리 협의회는 혁신법 개정안을 환영하며, 이 혁신법 개정안이 최대한 빠른 시일 내에 통과되기를 촉구한다.

이에 우리는 다음과 같이 요구한다.

1. 인문사회예술 분야 연구활동 자유를 보장하는 「혁신법」 개정안이 통과되어야 한다.
2. 인문사회예술 분야 진흥 학술정책을 담당할 수 있는 독자적 기관을 마련해야 한다.

3. 정부는 인문사회예술 분야의 연구환경을 개선하고 연구지원 예산을 대폭
   늘려야 한다.

2021. 03. 11.

전국대학중점연구소협의회

　강원대학교 강원문화연구소, 건국대학교 몸 문화연구소, 건국대학교 PAP연구
소, 경기대학교 관광종합연구소, 경희대학교 빅데이터연구센터, 경희대학교(국
제캠퍼스) 비교문화연구소, 공주교육대학교 글로벌인재교육센터, 광운대학교 방
위사업연구소, 대구대학교 다문화사회정책연구소, 대구대학교 한국특수교육문
제연구소, 동국대학교 북한학연구소, 동국대학교 일본학연구소, 동의대학교 영
화트랜스미디어연구소, 부산대학교 경제통상연구원, 상명대학교 글로벌문화예
술교육연구소, 서강대학교 생명 문화연구소, 서울대학교 언론정보연구소, 서울
신학대학교 현대기독교역사연구소, 순천대학교 인문학술원, 안동대학교 민속학
연구소, 연세대학교 중국연구원, 원광대학교 원불교사상연구원, 이화여자대학교
이화인문과학원, 전남대학교 교육문제연구소, 전남대학교 지역개발연구소, 전북
대학교 무형유산정보연구소, 전북대학교 문화융복합아카이빙연구소, 청암대학
교 재일코리 안연구소, 충남대학교 경영경제연구소, 충남대학교 예술문화연구
소, 충남대학교 지식경제연구소, 충북대학교 국가위기관리 연구소, 한림 대학교
태동고전연구소, 한양대학교 유럽아프리 카연구소, 한양대학교 현대영화연구소,
한양대학교(ERICA캠퍼스) 디테크융합연구소

2022년 과학기술정보통신부 인문사회 분야 연구자 간담회: 전국대학중점연구소협의회 입장 (2021. 05. 06)

I. 과기정통부 인문사회 분야 연구자 간담회 개최 환영

○ 「국가연구개발혁신법」(이하 '혁신법') 시행과 관련하여 인문사회 분야 연구자들과 간담회를 준비해주신 과기정통부 이석래 성과평가정책국장님, 이제준 연구제도혁신과장님, 임하영 사무관님께 감사를 드립니다. 간담회 자리를 같이해주신 김찬완 인문한국협의회 회장님, 이찬규 중앙대 HK연구소장님, 박소영 숙명여대 SSK단장님, 제철웅 한양대 SSK단장님께 반갑다는 인사를 드립니다. 전국대학중점연구소협의회(이하 협의회)에서는 회장을 포함하여 9분의 이사교 소장님과 사무국장님이 참석하였습니다.

○ 2021년 1월 1일 혁신법 시행을 전후하여 인문사회 분야 연구자들은 혁신법에 대해 지속적으로 문제를 제기하여 왔습니다. 2020년 11월 3일 전국국공립대인문대학장협의회, 전국사립대인문대학장협의회, 전국국공립대사회과학대학장협의회가 반대성명서를 냈습니다. 2021년 3월 23일 전국대학중점연구소협의회 59개 연구소도 반대성명서를 발표하였습니다. 3월 30일 출범한 인문사회총연합회 창립총회에서도 혁신법에 대한 비판적 의견들이 제기되었습니다.

○ 또한 국회 교육위원회에서 이용우 의원과 유기홍 의원이, 과방위에서 이용빈의원이 각각 혁신법 개정안을 제출하였습니다. 현재 이 개정안들은 부처 간 쟁점법안으로 지정되어 조정 중에 있습니다. 결국 혁신법은 인문사회예술 분야 학계, 국회, 교육부와 과기정통부 등 곳곳에서 계속 찬반논쟁이 진행 중입니다.

II. 전국대학중점연구소협의회의 혁신법에 대한 입장

○ 전국대학중점연구소협의회는 기존의 대학중점연구소협의회가 확대발전된 연구단체입니다. 대학중점연구소 35개와 인문사회연구소 24개 등 59개를 회원 연구소로 하는 한국인문사회 분야 최대 연구소 조직으로 활동하고 있습니다.

○ 협의회는 2021년 2월 창립 이후 관련기관을 방문(한국연구재단 인문사회본부, 교육부 대학학술정책국, 국회 교육위원회와 과학기술방송통신위원회, 대통령 직속정책기획위원회)하여 협의회의 입장을 전달하고 있습니다. 과기정통부와의 혁신법과 관련하여 5월 6일 '과기혁신부 인문사회자간담회'와 6월 28일 과기부가 주최한 '현장제도개선의견 검토위원회(인문사회 분야)'에 참석해서 혁신법에 대한 연구현장의 비판적인 의견을 같이 논의할 기회를 가졌습니다.

○ 협의회는 3월 23일 성명서를 통해서 혁신법의 문제점을 네 가지로 제기하였습니다. 첫째, 혁신법 제정과정과 제정과정에서 절차적 정당성을 갖추지 못했다. 둘째, 혁신법의 문제점을 하위법령인 시행령을 통해서 인문사회 분야의 상황과 의견을 반영한 예외를 인정하겠다는 주장 자체가 모순적이다. 셋째, 인문사회 분야 학술지원예산이 과학기술 분야 연구비 처리 방식에 종속되어 연구자율성과 창의성이 지장받는다(연구노트작성 의무화, 타 기관소속 학생에게 학생인건비 지급불가, 과제 종료 후 연구비 사용불가 등). 넷째, 혁신법을 실행하는 과정에서 소급적용함으로써 현장 연구책임자와 연구자들의 피해가 발생하고 있다.

III. 과기부와 협의 진행 현황과 쟁점

□ 5월 6일 과기부와 인문사회 분야 연구자 간담회

○ 협의회는 5월 6일 과기정통부가 준비한 간담회 자료에 대해서 협의회의 제안을 일부 수용했지만 근본적인 면에서 여전히 한계를 지니고 있다는 점을

다시 제기했습니다. 과기정통부는 사후적이기는 하지만 인문사회 분야 연구현장의 목소리를 수렴하려는 작업을 하고 있고, 소급적용의 폐해를 구제하려는 '연구자권익보호위원회'라는 구제절차 신설을 고려하고 있습니다. 더 나아가서 과기정통부는 "매해 정기적으로 연구현장의 의견을 수렴하여 제도개선을 추진하는 체계"를 신설하려 하고 있습니다.

○ 그러나 협의회가 제기한 두 번째 문제제기와 관련해서는 여전히 해결되지 않았습니다. 인문사회 분야 연구의 자율성을 침해하는 혁신법의 근본적인 문제점을 하위법인 시행령이나 규정을 통해서 보완하려는 자기 모순이 여전히 해결되고 있지 않기 때문입니다. 현재 국무조정실이 혁신법의 문제를 하위법인 시행령이나 규정 개정을 통해서 해결하자는 입장도 마찬가지입니다. 이러한 조치들은 "국가 R&D 사업의 체계적 추진·관리를 위해 인문사회 연구에도 「혁신법」 적용"(1쪽)한다는 혁신법에 모순되고 있습니다. 따라서 혁신법 자체가 개정되어야 이러한 자체모순이 해결될 수 있을 것입니다.

IV. 인문사회 분야 연구 현장 의견 수렴

□ 타 학교 학생인건비 소급 환수 문제: 강원대 강원문화연구소

○ 강원문화연구소 중점연구소 사업단에서 연구보조원으로 일하고 있는 ○○○ 선생은 국민대학교 영어영문학과 박사과정 수료자로, 1단계(2017년 9월)부터 근무를 하고 있었습니다. 담당 업무는 본 연구소가 발간하고 있는 저널 『강원문화연구』의 논문 영문 초록 감수, 중점연구소의 전임연구원 및 공동연구원 10명이 발표하는 논문의 영문초록 작성 및 감수 등입니다. 에서 전반적인 행정 업무를 하고 있었습니다.

○ 올해(2021년 1월)부터 갑자기 타교 소속 학생은 인건비를 40만 원으로 지급하라는 통보를 2월에 받았습니다. 이에 따라 이미 지급완료가 된 1월 인건비

70만 원에서 40만 원은 지급 인정을 하지만 나머지 30만 원은 반환하도록 조치를 받았습니다. 정상적으로 지급된 인건비를 나중에 반환하도록 하는 것은 부당하다고 생각합니다. 게다가 업무를 차질 없이 오랫동안 담당한 연구보조원에 대해 갑자기 40만 원 이하로 지급하도록 하는 것은, 연구책임자 입장에서는 매우 당황스러운 일입니다.

○ 애초에 정해졌던 규정이 프로젝트 수행 중에 갑자기 변경된다면, 이는 참여연구원 모두에게 신뢰를 얻지 못하는 일입니다. 이 점은 추후 복원 혹은 보완이 필요하다고 생각합니다.

□ 학생인건비, 연구노트, 교사의 연구보조원 자격: 한국교원대

○ 혁신법은 이공계 연구사업의 발상과 관행에 기초한 것으로 인문(사회) 분야에는 부합하지 않는 성격의 법률이며(가장 대표적인 부분은 '연구개발'이라는 표현), 절차적으로도 사전 의견 수렴이 없었고 시행 시점이 한참 지난 뒤에 통보하는 등 상당한 문제가 있음.

○ 혁신법에 따라 새로 부과되는 '연구노트'는 인문학 전공자에게 너무 생소한 것이며, 인문학 특성과 부합되지 않는 무의미한 요소라고 판단함.

○ 본교 소속 인원만 참여하는 회의비를 집행할 수 없도록 한 조치도 이유를 이해하기 어려움. 본 연구진 외에 교내 소속 교수, 연구원, 대학원생 등과 회의를 해야 할 경우가 많이 발생하는데 회의비 집행이 경직되어 불편함.

○ 인문사회 분야의 특성상 본교 외에 타학교 소속 학생을 연구보조원으로 활용하는 경우가 많음. 그런데 타학교 소속은 '인건비' 항목으로, 본교 소속은 '학생인건비' 항목으로 잡아야 하는 이유를 납득하기 곤란함. 더구나 '인건비'는 감액이 불가하기 때문에 타학교 소속 연구보조원을 본교 대학원생으로 대체할 경우 학생인건비를 지급하기 어려운 문제가 발생함. 따라서 이전처럼 학교 소속을 막론하고 연구보조원은 일괄적으로 '학생인건비'로 잡아 본교/타교 소속을 유연하게 활용할 수 있도록 해주기를 요청함.

❍ 연구재단 과제 수행 시 연구보조원 자격과 관련하여 한국교원대의 특성상 독특한 어려움이 있음. 본교 대학원생의 절대 다수는 현직 교사로서 본교에 파견되어 석사 과정을 밟는 '파견교사'인데, 이들은 교사 직분을 유지하면서도 온전히 대학원생으로서 전일 연구에 매진하고 있음에도 실업상태가 아니기 때문에 연구보조원 자격이 없음. 이 때문에 본교 교수는 공동·집단 연구를 수행할 경우 대학원생들을 프로젝트에 참여시켜 학술적으로 훈련시킬 기회를 얻지 못함. 이 문제에 관해서는 대학 본부 차원에서도 연구재단에 수차례 요청했고 인문사회연구소 현장실사 당시에도 건의하였음. 본교의 특수성을 고려하여 파견교사의 경우 유직자라도 전일제 대학원생과 마찬가지로 연구보조원으로 참여할 수 있도록 해주시기를 요청함. 이럴 경우 학생인건비 지급 여부가 문제될 수 있는데, 지급이 불가하다면 연구수당을 지급하는 것이 대안일 수 있겠음.

❍ 인문사회 분야에 대한 지원이 대폭 상향되어야 함. 기초학문 및 학문후속세대 양성을 위해서는 국가 차원의 장기적·적극적 지원이 필요함에도 연구재단은 비정상적일 만큼 이공계 편향의 행태를 보이고 있음. 박사학위를 마치고 학문후속세대 관련 사업에 지원하더라도 7~8대 1의 높은 경쟁을 거쳐야 하는 현실은 젊은 연구자들에 대한 국가·사회 차원의 학대라고 보임. 지금처럼 인문사회 분야를 홀대하는 체계보다는 과거처럼 이공계와 인문사회계에 대한 학술지원체계를 분리하는 것이 낫다고 판단함.

☐ 해외현지 조사연구비 집행의 어려움: 한양대 유럽아프리카연구소

❍ 코로나바이러스 사태를 필두로 연구 추진환경에 있어 불가피한 제약사항이 발생해 대학중점연구소의 연구 활동이 상당한 제한을 겪고 있음에도 불구하고, 장비, 재료 그리고 실험이 주가 되는 이공계 연구 활동비 운영방식을 인문사회계열에 혁신법으로 적용하여 연구비 사용을 사실상 강제하고 있음.

❍ 연구활동비 내에서 예산 사용의 자율성을 더 부과할 필요가 있음. 인문사회계열은 인간과 사회가 연구대상이라 연구원 또는 그 외 연구대상들과의 소통의 장이 필수라 회의비와 인건비가 주가 됨. 공동연구가 많은

인문사회계열에서 내부 회의비 사용 금지는 연구의 특성을 고려하지 않음 조치로 판단됨.

○ 특히 해외 지역연구를 하는 연구소는 코로나바이러스로 현지조사가 불가한 상태에서 무조건 연구 활동비를 80% 이상 사용해야 연구수당이 지급될 수 있다는 비합리적 강제 조항이 있음.

○ 기자재 구입 현실화는 긍정적이나 실질적으로 실험장비를 구매할 필요가 없는 인문사회계열에서 기자재 구입은 제한되어 있어 실질적으로 도움이 되지 않음.

V. 향후 대처 방안

간담회 자료에 협의회가 제기한 혁신법의 문제점을 "인문사회 분야 연구제도 개선"(6쪽)에 반영해주신 점에 대해서도 감사드립니다. 또한 이번 간담회를 '혁신법 적용' 문제에 한정하지 않고, "국가적 정책·제도 수립활동과 사회변화 대응을 위한 논의에 인문사회 분야 연구자의 참여와 관련 연구활동을 활성화하는 계기로 삼을 필요"(6쪽)가 있다는 적극적인 과기정통부 입장 표명도 환영합니다. 간담회 자료에 들어 있는 "인문사회·과학기술 융합연구 사업 적극지원"(7쪽)과 "과학기술 정책자문, 범부처 R&D 정책수립, 제도개선 활동 등에 인문사회 분야 전문가 참여확대"(8쪽)에 대해 협의회도 동의합니다. 협의회도 이번 간담회가 단순히 '혁신법' 개정 문제를 넘어 인문사회·과학기술 융합연구와 범부처 R&D정책수립에 전향적 계기가 될 수 있도록 같이 노력하겠습니다.

▢ 인문사회 분야와 자연과학 분야의 융합연구의 필요성

○ 현재 세계적인 코로나 19 펜데믹이라는 재난은 기존에 절대적인 예산을 자연과학과 기술 개발에 편성하던 관례에 대하여 새로운 시야를 가져야 할

필요성을 제기하고 있습니다. 이것은 바로 자연과학의 지속적인 발전과 기술 개발로 이룩한 초첨단의 문명이 자연의 반격에 무력하게 무너지고 있다는 사실에 대하여 반성적 성찰을 필요로 하는 것을 의미합니다. 자연과학의 발전과 기술의 발전은 인간 삶의 수단적인 측면의 필요조건을 충족시켜 주는 의미를 가지고 있는 반면, 사회문화적으로 환경오염, 자원고갈, 경제적 부와 정보의 편중에 따른 계층 간, 세대간, 대립되는 이익공동체 사이의 사회문화적 여러 갈등, 정신병리적 문제, 인구절벽, 복지 등과 같은 수많은 문제를 해결하는 데 어떠한 능동적 역할도 하지 못합니다.

○ 이러한 문제를 해결하는 데는 인문사회과학의 여러 연구 분야의 성과와 해결방안과 정책대안이 필요할 것이며, 이를 위해서 인문사회과학적 연구는 자연과학과 기술개발이 촉진될수록 더욱 그 심층적 연구의 필요성이 증대된다고 할 수 있습니다. 다시 말하면 자연과학과 기술이 첨단으로 개발될수록 이것들이 파생하는 사회문화적 문제들은 더 크게 발생합니다. 이를 위하여 자연과학과 인문사회과학 연구는 실로 융합적 정책적 연구가 더욱 필요할 것입니다. 구체적으로 예를 들면, 자연과학과 기술 개발로 이루어낸 삶의 외적 환경 개선이 이루어지면서 반대로 격리감, 단절, 소외 등과 같은 정신적 문제를 해결하는 데 필요한 것으로 정감적 유대의식을 강화하는 방안을 과학기술의 관점에서 제품이나 도구를 만드는 것을 생각해보아야 한다는 것입니다.

○ 나아가 인문사회과학과 자연과학 및 기술 분야가 유기적인 융합의 관점에서 연구를 진행하는 것이 필요하다고 판단됩니다. 자연과학은 인문학과 사회과학적 사실과 가치지향을 가지고 과학적 발전 및 기술개발을 하는 방향을 설정할 필요가 있으며, 인문학과 사회과학은 자연과학의 발전과 기술개발의 성과를 인문사회 분야에 응용할 수 있는 가치지향적 방향을 제시할 필요가 있습니다.

○ 인문사회과학 연구비가 자연과학을 포함하는 이공계 예산과 비교하여 그 비대칭적인 수준이 위험도를 넘어서 있다고 판단됩니다. 인문사회과학 예산이 증액되어야 하는 필수불가결성은 현대적 상황이 자연과학과 기술

개발로 이룩한 문명의 이기 및 성과가 드러내는 인문적 사회문화적 문제를 인문학과 사회과학, 예술학에서 해결해야 한다는 당위에 있습니다. 현재 당면한 인류의 문제를 해결하기 위해서 추후에 인문학과 사회과학의 연구방향은 인문학, 사회과학, 예술학, 그리고 자연과학, 응용과학을 포괄하여 융합적 관점에서 이루어져야 한다는 것입니다. 이것은 현대사회가 모든 학문 분야가 이룩한 성과와 연결되어 있으며, 그 성과들이 인문사회적 영역에 직접적으로 긍정적 또는 부정적 영향을 미치고 있기 때문입니다. 이러한 문제의식을 가지고 국가는 인문사회과학과 자연과학을 융합하는 방향에서 예산편성을 재조정하는 것이 매우 필요하다고 판단됩니다.

○ 인문사회분야학술지원예산이 2020년 1.2%에서 2021년 전체 R&D 27.2조의 1% 수준으로 상대적으로 축소되었습니다. 이공 분야 기초학술지원예산은 2021년 1,600억 원 증액되었습니다. 초연결, 초융합을 특징으로 하는 제4차 과학기술혁명 시대에 인문사회 분야의 균형적인 발전이 이공 분야 발전과 한국의 선진화에도 필수적입니다. 따라서 인문사회 분야 예산을 5년 내 공적 R&D의 2%가 되도록 매년 0.2% 증대 필요합니다.

제20대 대통령직인수위원회 과학기술교육분과
전국대학중점연구소협의회 건의 사항(1922. 03. 29)

I. 전국대학중점연구소협의회 활동 현황

○ 전국대학중점연구소협의회(이하, '협의회'라고 함)는 기존의 대학중점연구소협의회가 확대 발전된 연구소간 협의체임.

○ 대학중점연구소 35개와 인문사회연구소 26개 등 61개를 회원연구소로 하는 한국인문사회 분야 최대 연구소 조직임.

○ 협의회는 한국연구재단, KISTEP, 교육부, 과기정통부, 국회 교육위원회, 과학기술방송통신위원회 등과 협의를 통해 연구제도 개선과 연구예산증액을 예산증액과 제도개선을 통해 한국 인문사회 분야 학술진흥을 모색해왔음.

II. 협의회의 건의 사항

○ 문재인정부 시기 교육 분야 재정지원이 초중등교육에 집중되면서 고등교육부문 지원은 상대적으로 부족.
  - OECD 회원국 고등교육재정지원 평균이 국내총생산(GDP)의 1.1%임. 그러나 한국은 0.55%(11조)에 불과함.
  - 2022년 초중등교육의 지방교육재정교부금 증액분만 11조임.
  - 고등교육 재정지원을 OECD국가 평균 1.1% 이상으로 상향 조정해야 함.

○ 문재인정부는 기초학문 지원에서 인문사회 분야를 배제하여 인문사회 분
야 학문발전이 정체됨.
- 2021년 이공 분야 기초학문 지원 예산은 1,600억 원 증액되었으나, 인문
사회 분야 예산은 정체됨.
- 기초학문 지원에 인문사회 분야가 반드시 포함해야 함.

○ 문재인정부 시기 인문사 회분야 학술지원은 정체됨.
- 관련 예산이 전체 R&D에서 차지하는 비중이 2020년 1.2%에서 2021년
1% 수준으로 축소됨.
- 초연결, 초융합을 특징으로 하는 제4차 과학기술혁명시대의 철학적 기
반으로서 인문사회 분야의 발전이 필요함.
- 인문사회 분야 예산 5년 내 공적 R&D의 2%가 되도록 매년 0.2% 증대 필요.

○ 문재인정부 시기 인문사회 분야 연구소의 예산, 연구교수 인건비는 '이공
분야 대학연구소'와 형평성이 맞지 않았음.
- 이공 분야 연구소 예산은 연 7억인데 비해 인문사회연구소는 연 2.6억에
불과.
- 학문후속세대인 연구교수 인건비도 이공 분야가 연평균 5,500만 원인데
비해 인문사회 분야는 연 4,000만 원에 불과.
- 인문사회연구소의 강화와 지속발전을 위하여 현재 6년에 불과한 연구기
간 증대가 시급함. 2014년 이전 인문사회 분야 대학중점연구소(9+6년=5
년)이나 인문한국사업(10년+7년=17년)이었음.

한국인문사회연구소협의회
고등·평생교육지원특별회계법 지지 선언문
(2022. 10. 04)

 한국인문사회연구소협의회

한국 초·중등, 고등교육의 균형 발전을 위해
〈고등·평생교육지원특별회계법〉을 지지한다!

한국인문사회연구소협의회 91개 회원연구소는 한국 초·중등교육과 고등교육의 균형적인 발전과 한국인문사회 분야 고등교육 및 학술 발전을 위해 〈고등·평생교육지원특별회계법안〉 통과를 지지합니다.

한국의 교육투자에서 초·중등교육과 고등교육 사이의 불균형은 시정되어야 합니다. 2021년 OECD 교육지표에서 초중등학교 학생 1인당 공교육비가 OECD 평균의 130% 이상이지만 고등교육 분야는 OECD 평균의 66%에 불과합니다. 초·중등교육과 고등교육의 불균형이 제도적인 차별로 인해 날로 심화되고 있습니다. 초·중등교육에 대한 지원은 〈지방교육재정교부금법〉에 따라 지속적으로 확대되었습니다. 최근 10년 동안 지방교육재정교부금은 2013년 41.1조에서 2022년 81.3억 원으로 40조 이상 늘어났습니다. 이에 비해 고등교육 재정은 지난 14년 동안 대학생 등록금 동결로 인해 실질적으로 마이너스 성장하고 있습니다.

그 결과 한국의 고등교육 재정지원은 2021년 현재 OECD 국가 평균 1.1%의 절반인 0.6%에 불과합니다. 이를 OECD 국가 평균 수준 이상으로 올려야 합니다. 이를 빠르게 정상화하지 못하면 선진국에 진입한 한국은 더 이상 발전하기 어려

올 것입니다. 1950년대 이후 개발도상국에서 선진국으로 급속도로 발전하기 위해서는 초·중등교육을 중심으로 한 양적 교육 팽창이 불가피했습니다. 그러나 선진국에 도달한 현 시기에 더 이상 고급 원천 기술이나 지식을 다른 나라에서 빌려 올 수 없습니다. 이제는 자체 내에서 생산해내야 할 때입니다.

고등교육의 정상화와는 초중등학생들과 학부모들에게도 도움이 됩니다. 고등교육이 제대로 서야 우수한 교육인재를 초·중등교육현장으로 보낼 수 있습니다. 초·중등학교에서 배출한 우수한 인재를 해외에 뺏기지 않고 국내 대학교와 대학원에서 흡수하여 한국발전의 동력으로 삼을 수 있을 것입니다. 이는 결국 초중등학생과 학부모들에게도 도움이 됩니다. 따라서 이제는 초·중등교육과 고등교육이라는 이원적 대립적 프레임에서 벗어나 한국사회의 선진적 발전이라는 대승적 차원에서 한국의 균형적 교육재정 운영을 해야 할 때입니다.

고등교육의 핵심적인 부분은 대학교육과 학술연구입니다. 학술연구도 응용연구에 집중돼 이공 분야와 인문사회 기초연구 분야가 정체되고 있습니다. 특히 인문사회 기초연구 분야의 지원 부족은 심각해서 이 부분을 집중 보완할 필요가 있습니다. 인문사회 분야 예산은 2009년 한국학술진흥재단과 과학재단이 한국연구재단으로 통합된 뒤 10년 넘게 정체됐습니다.

선진국에 진입한 한국이 지속적 발전을 하기 위해서는 이러한 초중등교육과 고등교육 사이의 불균형을 극복해야 합니다. 고등교육투자도 OECD 수준으로 정상화되어야 합니다. 대학(원)교육뿐만 아니라 학술연구도 활성화되어야 합니다. 이런 점에서 한국 교육계 전체가 균형적인 교육재정투자를 위한 첫 발걸음인 〈고등·평생교육지원특별회계법안〉 통과를 대승적인 차원에서 지지해야 합니다.

2022. 10. 4

한국인문사회연구소협의회 91개 연구소 일동

21세기 국가 발전을 위한 학문정책 제안 (2005. 05. 19)

강내희(중앙대학교 영문과)   강성호(순천대학교 사학과)
김누리(중앙대학교 독문과)   신광영(중앙대학교 사회학과)
심광현(한국예술종합학교 영상학과)   안병욱(카톨릭대학교 사학과)
유초하(충북대학교 철학과)   최갑수(서울대학교 서양사학과)

목 차

1. 국가발전의 학문정책, 왜 필요한가?

□ 세계질서 재편기의 새로운 국가발전과 학문정책
□ 해방 60주년에 걸맞은 독자적 학문체계 구축
□ 독자적 학문정책 없이는 미래도 없다

2. 학문의 현황

□ 취약한 학문연구 수준과 교육수지 적자의 심화
□ 한국 정부 R&D 기금의 비효율적 운영
□ 열악한 고등교육 수준
□ 대학원 구조 와해와 국내 학문 기반의 붕괴
□ 교육정책과 학문정책의 연계 부족

3. 학문정책의 과제들

□ 독자적 학문전략 수립
□ 학문정책과 교육정책의 연계 강화
□ 한국 정부 R&D 기금 운영의 구조 재편
□ 독자적 학문 인프라 구축
□ 학문/교육/인적 자원 충원 체제의 전면 재검토

4. 학문정책 대안

□ 대통령 직속 국가학문위원회 설치
□ 기대효과

21세기 국가발전을 위한 학문정책 제안

1. 국가발전의 학문정책, 왜 필요한가?

□ 세계질서 재편기의 새로운 국가발전과 학문정책

○ 21세기는 서구 우위의 세계질서가 해체되고, 동아시아 중심의 새로운 세계 질서가 재편성되는 시기임. 한국은 100년 전에 변화하는 세계정세에 제대 로 대처하지 못해 일제강점기를 겪어야만 했음. 현 시기에 새로운 세계질 서에 능동적으로 대처하기 위해서 중장기적인 국가 발전 전략의 수립이 필요함.

○ 한국은 세계 10대 경제대국으로 진입했으나 중진국에서 선진국가로 도약 하려면 양적 팽창에서 질적 발전으로 나아갈 수 있는 새로운 국가발전 전 략이 필요함. 이를 위해 사회적 인프라의 내실을 채워야 하고, 독자적 학 문체계를 키울 학문정책을 세워야 함.

○ 세계 10대 경제 강국이 된 지금 선진기술이나 학문 수입에 막대한 비용을 지불해야 하거나 더 이상 수입이 불가능한 상황에 놓여 있음. 현대나 기아 자동차 등이 지속 발전을 위해 독자 기술과 브랜드를 개발하고 있듯이 한 국 국가 역시 지속적 발전을 위해 독자적 학문 체계를 구축해야 함.

○ 인문학과 자연과학 등 기초학문과 사회과학과 공학 등 응용학문 사이의 올 바른 관계를 정립해야 함. 예를 들어 인문학의 주체성, 창의성 그리고 비 판성은 21세기 정보화 시대에 응용학문의 생산성을 높여 국가발전에 기여 할 수 있음. 따라서 기초학문과 응용학문 모두를 중장기적으로 아우를 수 있는 국가 차원의 학문정책을 마련해야 함.

□ 해방 60주년에 걸맞은 독자적 학문체계 구축

○ 한국은 조선 후기까지는 독자적 국가 발전전략과 학문전략을 지니고 있었음. 조선이 소중화(小中華)임을 자처한 것도 중국과 학문적으로 대등하다는 자부심의 발로였으나 20세기의 식민지지배와 분단시대를 거치면서 독자적 학문 전통이 끊어지면서 학문의 종속화가 나타남.

○ 해방둥이 한국도 '환갑'을 맞았으니 격에 맞는 독자적 '학문체계'를 구축하기 위한 학문정책을 가져야 함. 해방 60주년이 되었는데도 학문의 종속성을 극복하지 못한 것은 부끄러운 일일 뿐만 아니라 국가 이익에도 도움이 되지 못함.

○ 중요한 국가 이익과 밀접하게 관련된 동북공정/독도문제 등에 대한 한국 정부의 대처가 임기응변적인 처방에 불과함. 한국정부는 중장기적 전망 속에서 이러한 문제에 대처하고 해결할 수 있는 학문역량을 키워야 할 것임. 이를 위한 독자적 학문정책의 수립이 시급하게 요청됨.

□ 독자적 학문정책 없이는 미래도 없다

○ 학문 재생산 체계의 붕괴는 국적 없는 교육과 고등교육의 해외 위탁의 위험성을 초래함. 해외에서 교육받은 한국 사회 지도 집단들에게 한국사회에 애착을 가지고 한국사회에 맞는 독창적인 발전전략을 세워 나가기를 기대하기는 어려움.

○ 학문 재생산 체계의 위기는 기초학문과 응용학문의 위기를 초래하여 국가 생산성을 떨어뜨려 한민족 생존을 위협할 것임. 이로 인해 한국이 선진국으로 진입하지 못할 뿐만 아니라 후발 개도국들에게도 추월당할 상황이 발생할 수 있음. 최근 KDI가 한국이 노력하지 않으면 2015년에 인도, 러시아 그리고 중국 등에 추월당할 위험이 있다고 경고한 사실을 심각하게 받아들일 필요 있음.

❍ 21세기 정보 개방화 시대에는 국가가 문화주권을 가질 때 제대로 역할을
할 수 있음. 문화의 원천이 학문이기 때문에, 국가는 독자적 학문체계를
육성하여 문화주권의 확립에 이바지해야 함.

2. 학문의 현황

☐ 취약한 학문연구 수준과 교육수지 적자의 심화

❍ 한국 기초연구의 양적 수준(SCI 건수)은 1999년 세계 16위에서 2003년 세계
14위(18,635건)로 두 단계 상승했음. 그러나 논문의 인용 횟수로 본 한국
기초연구의 질적 수준은 1999년에 세계 29위에서 2003년에 34위로 오히려
더 다섯 단계나 떨어졌음. 이는 영향력 있는 논문이 부족하기 때문에 생긴
현상이며, 이를 방치할 경우 한국의 미래 경쟁력이 크게 약화될 것임.

❍ 한국이 독자적 학문 인프라를 구축하지 못해 매년 해외 유학생이 늘어나
2004년에 42억 6천 달러의 교육수지 적자를 낳았음. 이는 OECD 국가 가운
데 교육 수지 적자폭이 제일 큰 것임. 여기에 교수와 연구자들의 해외 연
수비용 등을 보태면 그 적자폭은 더 늘어날 것임. 로열티 수입과 지출 규
모가 1 : 100 정도로 창의성을 기반으로 하는 부가 가치 산출이 상대적으로
매우 미약한 상태임.

❍ 한국의 출판문화도 양적인 발전은 했으나 질적인 발전은 요원한 상태임.
한국은 2005년 아시아에서 일본과 인도에 이어서 세 번째로 2005년 프랑
크푸르트 국제 도서전의 주빈국으로 선정될 정도로 출판의 외형이 성장되
었음. 한국은 중국과 더불어 독일문학 저작권을 가장 활발하게 계약하는
나라임. 그러나 한국의 학문이나 문화는 독일에 거의 소개되지 못했음.
이는 한국 출판문화의 대외 종속성을 나타내는 단적인 사례의 하나로 볼
수 있음.

□ 한국 정부 R&D 기금의 비효율적 운영

○ 한국 정부 R&D 자금의 총 규모는 2003년에 총 5조 5,241억이었음. 과학기술
  예산이 92.7%인 5조 1,189억 원, 사회과학 예산이 5.6%인 3,112억 원, 그리고
  인문학 예산이 1.7%인 940억 원이었음. 이렇게 대규모 R&D 자금을 정부가 지
  출함에도 한국 연구의 질적 수준이 OECD 국가에서 하위권에 머물고 있음.

○ 한국 정부 R&D 자금의 비효율성은 중복투자, 체계적인 관리의 부족, 그리
  고 중장기적인 운영 전략의 부재 등으로 인해 비롯되는 것임. 과학기술 분
  야는 대통령 직속 과학기술자문위원회와 과학기술위원회를 통해 과학기술
  관련 정부 R&D 예산을 체계적으로 관리하여 효율성을 높이고 있음. 이에
  비해 인문사회과학 분야는 여전히 분산되어 조정하기가 어려운 상태임.

○ 과학기술 분야와 인문사회과학 분야 전체를 총괄적으로 파악해서 조정하
  는 기구가 존재하지 않음. 이러한 상황은 정부 R&D 자금의 중장기적인 효
  율적인 운영을 저해하고 있음.

□ 열악한 고등교육 수준

○ 해방 이후 대학의 양적 성장은 급속도로 이루어져 2004년 고등교육기관 진
  학률이 81.3%에 달함. 반면 대학의 질적 수준은 OECD 회원국가 중 최하위
  에 머물러 있음. 대학 교수 1인당 학생 수가 초등학교 교사 1인당 학생 수
  보다 많은 실정임.

○ 한국 정부가 고등교육에 투자하는 액수가 OECD 국가 중에서 최저임. 고등
  교육에 대한 한국 정부 투자는 GDP 대비 0.4%에 지나지 않음. 이는 영국
  의 0.8%, 미국 0.9%, 독일과 프랑스 1%에 비해 매우 부족한 수치임.

○ 대학이 기초 소양 교육과 전공교육을 제대로 실시하지 못하면서 취업준비
  기관으로 전락하고 있음. 이로 인해 대학이 사회가 요구하는 인재를 제대
  로 배출하지 못하고 있음.

○ 대학이 학문 기반으로서 제대로 역할을 하지 못하는 것이 문제임. 동시에 대학이 고급인재를 배출하지 못하고, 하층 인재만 배출하는 것도 큰 문제임.

□ 대학원 구조 와해와 국내 학문 기반의 붕괴

○ 취업이 잘되는 응용 분야에만 학생이 집중되어 기초학문 분야는 공동화되어 가고 있음. 기초학문 분야 대학원생이 지속적으로 미달되고 있고, 기초학문 분야 박사 실업이 심각한 상태임.

○ 우수한 대학생들이 국내 대학원으로 진학하지 않고 대부분 외국으로 유학을 가고 있으며, 서울의 주요 대학교 대학원도 미달사태를 빚는 실정임. 이런 상태가 지속되면 한국 대학원이 공동화되어 한국의 독자적 학문 재생산 체계가 붕괴될 것임.

○ 최근에는 외고나 특목고의 우수 고등학생들이 외국 대학 학부로 곧 바로 유학 가는 현상이 늘어나고 있음. 학부 때 외국 유학을 간 학생들은 한국에 인적 네트워크가 없기 때문에 한국으로 재유입 되기 어려움. 우수한 인재의 해외 유출은 국내 대학과 대학원 수준의 저하와 국가 경쟁력 약화를 초래하고 있음.

○ 도서관, 연구소, 출판시스템, 번역체계, 연구지원 기금 등 독자적 학문체계 구축을 위한 지적 인프라가 취약함. 이로 인한 열악한 연구조건 속에서 후속 연구자들을 확보하기가 어렵고, 수준 높은 연구 성과를 지속적으로 내기도 어려움.

□ 교육정책과 학문정책의 연계 부족

○ 교육인적자원부는 교육과 인적자원 양성 두 부분을 중심으로 편성되어 있어서 체계적인 학문정책을 세우기 어려움. 최근 기초학문과가 신설되어 고등교육에 대한 부서 비중이 높아졌으나 교육인적자원부 전체에서 차지하는 비중은 여전히 적음. 이로 인해 체계적인 학문정책을 세우지 못하고 있음.

○ 단기적인 성과를 바라는 수요자 중심의 학문정책으로 인해 실용적 응용 학문에만 지원이 집중됨으로써 인문사회/자연계의 기초학문이 전체적으로 위축되고 있음. 이는 중장기적으로 학문 체계 전반을 침체시켜 한국의 생산성을 저하시키게 될 것임.

○ 학문정책의 부재는 대학 교육과 중등학교 교육의 부실화를 초래하는 주원인의 하나임. 학문정책의 부재로 대학에서 연구와 교육수준의 발전이 지체되고 있음. 이에 따라 대학의 내용보다는 외형이 대학에 대한 판단기준이 되어 심각한 대학입시 문제를 발생시키고 있음. 중등교육도 외형적으로 더 나은 대학에 학생들을 보내기 위해 입시 위주의 형식적인 교육에 매달릴 수밖에 없음.

○ 입시위주의 중등교육으로 인해 고등학생들은 대학에서 제대로 공부하는 필요한 기본 교육을 제대로 받고 있지 못함. 대학생들이 전공교육을 받기 위한 예비 단계로 기본 소양교육을 다시 받아야 되는 상황임.

3. 학문정책의 과제들

□ 독자적 학문전략 수립

○ 21세기 정보화시대에 지구적 수준의 생존 경쟁에서 승리하기 위해서는 한국도 독자적인 지식 기반을 구축해야 함. 독자적인 기반이 마련되지 않는다면 현재의 이류 국가에서 일류 국가로의 도약을 기대할 수 없음.

○ 학문은 정치, 경제, 사회, 문화 등 각 분야에서 인프라 역할을 하기 때문에 학문 발전 없이는 국가발전을 기대할 수 없음. 현 시기 학문체계가 지니고 있는 구조적 문제를 진단하고 이를 극복할 중단기적인 독자적 학문전략을 세워 나가야 할 필요가 있음.

○ 새로운 학문정책은 크게 세 가지 방향 속에서 이루어 져야 할 것임. 첫째 개방성 속에서 종속성을 극복해야 함. 둘째 양적 발전에서 질적 발전으로 나아가야 함. 셋째 학문과 산업 사이의 연관관계를 심화시켜야 함.

□ 학문정책과 교육정책의 연계 강화

○ 학문은 지식을 새롭게 만들어 내고 교육은 이 지식을 전달하고 확산시키는 분 야이므로 학문과 교육의 연계관계를 강화해야 함. 현재의 교육 정책 중심에서 벗어나 교육정책과 학문정책을 상호 연계하는 정책으로 전환해야 할 것임.

○ 자생적 지식 기반을 구축하여 국가경쟁력을 세계적 수준으로 올리기 위해 서는 인문사회 분야와 자연 분야의 기초학문을 적극 육성해야 함. 이 토대 위에 응용 학문도 육성하여 학문 전체를 균형 있게 발전시켜 나가야 함.

□ 한국 정부 R&D 기금 운영의 구조 재편

○ 중복 투자되고 있는 한국 정부 R&D 기금을 국가발전과 연결된 학문전략 속에서 총괄적으로 재조정해야 함. 정부 R&D 자금 중 불필요하게 사용되 거나 중복되게 사용한 부분을 정리하고, 국가전략 차원에서 필요한 부분을 신설함으로써 기금 사용의 효율을 높여야 함.

○ 대학이나 고등교육 부분에 R&D 자금의 투자 비중을 최소한 OECD 국가 수 준까지 올릴 필요가 있음. 현 정부도 16대 대통령선거 공약에서 고등교육 재정을 GDP 1%로 올리겠다고 약속한 바 있음. 정부 각 부처 R&D 투자 (2005년 약 7조 8천억)에서 2조~3조 정도를 고등교육에 집중 투자하여 단 기간에 OECD 국가 수준으로 올릴 필요 있음.

□ 독자적 학문 인프라 구축

○ 학문연구와 교육을 지속적으로 수행할 수 있는 인프라를 구축해야 함. 이 를 위해 세계적 수준의 국가 도서관 건립, 연구 분야별 전문 도서관 및 지 역별 공공 도서관 체계의 확충이 필요함.

○ 국가 차원의 번역 연구원을 신설하여 선진 문물을 체계적으로 수입하고, 국가의 대외지역 정책에 필요한 정책 자료를 신속하게 소개할 필요가 있음. 동시에 번역연구원은 한국 학문의 성과를 해외에 소개하여 세계 속의 한국의 지적 영향력을 높이는 데도 기여해야 함.

○ 독자적 학문체계가 구축되고 지속되기 위해서는 차세대 학문 연구 인력을 안정적으로 재생산해 내야 함. 신진 연구자의 연구 환경을 개선하여 우수한 인재를 학문 영역으로 끌어 와야 할 것임. 박사학위 소지자가 프랑스나 독일처럼 중등학교에서 근무하면서 연구와 교육을 병행할 수 있도록 교원 임용 제도를 개혁할 필요가 있음.

○ 한국적 학문 연구시스템을 구축해야 함. 한국적 상황과 문제를 설명하고 해결할 수 있는 한국적인 이론체계를 만들어 내야 함. 독자적이고 자생적인 이론을 만들어 내기 위한 중장기 정책을 마련해야 함.

□ 학문/교육/인적 자원 충원 체제의 전면 재검토

○ 국가 전체 차원에서 전략적으로 학문정책을 논의할 수 있는 시스템이 없음. 학문/교육/인적 자원 충원체제는 청와대, 국무총리 국무조정실, 교육인적자원부, 과학기술부, 문화관광부, 국방부, 노동부, 산업자원부, 농림부 등에서 분산적으로 담당함으로써 효율성이 떨어지고 있음. 이러한 문제를 해결하기 위해서는 총괄해서 다룰 수 있는 새로운 시스템을 구축해야 함.

○ 유치원, 초·중등학교, 대학, 대학원에 이르는 교육체계를 지구화와 정보화 시대에 맞게 현실적으로 재조정해야 될 필요가 있는가에 대해 전면적으로 검토해볼 필요가 있음.

○ 세계적 수준의 연구와 교육을 제공할 수 있는 대학시스템 구축방안을 모색해야 함. 여기에는 학부제 문제, 대학에 대한 규제 및 자율 문제, 국립대학과 사립대학의 역할 분담 문제, 대학의 구조조정 문제 등이 주된 검토 대상임.

4. 학문정책 대안

□ 대통령 직속 국가학문위원회 설치

❍ 대통령 직속 국가학문위원회는 학문정책과 관련된 재정, 행정, 법률, 인적 자원, 학문 인프라 등 모든 분야를 체계적으로 파악하여 중장기 국가발전 전략에 조응하는 학문정책을 제시해야 함. 국가과학기술자문회의가 과학 기술 분야를 포괄하는 데 비해 국가학문위원회는 이 부분까지 포괄하는 더 큰 틀 속에서 관점을 세워야 함.

❍ 국가학문위원회는 대통령이 의장을 하고, 부의장과 간사위원은 위촉위원 중에서 의장이 지명을 함. 위원은 학문에 대한 학식과 경험이 풍부한 전문 가 중에서 30명 이내(부의장 및 간사위원 포함)에서 의장이 위촉함. 위원 의 임기는 2년이고 연임이 가능함.

❍ 국가학문위원회는 위원회의 원활한 운영을 위해 전문위원회와 사무처를 둘 수 있음. 전문위원회는 국가학문위원회의 전문성을 지원하기 위해 핵심 전문가들로 15명 이내로 구성하여 운영함. 사무처는 국가학문위원회의 운 영과 관련된 행정업무를 지원함. 정부기관 파견공무원 및 정부출연 연구 소 파견연구원 등 27명으로 구성함.

❍ 청와대에 학문전략 담당 부서를 신설할 필요가 있음. 이 부서의 장은 국가학 문위원회의 간사위원으로 활동하게 될 것임. 학문전략을 담당할 부서의 위상 은 국가학문위원회가 국가과학기술자문회의 정도의 위상으로 설정되기 때문 에 정보과학기술보좌관과 같은 급의 '학문정책' 보좌관을 신설할 필요가 있음.

□ 기대효과

❍ 학문발전 중장기 계획 수립을 통해 국가의 학문발전 방향을 제시하고 다부처 (多部處) 관련 주요 사업에 대한 종합 조정을 통해 국가 학문연구의 효율 성을 높일 수 있음.

❍ 국가 학문연구 사업에 대한 조사·분석·평가를 통해 중복 투자를 방지하고 개선 방향을 제시할 수 있음.

❍ 국가 학문연구 사업에 대한 우선순위를 설정하여 다음 년도 예산 편성에 반영함으로써 국가예산의 효율적 운영에 기여함.

❍ 국가학문위원회의 설립은 세종대왕의 집현전 설치 못지않은 치적으로 역사적 평가를 받을 것임.

노무현정부 대통령 직속 인문사회과학위원회 설립 제안서(2006. 01)

강내희(중앙대학교 영문과)
김누리(중앙대학교 독문과)
심광현(한국예술종합학교 영상학과)
유초하(충북대학교 철학과)

강성호(순천대학교 사학과)
신광영(중앙대학교 사회학과)
안병욱(카톨릭대학교 사학과)
최갑수(서울대학교 서양사학과)

목 차

Ⅰ. 한국 사회발전과 학문발전의 현주소

1. 광복 60년 한국 사회발전의 성과와 문제점
2. 광복 60년 한국 학문발전의 성과와 문제점
3. 계승과 혁신을 위한 국가적 대안 마련의 시급성

Ⅱ. 중장기 국가발전전략 시스템 구축의 필요성

1. 한국사회 시스템 이론적 분석
2. 각 하위 시스템의 작동 상태와 문제점
3. 국정 전략 연구 현황 및 문제점과 대안 마련의 시급성

Ⅲ. 독자적 학문발전전략 시스템 구축의 필요성

1. 학문정책 부재의 현실
2. 선진국 사례 1: 국가정책·연구 진흥 기구형
3. 선진국 사례 2: 학술 연구 지원 기구
4. 독자적 학문발전전략 수립을 위한 연구시스템의 필요성

Ⅳ. 〈국가학문위원회〉와 인문사회과학 연구기관의 설립 제안

1. 〈국가학문위원회〉의 필요성
2. 〈국가학문위원회/21세기 집현전〉의 위상과 기능
3. 〈국가학문위원회/21세기 집현전〉의 과제
4. 단계적 설립 방안: 〈인문사회과학위원회〉
5. 〈인문사회과학연구원〉의 설립 제안

21세기 한국 학문 진흥 방안
: 인문사회과학위원회 설립안을 중심으로

(A New Research Initiative for the Humanities and Sciences)(2006년 1월)

Ⅰ. 한국 사회발전과 학문발전의 현주소

1. 광복 60년 한국 사회발전의 성과와 문제점

□ "압축적 근대화"를 통한 경제적, 정치적 발전

○ GDP 규모 세계 10위의 경제 강국, 국민 생활수준도 기아 문제에서 비만을 걱정하는 단계로 향상.
  ※ '04년 기준, GDP 규모 세계 10위, 상품 교역규모 11위 등 양적으로는 세계 11위 도달(삼성경제연구소).
○ 민주화 운동의 결실로 '90년대부터 민주적 절차에 따라 정치권력 구성, 30여 년 만에 지방자치제를 재도입하는 등 제도적 민주주의 성취.
○ 아시아 지역을 휩쓰는 "한류" 열풍으로 문화적 위상 및 국민적 자부심도 상승됨.

□ "일면적 근대화"로 인한 사회발전의 미성숙

○ 한국사회는 그동안 경제적인 가치에만 몰두, 외형적 성과에 비해 내용적으로 성숙한 사회발전을 이루지는 못함.
○ 특히, IMF 이후 사회적 양극화 현상의 가속화, 사회적 갈등의 다양한 형태로 확산 추세.
○ 미래를 결정하는 중요한 사회적 결정에서 국민의 의사가 충분히 반영되지 않는 등 정치적 민주주의는 실질적 변화 요구.

○ 괄목한 외형적 시민사회의 발전에 비해 합리적으로 조정하는 시민윤리는 미확립.

□ 사회문화적 영역의 "위험사회화"

○ 한국사회의 심각한 문제점은 국민의 노동력과 자연자원의 재충전 없이 소모한 결과 생겨난 사회문화적 위기의 심화.

○ 고속성장에 따른 환경 위기로 삶의 질이 악화되고, 사회적 양극화 및 경제 위기로 인해 가족의 해체 속도가 빨라지며, 가족의 위기는 다시 교육 붕괴를 가속화하는 실정.

○ 또한 공동체 문화와 의례가 파괴되고 있으며, 정부와 기업에 모럴 헤저드와 부패 현상들의 악순환 고리 지속.

○ 따라서 행복을 경험하지 못하는 국민의 수가 늘어가고 경제적 풍요와 정치적 민주화로써는 해결하지 못하는 새로운 사회적 불만들이 형성.

○ 그럼에도 현재의 국가발전전략은 경제논리에 매몰되어 환경, 교육, 복지 등 사회문화 영역이 사회발전에서 지닌 역할과 중요성을 간과하고 있는 실정.

2. 광복 60년 한국 학문발전의 성과와 문제점

□ 선진 학문의 수용을 통한 학문적 역량의 성숙

○ 일본화된 근대학문 체계에서 벗어나 서구학계와 직접적인 접촉을 통해 선진학문을 수용했을 뿐만 아니라, 이제 독자적인 이론적 모색이 가능한 수준으로 역량 확대.

○ 학문의 각 분야에서 양성된 전공인력의 숫자들은 일제강점기 때와는 비교가 되지 않을 정도로 증가됨.

○ 기초학문의 육성에 대한 관심과 독자적 학문체계 구축의 요구는 그간의 양적 팽창을 통해 제반 학문 영역에서 스스로 지식을 산출해야 하는 단계로 진입.

○ 가령, 자연과학 분야에서는 세계적 경쟁에서 뒤처지지 않는 학문적 역량을 보여주고 있음.

　　※ '04년 SCI 과학기술 논문 수 세계국가 순위 13위.

□ 인문사회과학 분야의 학문적 자생력 상실

○ 현재 국내 인문사회과학 분야들은 내용적으로 서구 학문에 종속, 제도적으
로 학문의 자생적 기반을 잃은 상태.
○ 이는 연구 방법론에서 서구 모델에 의존하는 심각한 종속성을 비롯하여 한
국의 역사적 현장과 분리된 지식을 생산하는 관행에 젖어 왔음.
○ 그 결과 대학원의 붕괴, 외국 유학의 급증과 고급 학문의 외국 의존 등 독
자적 학문의 위기가 계속 심화됨.

□ 국가 차원의 독자적인 학문전략의 결여

○ 인문사회과학 분야에서 학문적 자생력이 상실된 중요한 이유는 해방 이후
경제 중심의 사회운영이 중시되면서 인문사회과학이 전통적으로 지니고
있던 다양한 사회운영 능력들이 무시되었기 때문임.
○ 과거 단기간의 경제성장을 위한 근대적 지식생산 체계를 구축하는 과정에
서 실증적이거나 실용적인 사회과학과 이공 계통 학문을 우대하는 정책을
펼침으로 인해.
○ 그 결과 학문전략이라는 발상 자체가 소멸, 교육을 담당하는 정부부처가
학문을 관장, 학문은 교육의 종속 범주로 편입.

3. 계승과 혁신을 위한 국가적 대안 마련의 시급성

□ 국가발전 전략의 새로운 모색의 필요성

○ 국가발전의 전략을 과거의 양적 성장단계에서 다른 방식으로 구상해야 하
는 질적 성장의 단계에 도달.
○ 이는 사회적 양극화와 사회문화적 위기의 극복, 지속가능한 발전 모델의
대두, 민주화 이후 참여민주주의에 대한 요구 등 새로운 국가발전 요구가
등장하고 있음에서 나타남.
○ 한국사회의 더 나은 발전을 위해서는 생태와 경제 그리고 문화의 동반 성
장이라는 새로운 발전 모델을 수립하는 중장기 국가발전 전략이 필요함.

□ 인문사회과학의 국가 차원의 전략적 활용 필요

○ 현재 한국사회가 당면하고 있는 많은 문제들은 국가발전전략의 수립과 집
  행의 과정에서 인문사회과학적 관점을 결여하거나 배제한 데서 비롯됨.
○ 인문사회과학은 사회적 생산성 향상, 실질적 민주주의의 정착, 도덕성과 비
  판적 이성, 역사적 책임 의식과 공동체 의식 등 삶의 가치 및 질을 전망하
  는 자원을 제공.
○ 인문사회과학은 이러한 여러 당면 문제들을 주체적으로 해결하고 새로운
  국가발전을 이룰 수 있는 전략학문.
○ 따라서 중장기적 국가발전 전략과 독자적 학문전략을 연구하는 종합적·
  거시적 인문사회과학 연구체계의 수립과 운영이 필요.

II. 중장기 국가발전전략 시스템 구축의 필요성

1. 한국사회의 시스템 이론적 분석

□ 전체 시스템의 구조

〈그림 1〉 한국사회의 시스템적 과정 분석

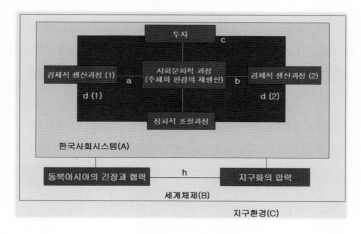

○ 한 사회는 정치-경제-사회문화 시스템과 같은 하위시스템과 세계체제 및 자연환경 같은 환경의 상호 작용을 통해 일정한 방향으로 연결되어 작동하는 복잡한 시스템적 과정.

○ 경제의 생산-노동력과 자연환경의 동원(사회문화시스템)-경제의 재생산의 흐름에는 항상 시장실패와 과잉투자의 위험이 수반되므로 정치적 조절 과정에 의해 보완되어야 함.

□ IMF 이후 시스템적 변화

○ IMF 경제위기를 맞게 된 90년대 후반부터 이 시스템에 커다란 변동이 나타나고 있음.

○ 우선 정치적 조절시스템이 민주화되는 것과는 달리 경제시스템에서는 신자유주의 지구화의 압력으로 국가 간 경쟁이 치열해지면서 자본의 자유가 증대되는 것과 비례하여 사회적 양극화와 갈등이 심화되고 있음.

○ 심각한 문제는 주체성과 환경의 재생산 과정에 해당하는 사회문화시스템에서 점증하는 위험사회화 현상임.

2. 각 하위 시스템의 작동 상태와 문제점

□ 경제시스템

○ IMF 이후 경제시스템은 신자유주의로의 급속한 진입과 동시에 자동기술화의 진전으로 모든 분야에서 유연적 노동화가 확산, 비정규직이 정규직을 앞서고 있음.

○ 이와 더불어 외국자본의 대규모 유입으로 손익이 엇갈리며 국내 인건비 상승을 빌미로 국내 자본의 해외 투자 급증이 겹쳐 최근 들어 대중의 구매력 감소와 국내 소비위축이 심각한 상황임.

○ 그 결과 90년대에 7~8%를 유지하던 성장률은 근래 4%대로 떨어져 있음

○ 이런 상황은 새로운 시장 개척과 성장 동력이 확보되고 분배구조가 획기적으로 개선되기 이전에는 타개되기 어려운 전망임.

□ 사회문화 시스템

○ 노동력 재생산 부문의 동력의 급속한 하락 속도를 국가적 투자가 선행하지 못하고, 경제위기와 환경재난 등으로 발생하는 새로운 사회적 위험에 대한 투자는 극히 미비한 실정임(호남지방의 폭설 등).

○ 경제위기, 환경위기, 저출산·고령화위기 등의 모든 위험들이 개인에게 직접 전가되면서 가족의 위기, 교육의 붕괴와 양극화 가속으로 이행이라는 사회 근본적 문제가 심각한 상황임.

○ 소비사회의 확산으로 국민 다수의 문화적 욕구는 증대하고 있으나 문화정책이 이를 따라잡지 못해 문화적 양극화 역시 심화되고 있음.

□ 정치적 조절시스템

○ 경제와 사회시스템 사이의 간극과 사회 내부의 불평등과 갈등의 확산을 방치하면 사회시스템 전체가 붕괴될 위험이 있음.

○ 정치적 조절시스템은 이런 괴리와 갈등을 해결하는 가장 중요한 기제이나, 현재 국가적 조절기능은 과도한 개입주의와 무책임한 방임주의 사이에서 동요하고 있어 한계점에 이르고 있음.

○ 현재 정부정책 전반을 지배하는 경제논리는 (a)와 (b)의 메커니즘이 지닌 경제적 효과를 무시하고 있어 노동력−자연자원의 재생산 동력은 급속히 떨어지고 있음.

○ 기업은 경제적 확대재생산을 원하면서도 (a)를 줄이고 있어 결과적으로는 (b)도 줄어들음으로써 경제적 확대재생산이 불가능하게 된다는 점은 고려하지 않고 있음.

　※ 신성장동력에 필요한 인력의 해외 수입은(특히 7T 분야)국제적 기술경쟁 때문에 점점 더 어려워지고 있는 실정을 고려해야 함.

○ 경제적 생산−사회문화적 재생산의 피드백 과정에 대한 정치적 조절과 개입이 필요. 사회문화시스템에 대한 국가적 투자를 대폭 늘리거나 적어도 사회문화정책 예산 운영의 효율화를 위한 대대적 개혁이 필요.

○ 그러나 이런 시스템적 처방에 대한 정부의 인식과 의지가 극히 미비한 상황임. 이로 결국 사회문화적 영역의 위험 초래.

□ 사회문화적, 환경적 위험사회화

○ 한국사회의 고도성장은 국민의 노동력과 자연자원을 경제성장에 동원하면
서도 재충전은 방치, 주체성과 자연자원은 소진 단계.
○ 생산의 주력을 맡고 있는 40~50대 이상은 지적−감성적−윤리적−신체적 엔진
의 동력이 꺼져 가고 있고, 새로운 세대인 20~30대는 동력을 온전히 충전 받지
못한 채 지적−감성적−윤리적−신체적 역량이 해체되거나 극심한 불균형.
○ 환경 생태계의 위험은 계절 주기의 왜곡, 이상기후와 홍수와 폭설, 대기오
염과 쓰레기 문제, 핵폐기물 처리 문제, 교토협약에 따를 에너지 감축 대비
문제 등 사회적 합의를 요하는 문제들이 점증.

3. 국정 전략 연구 현황 및 문제점과 대안 마련의 시급성

□ 국정 전략연구 현황과 문제점

○ 한국사회 전체에 대한 총체적 분석과 중장기 대안을 마련하기 위한 국가적
역량을 결집할 수 있는 대통령 자문 각종 위원회는 한정된 공론화 기능과
조직적 한계로 인한 내부 연구기능의 취약함으로 한국사회 전반의 중장기
거시분석의 역량 부족.
   ※ 국정과제위원회의 범주에 속하는 대통령자문위원회는 지나친 분야별
       접근으로 인한 통합적 문제접근의 아젠다 발굴 및 설정 기능은 전무.
○ 또한 성과주의적 국가발전전략 수립에 국한, 다른 분야의 하위시스템과의
상호작용에 대해서는 무관심하게 연구가 진행, 사회적 경고 등의 역할도
하지 못하는 실정(황우석 파동).

〈그림 2〉 현실세계 문제들의 복잡성

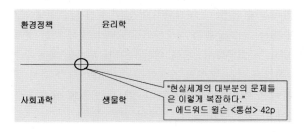

○ 정부 국책연구소의 실정도 단기 정책에 집중된 연구 현실에서 탈피하기 어렵고, 분과 학문적 전문가만 양성함으로써 국가의 거시적 분석과 전략을 마련해야 하는 현시점에 무용하게 진행될 뿐만 아니라 한국사회의 방향설정을 오히려 민간에 이양하는 실정.

○ 대기업 차원에서는 삼성경제연구소처럼 한국사회의 변화와 향방에 대한 거시적 분석을 수행하고 있으나 연구목표가 기업 이익 차원에 머물러 있어 그 성과를 국정 전체에 적용하기 에는 큰 무리가 있음(삼성공화국 담론의 허구성).

○ 대학 역시 분과학문적 편제로 나뉘어져 있어 대화와 소통이 단절되어 있기에 다학제적이며 통합적이고 장기적인 연구를 필요로 하는 사회 전체 시스템에 대한 연구가 불가능한 형편임.

□ 대안적인 중장기 국가발전전략 연구시스템 마련의 시급성

○ 복합적인 시스템적 위기를 극복하기 위해서 단기 처방책이 아니라 전체 시스템의 연관관계를 분석·평가, 조절할 수 있는 거시적이고 중장기적인 학문 연구 시스템 필요.

○ 지구화 시대에 수출학문으로서의 위상을 확보하기 위해서는 독자적 관점에서 중장기 학문연구를 전략적으로 지원하고 그 결과를 정부 중장기 발전전략에 실질적으로 피드백 할 수 있어야 함.

○ 선진국들이 인문학의 발전과 사회발전의 긴밀한 관계를 잘 인식하고 있듯이 세계경제에서 G의 10위권에 진입한 이상 한국도 그에 걸맞게 국가발전전략−학문전략의 피드백 구조를 확립하는 일이 무엇보다 시급하고, 이런 준비 없이 지식경제 시대, 문화경제 시대에 선진국으로 진입하겠다는 것은 불가능할 것임.

○ 사회와 국가적 제도의 운영, 과학기술의 발전은 국민 다수의 삶의 질을 향상하기 위한 수단임에도 불구하고 이제까지는 사실상 목적이 되어 전도된 실정이었음.

○ 위험이 지구적 차원으로 확대, 심화되고 있는 오늘날 성장과 위험의 역전 현상을 바로 잡기 위해서는 인문학은 이제 방관자의 위치, 수동적 수혜자의 위치에서 벗어나 사회적 가치의 우선순위를 조정하는 방향타적 역할을 스스로 나서서 적극적으로 수행해야 함.

III. 독자적 학문발전전략 시스템 구축의 필요성

1. 학문정책 부재의 현실

□ 취약한 학문연구 수준과 교육수지 적자의 심화

○ 한국 기초연구의 양적 수준(SCI 건수)은 '99년 세계 16위에서 '03년 세계 14
   위로 두 단계 상승. 그러나 논문의 인용 횟수로 본 한국 기초연구의 질적
   수준은 '99년에 세계 29위에서 '03년에 34위로 오히려 더 다섯 단계 하락
○ 한국이 독자적 학문 인프라를 구축하지 못해 매년 해외 유학생이 늘어나
   큰 폭의 교육수지 적자 발생('04년: 42억 6천$). 이는 OECD 국가 가운데 교
   육 수지 적자폭이 제일 큼.

□ 한국 정부 R&D 기금의 편중적 운영

○ 한국 정부 R&D 자금의 총 규모는 '03년에 총 5조 5,241억임. 과학기술 예산
   이 92.7%인 5조 1,189억 원, 사회과학 예산이 5.6%인 3,112억 원, 그리고 인
   문학 예산이 1.7%인 940억 원임.

<그림 3> 정부 R&D 예산에서 인문학이 차지하는 비중

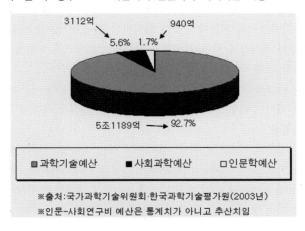

❍ 한국 정부 R&D 자금의 비효율성은 과학기술 분야와 인문사회과학 분야를 모두 포괄하는 국가 학문기구의 부재에 기인함. 중복 투자, 체계적인 관리의 부족, 그리고 중장기적인 운영 전략의 부재 등을 극복하기 위해서는 국가 학문기구의 신설이 필요함.

☐ 대학원 구조 와해와 국내 학문 기반의 붕괴

❍ 취업이 잘되는 응용 분야에만 학생이 집중되어 기초학문 분야는 공동화 현상이 초래되고 있는 실정.
   ※ 인문계열의 경우 박사학위 취득자 취업률이 정규직 17.4%이고 풀타임 비정규직이 25.5%에 불과한 실정임.

〈표 1〉 박사 취득자 중 신규 입직자의 현재 진로 현황(성별, 전공계열별)

구분	성별		박사 전공 – 대분류				전체
	남자	여자	인문계열	사회계열	자연계열	공학계열	
정규직 취업	44.6	24.0	17.0	37.8	34.1	53.3	36.5
풀타임 비정규직 취업	13.7	24.0	25.5	20.0	12.2	10.8	17.1
파트타임 취업	19.6	34.0	48.9	35.6	9.8	11.7	25.8
포스트 닥 과정	17.2	10.0	2.1	4.4	34.1	19.2	14.7
구직 중	3.4	4.0	–	2.2	4.9	5.0	3.6
집에서 쉬고 있음	1.5	4.0	6.4	–	4.9	–	2.4
전체	100.0	100.0	100.0	100.0	100.0	100.0	100.0
	p<.027		p<.000				

※ 출처: 진민석, 김나라, 『2004년 미래의 직업세계: 석·박사학위 취득자 취업조사』, 한국직업능력개발원).

❍ 우수한 대학생들이 대부분 외국으로 유학을 가고 있으며, 서울의 주요 대학교 대학원도 미달 사태를 빚는 실정임.
   ※ 최근 서울대의 경우도 인문대학원 대학원 학생 정원이 줄고, 3년 연속 석사과정과 박사과정 모두 정원 미달.

〈표 2〉 서울대 인문대 대학(원)생 인원 현황(2003~2005)

구분 연도	정 원				등 록 생			
	학사과정	석사과정	박사과정	계	학사과정	석사과정	박사과정	계
2003	1,410	427	246	2,083	1,824	396	221	2,441
2004	1,375	393	230	1,998	1,825	373	192	2,390
2005	1,273	384	224	1,881	1,726	364	204	2,294

※출처: 서울대학교 2003~2005 통계연감.

○ 도서관, 연구소, 출판시스템, 번역체계, 연구지원 기금 등 독자적 학문체계 구축을 위한 지적 인프라가 취약함. 이로 인한 열악한 연구조건 속에서 후속 연구자들을 확보하기가 어렵고, 수준 높은 연구 성과를 지속적으로 내기도 어려움.

2. 선진국 사례 1: 국가정책·연구 진흥 기구형

□ 선진국 사례 개괄

○ 프랑스, 미국, 영국, 일본 등 선진국이 경제발전뿐만 아니라 학문·문화 측면에서도 세계를 주도하는 것은 국가차원의 적극적인 학문지원 시스템을 구축하고 있기 때문.
○ 선진국 정부들은 기초학문에 대한 지원에 적극적임. 특히 단기적인 효용성보다 장기적인 전망을 가지고 조직적·체계적 지원.

〈표 3〉 주요 외국 국가의 학문 진흥체계 유형

역할 범위 \ 기능	국가정책·연구 진흥 기구	학술연구·지원 기구
전체적	프랑스의 국립학술연구원(CNRS) **한국의 (가칭) 국가학문위원회**	독일의 독일연구협회(DFG) 한국의 학술진흥재단
부분적	중국의 사회과학원 **한국의 (가칭) 인문사회과학위원회**	미국의 국립인문재단(NEH) 영국의 인문예술연구회(AHRC) 일본의 인문·사회과학 특별위원회

□ 프랑스의 사례: 국립학술연구원(CNRS)

○ 대학보다 국가가 연구소를 통해 연구를 주도, 적극적인 연구소체계를 지니고 있음. 프랑스의 국립학술연구원(CNRS: Centre Nationale des Recherches Scientifiques)은 자연과학기초 분야, 자연과학 응용 분야, 인문사회과학 분야 등 기초연구와 응용연구를 망라.

○ 국립학술연구원은 약 26,000명의 인원보유, 이 중 약 11,600명이 연구원이고 약 14,400명이 기술직 종사자 혹은 행정직원임. 그리고 국립학술연구원에 속한 1,260여 개의 서비스 및 연구 단위는 전국적으로 산재되어 있고 전학문 분야를 포괄.

〈표 4〉 국립학술연구원의 성격, 기능, 사업 영역

성격	기능	사업 영역

· 국가학술연구기관
· 인원 26,000명
· 연구원 11,600명
· 행정직 기술직 14,400명
· 산하에 8개 연구단위
	· 국가 학문 전략 주도
	· 학제 간 연구 주도
	· 국가발전 학술발전 동시 기여
	· 국제적 학문교류 인적교류 공헌
	· 학술연구 기능
	· 학술연구 지원기능
	· 학제 간 연구가 가능한 연구 기반 제공: 정보접근성, 정보화 인력 활용
	· 사업예산 관리
		· 학문과 기업, 학문과 사회, 학문과 지역과 국제적인 연계 사업으로 분류
		· 8개 연구 단위 사업
		  – 핵물리학 및 분자 물리학 분야
		  – 자연과학 및 수학 분야
		  – 정보통신 과학 분야
		  – 공학 분야
		  – 화학 분야
		  – 우주과학 분야
		  – 생명과학 분야
		  – 인문학 및 사회과학 분야

〈그림 4〉 국립학술연구원(CNRS)의 조직구성도

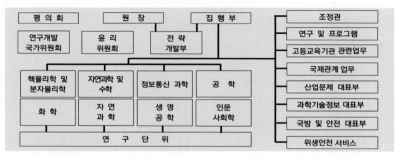

※출처: http://www.cnrs.fr

○ 국립학술원은 기본적으로 국가의 지원으로 운영되고 있음. '02년 국립학술
  원에 지원된 예산은 약 25억 3천 2백만 유로로서 프랑스 국내 연구개발 전
  체 예산의 1/4을 차지하고 있음.

〈그림 5〉 프랑스 국내 연구개발 예산 현황(Civil Research and Development Budget)

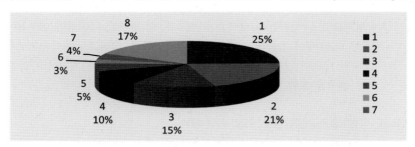

※ 출처: Presentation on the CNRS, 2002. http://www.cnrs.fr
※ 주: 1. CNRS
   2. EPST(국가 예산으로 운영되는 과학기술 연구 시설) 단, CNRS, CNES, CEA 제외
   3. CNES(프랑스 우주항공국)
   4. CEA(원자력 기구)
   5. 대학 및 연구기관 지원
   6. 교육 지원
   7. 상여금, 정보교환 비용
   8. 타 부처 관련 연구(산업 연구, 프랑스 개혁 연구소 등 지원)

○ 프랑스는 최근 국립학술연구원(CNRS)를 개혁, 유럽은 물론 세계의 연구 중
  심이 되겠다는 계획을 수립. 이를 통해 인문 분야, 자연 분야, 사회과학 분
  야의 학제 간 연구, 실험실 운영, 연구자 고용 등 다각적인 분야의 투자를
  통해 세계의 인문 선진국 지위를 유지.

□ 중국의 사례: 사회과학원(中國社會科學院)

○ 중국사회과학원(中國社會科學院)은 '77년 5월 중국과학원 철학사회 과학분
  과에서 독립적 건립된 이후 중국의 철학·인문·사회과학 연구의 최고학
  술기관이며 종합연구센터가 되었음.
○ 현재 연구소 32개소, 연구센터 45개소, 2급 및 3급 학문분과 약 300개에
  이르는 중국인문사회과학 연구에 관한 최고의 국책학술기구. 그 가운데

중점적인 연구단위는 약 120개 정도임. 중국사회과학원의 인원은 약 4,200
여 명이며, 이 가운데 연구 인력은 3,200여 명임.

〈그림 6〉 중국사회과학원 직제 구조표

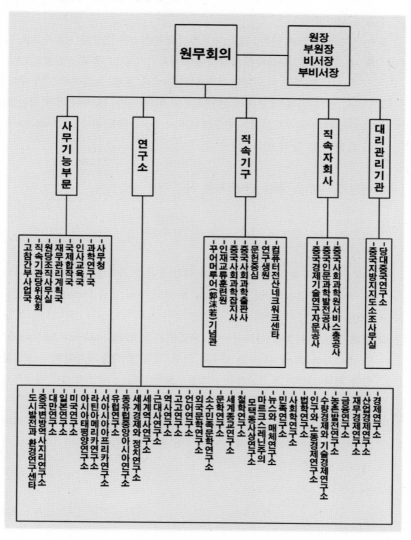

○ 중국 개혁개방과 국가현대화건설 과정에서 국가기관과 유기적으로 연계하
거나 혹은 독립적인 위치에서 이론과 국가정책연구를 창조하고 모색. 또
한 중국의 관련 부서들과 국가경제와 사회발전 가운데 국가적인 의의가 있
는 중대와 이론 문제와 구체적인 문제의 연구 책임을 적극적으로 제기하
거나 위탁받음.

○ '90년 초 세계화와 민족문제를 국가정책에 반영하는 연구를 지속적으로 진
행. 특히 '96년 고구려사를 중국사에 편입시키기 위한 '동북공정(東北工程)'
은 중국사회과학원 산하 변방역사지리연구센터(邊疆史地研究中心)가 주도.

○ 연구원 설립 이래 '90년대 중반까지 4,300권의 저작, 55,000편의 학술논문,
7,000여 편의 조사보고서와 연구보고서, 2,800여 권의 번역 서적, 16,108편
의 번역 논문 등의 성과.

3. 선진국 사례 2: 학술 연구 지원 기구

□ 미국의 사례: 대통령 직속 국립인문재단(NEH)

○ 미국은 학문과 문화적 활동 분야에 대한 충분한 가치를 인식하고 〈국가예
술·인문지원법(National Foundation on the Arts and Humanities Act of
1965)〉를 제정.

○ 현재는 대통령 직속 산하기구인 〈국립인문재단(NEH: National Endowment
for the Humanities)〉을 통해 인문학 연구, 교육 및 대중의 인문학적 교양확
산을 위한 다양한 프로그램을 운영함으로써 미국 정체성 형성에 적극적으
로 기여.

○ 국립인문학의 예산 규모는 '03년 이후 꾸준히 증가되었음. 〈표 5〉을 보면
2003년 1억 2천 493만 달러, 2004년 1억 3,531만 달러, 2005년 1억 6,200만
달러로 증대하였음.

〈표 5〉 국립인문재단(NEH) 사업과 예산의 변화(2003~2005)(단위: 천 달러)

구 분	2003 배정	2004 배정	2005 요청
We the People Initiative	–	9,876	33,000
Federal/State Partnership	31,622	31,436	31,829
Education Programs	12,542	12,468	12,624
Preservation and Access	18,782	18,672	18,905
Public Programs	13,029	12,952	13,114
Research Programs	12,978	12,902	13,063
Program Development	394	392	397
Subtotal	89,347	98,698	122,932
Challenge Grants	10,368	10,308	10,436
Treasury Funds	5,649	5,616	5,686
Subtotal	16,017	15,924	16,122
Administration	19,572	20,688	22,946
TOTAL	124,936	135,310	162,000

※출처: NEH 홈페이지.

□ 영국의 사례: 영국학술원과 〈인문 · 예술연구회(AHRC)〉

○ 영국은 영국학술원(British Academy)과 〈인문 · 예술 연구회(AHRC: Art and Humanities Research Council)〉을 중심으로 진행. 〈인문 · 예술연구회〉는 '05년 4월 1일에 기존에 임의기구로 활동하고 있던 〈인문 · 예술연구위원회(AHRB: Arts and Humanities Research Board)〉를 강화하여 만든 법정기구

○ 영국은 연구기구를 통해 예술, 인문학, 사회과학에 대한 연구지원, 대학원생의 연구지원, 대중에 대한 인문학 및 사회과학 연구 성과 전파, 그리고 상호협정을 맺은 국가와의 교류 등을 지원.

○ 〈인문 · 예술연구위원회〉는 '05년에 7천 500만 파운드를 넘는 예산을 통해 인문예술 분야의 연구와 대학원생 양성을 지원, 연구지원 분야에서는 500~600명 정도가 선정(1,500명 지원), 대학원생 지원 분야에서는 1,500명이 선정(5,500명 지원), 이외에 인문예술연구회는 박물관과 미술관 분야에도 1,000만 파운드를 지원.

〈표 6〉 인문·예술연구회(AHRC)의 2004~2006년 수익 명세서

수 입 원	2004-05(£m)	2005-06(£m)
HEFCE	59.875	67.266
SHEFC	5.388	5.523
HEFCW	1.704	1.746
DEL	0.779	0.799
합계	67.746	75.334
HEFCE – 박물관과 미술관	10.100	10.352
총합계	77.846	85.686

□ 일본의 사례: 인문사회특별위원회

○ 일본 문부과학성 산하 과학기술·학술심의회는 일본의 인문·사회과학 분야에 대한 종합적인 진단과 국가지원을 검토하는 기구로서 〈인문·사회과학 특별위원회〉를 '01년 6월 발족.

○ 〈인문·사회과학특별위원회〉는 '02년 6월 17일에 『인문·사회과학 진흥에 관하여』라는 정책보고서를 정부에 제출. 이 보고서는 21세기 인문사회과학의 새로운 사명으로 문화에 대한 비판적 역할, 문화의 계승과 발전, 현대적 제 문제 해결에 대한 공헌, 그리고 새로운 지(知)의 창출로 규정하고 이러한 사명을 완수하기 위한 국가적 지원 강조.

○ 〈인문·사회과학특별위원회〉는 네 가지 방향을 추진하고 있음. 첫째는 인문학전공 분야 간의 협력에 의한 종합적 연구의 추진, 둘째, 차세대 연구자의 육성, 셋째는 국제적인 교류, 발신의 추진, 넷째는 연구 기반의 정비.

○ 〈인문·사회과학특별위원회〉는 '03년부터 '인문·사회과학 진흥을 위한 인문사회과학 진흥 프로젝트 연구사업'을 진행, 이 사업은 연구자의 자율성을 전제로 각 학문 분야가 협력하여 사회 제언을 시도함으로서 인문·사회과학의 재활성화를 지향하는 실험적 성격을 지님.

○ 〈인문·사회과학특별위원회〉는 2006년도에 자연과학과 인문사회과학의 학제 간 교류 및 협력 방안을 주요 연구주제로 설정.

〈그림 7〉 인문사회과학진흥을 위한 프로젝트 연구사업

인문·사회과학 진흥을 위한 프로젝트 연구사업

[취지]
글로벌화, 정보화가 추진되는 가운데, 특히 민족, 종교, 정신생활, 사회규범과 제도를
둘러싼 문제 등, 현대 사회에서 인류가 직면한 여러 가지 문제의 해명과 대처를 위해서는,
인문·사회과학 각 분야의 연구자가 협동해서 학제적, 학융합적으로 몰두할 연구를 추진하고,
그 성과를 사회에 제언할 필요가 있다. 이것이 새로운 학문 분야, 영역 개척으로 연결되고,
인문·사회과학 활성화에 공헌할 것으로 기대된다.

[특징]

연구자의 주도권	학문 간의 협동	사회제언
직면한 현대의 여러 문제를 연구자 스스로 과제로서 설정하고, 연구자의 주도권, 유연한 협동체제, 조정과 효과적 운영에 있어서의 리더십으로 실시	각 분야의 연구자가 협동해서 학제적, 학융합적으로 연구	프로젝트연구의 성과를 사회로의 제언으로서 발신하고, 현대의 여러 문제 해결에 공헌

현대의 여러 문제의 요소

- 윤리의 상실
- 글로벌화
- 지속적 사회제도의 파탄

문제 해결에 도움이 되는 기초 연구

〈연구영역〉

- 지적 유산을 필두로 하는 일본의 정체성과 금후의 변용에 관하여 연구하는 영역
- 글로벌화 시대에 있어서의 다양한 가치관을 가지는 사회 공생을 도모하는 시스템에 대하여 연구하는 영역
- 과학기술과 시장경제 등 급속한 발전과 변화에 대응한 사회윤리 시스템에 관하여 연구하는 영역
- 과거로부터 현대까지의 사회시스템을 배우고, 장래를 위한 사회의 지속적인 발전 확보에 관해 연구하는 영역

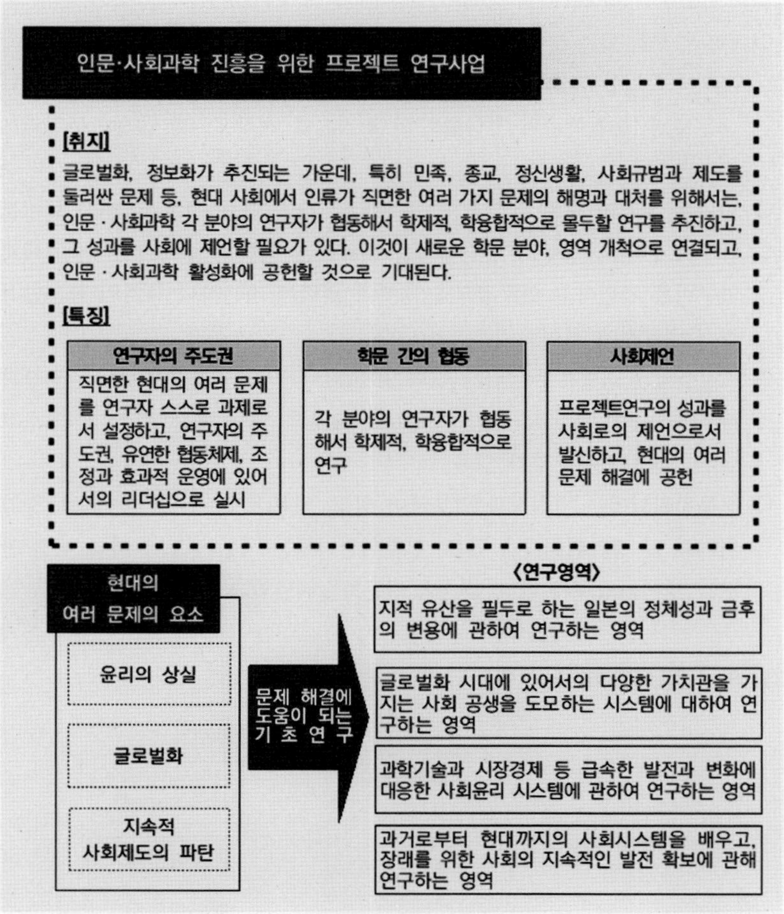

□ 독일의 사례: 독일연구협회(DFG)

○ 독일은 모든 학문 분야에 대한 국가적 차원에서의 연구 촉진을 위하여 연방기
구로서 독일연구협회(DFG: Deutshe Forschungsgemeinschaft)를 조직·운영.
    ※ '51년 '독일학문의 긴급협회'의 조직으로 시작, '93년 독일연구협회로
    변경.
○ 회원은 독일의 모든 대학과 연구기관 및 각종 단체. 회원 단체가 회비를
납부하지 않고 정부의 연구재정을 분배하는 역할을 수행 회원 단체에게
연구비를 지원하고 연구결과를 정부와 의회에 자문하여 국가의 학문발전
과 산업발전에 기여.
○ 조직구성은 집행본부, 학술위원회 및 총회로 구성. 집행본부에는 위원장과
사무총장, 3개 부서로 구성. 3개부서는 총무국, 연구 촉진 담당부와 프로그
램 및 인프라 촉진부가 있음.
○ 전문위원회에는 위원장과 업무국이 있고, 업무국에는 감사국(Senat), 중앙
위원회 및 평가위원회가 있음. 전문위원회에는 사업 연도에 따라 어떤 연
구가 채택되느냐에 따라 분야별 전문학술위원회 조직.

〈그림 8〉 독일연구협회(DFG) 행정조직표

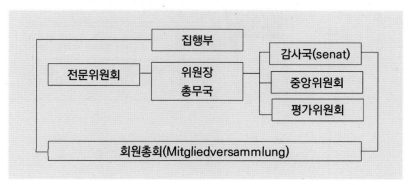

〈그림 9〉 독일연구협회(DFG) 집행본부 및 연구조직표

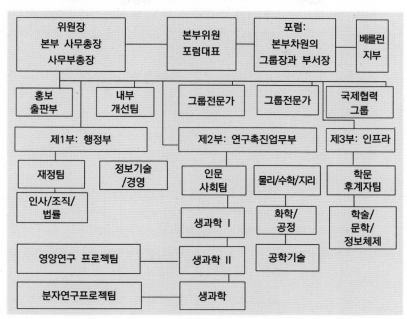

○ 독일연구협회의 재정은 연방정부와 주정부 및 출연금으로 충당 '01년도에
전체 지원금 중에서 생물/의학 분야에 35%인 4억 630만 유로, 자연과학에
23%인 2억 699만 유로, 기술공학 분야에 22%인 2억 6,070만 유로, 그리고
인문사회학 분야에 15%인 1억 7,510만 유로를 지원.

4. 독자적 학문발전전략 수립을 위한 연구시스템의 필요성

□ 독자적 학문전략 수립의 필요성

○ 21세기 정보화시대에 지구적 수준의 생존 경쟁에서 승리하기 위해서는 한
국도 독자적인 지식 기반을 구축 필요. 특히 한국적 상황과 문제를 설명하
고 해결할 수 있는 한국적인 이론체계 구축시급.

○ 학문은 정치, 경제, 사회, 문화 등 각 분야에서 인프라 역할을 하기 때문에 학문 발전 없이는 국가발전을 기대할 수 없음. 현 시기 학문체계가 지니고 있는 구조적 문제를 진단하고 이를 극복할 중단기적인 독자적 학문전략을 세워 나가야 할 필요.

○ 자생적 지식 기반을 구축하여 국가경쟁력을 세계적 수준으로 올리기 위해서는 인문사회 분야와 자연 분야의 기초학문을 적극 육성. 이 토대 위에서 응용 학문도 육성하여 학문 전체를 균형발전 도모.

□ 독자적 학문 인프라 구축

○ 학문연구와 교육을 지속적으로 수행할 수 있는 인프라 구축 필요, 이를 위해 세계적 수준의 국가도서관 건립, 연구 분야별 전문 도서관 및 지역별 공공도서관 체계의 확충, 그리고 국가 차원의 번역연구원의 신설 등이 필요.

○ 차세대 학문 연구 인력을 안정적으로 재생산해 내야 함. 신진 연구자의 연구 환경을 개선 우수한 인재를 학문 영역으로 진입토록 유도.

IV. 〈국가학문위원회〉와 인문사회과학 연구기관의 설립 제안

1. 〈국가학문위원회〉의 필요성

□ 중장기 국가발전전략과 학문발전전략의 선순환 구조의 필요성

○ 인문학을 비롯한 사회과학과 자연과학을 아우르는 독자적 학문전략과 중장기 국가발전 전략을 마련할 필요.

○ 이를 위해 정치−경제−사회문화 하위 시스템들 사이에서 갈등과 소진의 악순환이 발생하고 있는 현재의 한국 사회의 복잡한 상호작용 시스템을 분석 그 발전 방향을 예측할 수 있는 〈선순환 구조〉의 새로운 학문 연구시스템이 수립되어야 함.

○ 한국사회 시스템의 최대 당면 문제점은 정치와 경제시스템보다 사회문화 시스템의 붕괴. 이는 경제적 생산−주체성과 환경의 재생산−경제적 재생산의 연결고리가 붕괴되어 가는 과정임.

○ 이 연결고리는 위험사회화의 확산으로 인해 더 이상 자연스럽게 작동하지 않고 있음. 이 연결고리를 새롭게 구성·조절하는 연구과제는 인문학−사회과학−자연과학 간의 유례없는 다학제적인 토론을 통해서 설정되고 해결되어야 함.

〈그림 10〉 중장기 국가발전전략과 학문발전전략의 상관관계 이해

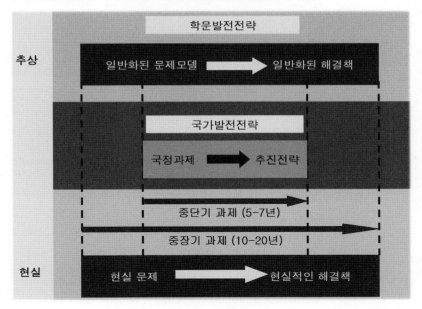

○ 위 그림에서 보듯이 복잡한 현실 문제들은 10~20년 단위의 중장기 구조 변화와 맞물려 있으나 정부 차원에서는 현재 5~7년 정도의 해결책을 찾는 선에 머물고 있음.

○ 지구화의 압력−탈중심화된 지역적 압력들의 교차관계 속에서 더욱 복잡해지고 있는 국제 질서 속에서 10~20년 이상의 중장기적인 해결책을 마련하는 작업이 필요, 이는 학문적 수준에서 체계적 준비되어야 함.

○ 단기적인 위험이나 이익, 압력 등에 밀려 허둥지둥하다가 문제를 발견하지 못하거나, 또는 맥락특정적인 해결책을 탈맥락화하여 적용함으로써 거짓 문제를 발견할 경우 현실적인 차원에서 해결책이 마련되지 못함은 물론 문제가 더욱 악화되기가 십상임.

○ IMF 위기에 처해 정부가 채택했던 "런던 어프로치"가 과연 성공적이었는가에 대해 이제는 회의적인 판단이 늘어나는 것이 바로 가까운 사례임.

○ 중국의 동북공정의 경우도 90년대 중반부터 중국사회과학원 차원에서 연구하여 준비된 것이며, 프랑스는 유럽연합의 미래 연구를 위해 CNRS를 더욱 강화하고 있음.

□ 〈복잡성의 과학〉 원리에 따른 필요성

○ 한국사회는 경제시스템만이 아니라 최소한 경제시스템-사회문화시스템-정치적 조절시스템이 복잡하게 상호연관되어 있는 거대 시스템이라 할 수 있음.

○ 경제 시스템은 기업경제-지방경제-국민경제-지역경제-세계경제 시스템들 간의 중층적 상호작용이라는 차원에서 연구되어야 함.

○ 정치 시스템은 경제-사회문화 시스템의 상호작용에 대한 개입과 조절이라는 차원, 지방자치-중앙정부-지역정치-세계정치의 상호작용의 차원에서 연구되어야 함.

○ 사회문화 시스템은 그것이 정치-경제시스템에 미치는 영향과 그 내부에서 교육-문화-환경-노동-여성·가족-보건·복지 등 간의 상호작용에 역점을 두고 연구해야 함.

○ 그동안 주류를 이루어온 분과학문의 원리는 분석 영역을 제한하고 가장 기본적인 원리를 찾는 〈단순성의 과학〉이었음.

○ 그러나 앞으로는 한국사회라는 중층적인 복잡계 시스템을 연구하기 위한 연구 편제는 문자 그대로 〈복잡성의 과학〉의 원리에 따라야 함.

○ 이런 연구는 국내외에서 충원된 각 분야의 최고급 학자로 구성해야 하며 정권의 변화와 무관하게 중장기적으로 운영되어야 함.

○ 이런 기구를 가칭 〈국가학문위원회〉와 〈21세기 집현전〉(국가학문위원회의 사무처 및 상설기획연구처 기능)이라고 부를 수 있음.

□ 국가발전과 학문발전의 순환 구조를 갖추었던 역사적 전통

○ 국가발전과 학문발전은 함께 전진해 왔고, 현재도 세계 각국의 학문연구와
국가발전전략은 유기적으로 상호발전하고 있음.

○ 과거 집현전, 홍문관, 규장각 등의 사례에서 보듯, 국가발전과 학문발전을
유기적으로 연계하는 제도적 장치가 존속해 왔고, 이를 통해 조선왕조가
세계적으로 유일하게 500년의 전통을 일관되게 지켜 왔음.

○ 특히 세종과 정조 시대에는 국정-학문연구의 관계가 유기적이고 상생적
인 방식으로 이루어져 조선조 최고의 전성기를 이루어냈음을 주목해야 할
것임.

【집현전】

① 설립 목적:
세종대는 창업기를 벗어나, 사회적 안정과 통합이 요구되었던 시기로, 더 이상 물리적인 힘
에 의존할 수는 없었음. 따라서 안정된 국가 경영을 위한 새로운 통치 철학을 정립하고, 정립
된 통치 철학을 실제 정치에 구현할 수 있는 제도를 정비할 필요. 집현전은 이와 같은 과제들
을 수행하기 위해 국왕의 정책을 학문적·제도적으로 뒷받침하려는 목적으로 설립되었다.

② 기능:
집현전은 왕실 교육을 담당하고, 중국 역대 왕조의 제도 연구나 각종 편찬 사업을 통해 당시
유교국가 건설에 현실적으로 필요한 문물·제도를 정비하였음. 집현전은 실제 국정 운영에
적용하기 위한 실용 중시의 학문적 경향을 보이고 있음.

③ 의의:
집현전의 연구는 일상적으로 늘 당면하는 정치 운영, 제도적인 문제점 등의 해결에 참고·적
용하기 위한 연구들이 많음. 시정에 참고하기 위한 고제연구는 집현전 고제연구의 가장
큰 특징이라고 할 수 있음. 유교적 의례와 제도에 관한 연구의 경우에도 의례·제도의 근본적
인 테두리를 상정하기 위한 연구보다는 현실적인 문제들을 해결하기 위한 연구들이 많았음.

【홍문관】

① 설립 목적:
세조 때 집현전 혁파 이후 중단되었던 문풍 진작과 인재 양성의 역할을 수행하고자 하는 목
적에서 예문관이 만들어졌고, 그 후 홍문관은 예문관에서 분리되어 성종 시대에 이르러서는
구 집현전의 직제와 기능을 계승함으로서 조선시대의 학술 기능을 총괄하는 기관으로 성장.

② 기능:
유학의 중요 문제들을 왕과 홍문관원이 함께 강론하고 검토하는 강연, 정치적으로 중요 현안에 대해 홍문관원들이 의견을 발표하는 발책(發策), 유학적 전문 지식이 요구되는 사안이거나 대신들과 중하위 관료들의 의견이 상충되는 경우 홍문관원들이 의견을 조율하는 수의(收議)의 기능을 담당.

③ 의의:
홍문관은 현대의 어떠한 정치·행정적 기관이나 문화적 기관에서도 그 유사성을 찾아볼 수 없는 학술·문화·정치적 기능 등 다양하고 복잡한 기능을 가진 조선시대의 중요 행정기관이었음. 사실상 다른 기관들의 기능을 통합, 조정했던 홍문관의 역할은 오늘날 발전적으로 계승될 필요가 있음.

【규장각】

① 설치 목적:
규장각의 고유한 기능은 어제·어필의 보관·관리이며, 사대부의 명절(名節)과 문학(文學)을 진작시키는 데 있었으나, 실제로는 사대부를 중심으로 한 개혁 주체 세력을 양성하는 정치기관의 성격이 강하였음. 정조는 사대부를 중심으로 한 새로운 정치기구를 만들고자 하였고 그 결과 출현한 것이 규장각이었음.

② 기능:
규장각의 주된 기능은 학문적인 측면만이 아니라 정치적인 측면에서 국왕의 정책 결정을 자문하고 보좌하는 역할을 하는 데 있었음. 경사(經史)뿐만 아니라 각종 민생 문제와 정치 현안 등 당면한 현실 문제를 토론하고 이에 대한 해결 방안을 도출하는 것이 규장각의 주된 기능이었음.

③ 의의:
규장각은 상당한 정치색을 지니고 있었지만, 계승성의 차원에서 더욱 주목해야 할 것은 중장기적 국가발전전략을 모색하기 위해 설립된 것이라는 점. 국가발전전략을 총괄적으로 기획할 수 있는 국가 주도의 인문사회과학 관련 학문 기구라는 점에서 오늘날 그 의의를 찾을 수 있을 것임.

❍ 식민지 시대에 들어 이런 전통이 해체되고 한국전쟁 이후 미국식 제도가 도입된 이래 국가발전과 학문연구의 상호작용에 대한 인식이 희박해지고 국정은 정치가들에게 학문연구는 대학과 시장 논리에 맡기는 것이 당연시되어 온 것은 큰 문제임.

❍ 특히 가속되는 지구화의 압력 속에서 점증하는 신자유주의적 경쟁 논리 속에서 우리 사회는 과거 전통의 장점을 계승하면서 새로운 시대의 요구에 적극 부응할 수 있는 국가발전과 학문발전의 선순환 구조를 창출할 수 있는 새로운 제도 마련이라는 과제에 직면하고 있음.

○ 인문학을 비롯한 사회과학과 과학기술의 연구 성과들을 국가발전전략과 연계하여 정책을 기획하고 조정하는 기능을 갖는 〈국가학문위원회〉의 구성이 필요함.

○ 이럴 경우 〈국가학문위원회〉는 정권 차원의 국정과제 수준을 넘어서서 10~20년 단위의 중장기 국가발전전략 수립에 초점을 맞추어야 하며, 단기적인 정책을 기획하고 집행하는 기존의 여러 기구들보다 상위 차원에서 여러 정책들을 연계하고 평가하고 조절하는 역할을 겸해야 할 것임.

□ 새로운 전략적 학문연구 시스템

○ 학문 분야 및 분과 단위에서는 각 부처 산하의 출연연을 통해서 일정한 연구와 지원, 그리고 정책과의 연계성이 있어 왔다고 할 수 있으나 메타 차원의 통합 단위는 연구와 지원 및 사회화 국가발전전략으로 이어질 수 있는 기구가 존재하지 않음.

구분	연구 기관	지원 기관		사회화 / 국가발전 연계 기관	
메타 단위	X	X		X	
분야 통합 단위	X	학술진흥재단	과학재단	국가과학기술위원회	경제인문사회연구회
학문 분야 단위 (분야별 연구)	한국학진흥원	BK21, 누리사업 ↕		공공기술연구회 기초기술연구회 산업기술연구회	–
분과 단위	정부 출연연 및 대학연구소	대학 및 연구소		정부 출연연구소 및 대학연구소	

○ 인문학 분야만 한정하여 보면, 정부국책연구기관은 거의 전무하다는 문제점 또한 고려해야 함.

○ 현재 국가적 차원에서 인문학, 사회과학, 자연과학, 기술공학의 발전을 위한 정책적 지원과 연구 수행 및 전략 수립의 최상위 기구는 〈국가과학기술위원회〉와 〈경제·인문사회연구회〉임.

○ 이 두 기구는 상호 연결고리가 없고 국가 정책적 차원에서 과학기술 분야와 경제, 인문, 사회 분야의 비중의 차이가 대통령 직속 기구와 국무총리 산하 기구라는 조직적 위상 차이에서 판연하게 드러나고 있음.

○ 이 두 기구보다 최상위 기구인 〈국가학문위원회〉의 신설이 필요한 것은 이
  두 기구의 연결고리 부재와 과학기술연구와 경제, 인문, 사회 연구에 대한
  국가적 비중 부여의 불균등성 이라는 문제를 해결하는 것이 21세기 국가발
  전과 학문발전을 위해 필요한 선결과제라고 보기 때문.

2. 〈국가학문위원회/21세기 집현전〉의 위상과 기능

○ 〈국가학문위원회/21세기 집현전〉의 위상과 기능은 학문과 정책에서 장기
  적이고 통합성이 높은 영역에 초점을 맞추고 있으므로 〈국가과학기술위원
  회〉와 〈경제 · 인문사회연구회〉 보다 상위에 위치, 〈21세기 집현전〉 역시
  〈한국과학기술기획평가원〉보다 상위에 놓이는 것이 바람직할 것임.
○ 다부처적 다학문적이면서 장기적이고 통합적인 연구와 정책 기획과 평가
  를 기능으로 가지므로 수평축에서 중앙 부분에 중심이 놓이며 연구개발
  예산의 조정 심의와 장기적 발전과 관련된 의사 결정 기능을 일부 가지므
  로 도표의 좌우로 폭넓게 위치. 기능의 폭 차원에서 보면 방송이라는 한
  분과 영역에서 폭넓게 기능하는 〈방송위원회〉와 유사할 것임.

〈그림 11〉〈국가학문위원회/21세기 집현전〉의 기능 포지셔닝

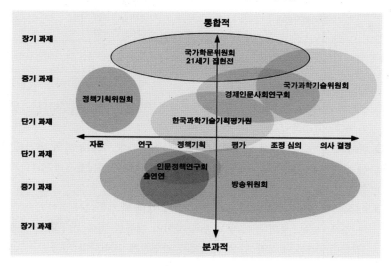

○ 〈국가학문위원회〉가 〈국가과학기술위원회〉와 〈경제·인문사회연구회〉 등 기존 기구와 중복이 될 것으로 보이는 기능은 대체로 〈표 8〉과 같이 정리할 수 있음.

○ 이런 기능상의 중복은 〈국가학문위원회〉가 두 기구의 상위에 설정된다면 통합 학문적인 관점과 국가의 중장기적 발전의 관점에서 중복을 피할 수 있도록 조정이 가능할 것임.

〈표 8〉 〈국가학문위원회〉가 중복을 피해야 할 기능들

기능	중복 부분	조정 방향 제안
학문정책 연구, 국가발전 장기 정책연구와 기획 평가 조정	일부 기존 경제·인문사회연구회의 소관 업무	장기 학문정책 부분은 국가학문위원회 이관
연구 예산의 확대 방안 및 정부 투자 기관 등에 대한 연구개발 투자 권고	국가과학기술위원회 주요 업무, 경제·인문사회연구회의 소관 업무	통합적 장기 연구 개발 부분의 권고는 국가학문위원회에 이관
매년도 국가연구개발사업 예산의 배분 및 조정과 효율적 운영에 관한 사항	연도별 예산 배분 조정의 심의와 조정	국가학문위원회와 국가과학기술위원회, 경제·인문사회연구회가 공동으로 심의 조정
중장기 국가연구개발 사업 관련 계획의 수립에 관한 사항 등	국가과학기술위원회 주요 업무, 일부 기존 경제·인문사회연구회의 소관 업무	국가학문위원회가 국가과학기술위원회와 경제·인문사회연구회 등과 공동 조정

3. 〈국가학문위원회/21세기 집현전〉의 과제

□ 독자적 학문발전전략 수립

○ 인문학−사회과학−자연과학−기술공학−예술의 상호작용 연구.

○ 한국적 정체성에 대한 인문학적 연구를 매개로 한 21세기 학문전략 수립.

○ 경제적−문화적 지구화의 상호작용의 장기 동향 연구.

○ 학문정책−교육정책−인적자원충원정책의 선순환 구조에 관한 연구 등.

□ 중장기 국가발전전략 수립

○ 정부 연구개발 기금 운영 구조 개편 및 국가 학문정책－교육정책－인적자원충원정책의 선순환 구조를 수립.

○ 다부처적 국가사업에 대한 종합조정을 통해 연구개발－교육－인적자원 정책 사이의 유기적인 선순환 구조를 창출하고 국가발전의 안정적 기조를 마련함.

○ 국가 차원의 연구개발－교육－인적자원 충원을 위한 각종 사업에 대한 종합적인 조사/분석/평가를 통해 중복투자를 방지하고 국가 예산의 효율성을 높임.

○ 사회문화적 과정이 경제적 생산에 미치는 영향에 대한 연구:
  - 문화경제와 지식경제의 새로운 시스템과 인문학적, 문화연구적 연구가 문화산업 발전에 기여할 방안 연구.
  - 교육정책의 문화적 리모델링 방안에 대한 연구.
  - 여성가족정책과 보건정책의 문화적 리모델링 방안 및 환경정책－농업정책－문화정책의 선순환 구조에 대한 연구.

○ 사회문화 부분에 대한 정치적 조절과정에 대한 연구: 사회문화 분야의 예산 우선순위와 사회경제적 효과 연구.

○ 동아시아 지역 내의 교류와 협력에 대한 연구: 한중일 삼국의 공동 역사연구와 교류협력 방안 연구, 동아시아 지역학 연구와 문화교류협력 방안 연구.

□ 국정철학과 국정과제의 평가 및 대안을 제시함

○ 국가 차원의 예산운영의 우선순위를 중장기적으로 재검토하고 국가발전전략의 예산 로드맵을 제시하며, 국가 중장기발전 계획상의 주요 전략사업에 대한 자체 연구를 통해 사회적 창의성과 생산성을 강화.

4. 단계적 설립 방안: 〈인문사회과학위원회〉

○ 현재 국가과학기술위원회보다 상위의 정부기구를 구성하는 것은 법적, 행정적으로 시간이 너무 많이 소모됨으로, 일정기간 동안 국가과학기술위원회와 내용적으로 대등한 〈인문사회과학위원회〉를 설치, 양자 간의 대등한 소통과 협력을 촉진.

○ 〈인문사회과학위원회〉설립 이후, 인문사회과학과 과학기술 사이의 비판적, 창의적 대화가 활발해져 생산적 협력이 가능하게 될 시점에서 이를 통합하는 〈국가학문위원회〉를 구성하는 단계적 추진.

○ 최근 황우석 파동과 같은 경우도 협소한 과학기술계 전문가들만으로 구성된 심의기구나 평가기구밖에 없고 시민사회의 상식과 윤리를 수용할 수 있는 학문적 채널이 없었기에 빚어진 해프닝임.

○ 〈인문사회과학위원회〉가 〈국가과학기술위원회〉와 대등하게 연구개발비의 비율과 목표, 기대효과 등을 체계적으로 심의－평가할 수 있는 국가적 체계마련을 통한 비생산적인 국력 낭비 방지.

○ 〈인문사회과학위원회〉는 〈국가과학기술위원회〉와 대등하게 국가적, 사회적 차원에서 인문학과 사회과학의 학문적 발전과 이를 통한 국가 중장기 발전전략 수립의 큰 틀을 창안하고 수정 및 보완하는 작업을 지휘·촉진한다는 책무와 더불어 동시적 자율성과 보상 부여.

5. 〈인문사회과학연구원〉의 설립 제안

(1) 〈인문사회과학연구원〉의 설립 필요성

□ 〈국가학문위원회/21세기 집현전〉과 〈인문사회과학위원회〉의 국가발전전략과 학문발전전략을 구체적으로 수행할 인문사회과학 분야의 연구기관이 필요

□ 국가발전전략과 학문발전전략의 일환으로 인문사회과학 분야의 체계적인 연구가 활성화될 필요

○ 사회발전의 핵심은 일차적으로 경제력, 군사력과 같은 가시적 국력의 신장에 있지만, 그러나 단기적인 국력 신장의 성과를 가능하게 하는 것이 공학과 응용과학이라고 한다면 보다 잠재적이고 지속적인 국력 신장의 성과를 가능하게 하는 것은 인문사회과학임.

○ 역사적으로 볼 때 어느 시대이든 사회적 발전이 가장 크게 이루어진 경우에는 인문학을 포함한 학문의 사회적 활용을 위한 제도화 실험이 어김없이 이루어졌음.

○ 인문사회과학은 안정적이고 지속적인 사회발전전략 수립을 위한 학문적 토대를 이룸. 인문사회과학의 활용이 국민의 교양 수준을 높여준다든가, 문화산업의 콘텐츠 창작 활성화에 기여한다든가 하는 부분적인 기여 차원이 아니라 국가발전 및 사회발전 전략의 핵심에 해당한다는 획기적인 발상의 전환이 필요.

(2) 〈인문사회과학연구원〉의 조직과 기능

① 목표와 조직

□ 설립 목표

○ 〈국가학문위원회/21세기 집현전〉과 〈인문사회과학위원회〉가 수립한 중장기적인 국가 발전전략과 학문발전전략의 연관 속에서 인문사회과학 분야의 연구 과제 수행.

□ 조직의 위상

○ 〈인문사회과학연구원〉: 【인문사회과학위원회】의 연구기관.
    - 총리실 기구 〈경제인문사회연구회〉 산하 연구기관으로 설립 추진, 향후 연구내용에 대한 (가칭)인문사회과학위원회 공동보조.

② 기능

□ 〈국가학문위원회/21세기 집현전〉과 〈인문사회과학위원회〉와의 실질적 연관 속에서 국가발전전략과 학문발전전략을 수립하고 실행

□ 인문사회 관련 기초학문연구에 기반한 응용 인문사회 영역의 연구 및 정책 개발

□ 연구기반의 정비 및 기초연구

○ 도서관 기능, 데이터베스의 정비와 유통 촉진, 연구 성과의 발신 시스템 등 연구 기반의 정비.
○ 고문서 정리, 고전번역, 민속조사, 각종 사전편찬 등 인문사회과학의 기초 자료 연구.

□ 시민사회의 윤리 관련 연구

○ 시민윤리의식의 역사적 변천 과정과 현단계의 실태 관련 연구.
○ 과학기술과 시장경제 등 급속한 발전과 변화에 대응한 생명윤리와 사회윤리 시스템 연구.
○ 사회적 쟁점에 관한 네티즌들의 반응 혹은 TV 드라마 등에 나타난 시민윤리의식 관련 연구.

□ 문화 관련 연구

○ 한국의 정체성 관련 문화적·지적유산의 보존과 계승 방향에 대한 연구.
○ 문화적 지구화의 장기 동향, 한중일 삼국의 공동 역사연구와 문화교류협력 방안 연구.
○ 한류 혹은 문화산업의 지속적 발전에 기여할 방안 연구.

□ 민주주의 관련 연구

○ 사회적 양극화 극복 방안에 대한 연구 등 지속가능한 사회발전을 위한 비전 연구.
○ 간접민주주의의 문제점과 시민들의 참여와 자치 관련 연구.
○ 민주주의적 가치를 실현하는 사회 시스템에 관한 연구.

□ 연구성과의 교류 및 대중화

○ 연구성과를 잡지 등을 통해 발표함으로써 국내 인문사회과학자들과 지속
적 교류를 유지.
○ 연구성과를 시민들의 삶에 자양분이 되도록 대중화.

③ 기대효과

□ 국가발전과 학문발전의 선순환 구조를 정착시킴으로써 한국사회를 실질
적인 선진국으로 발전시키는 사회 시스템화에 기여

□ 독자적 학문 기반을 구축함으로써 학문 수입국에서 학문 수출국으로 전환
하는 계기 마련

□ 한국사회의 발전 방향에 대한 생산적인 논의 틀 제공

○ 문화 차원의 사회적 생산성 향상, 실질적 민주주의의 정착, 시민사회의 윤
리 정립 관련 논의 등을 통해 안정적이고 지속적인 국가발전과 사회발전
을 위한 전략 수립에 도움.

□ 학제 간 연구의 활성화

○ 현대사회의 문제들은 학제적 연구를 통해 해결해야 할 성질의 것이 많음.
당면 현실 문제에 대하여 다양한 분야의 연구자가 공동의 과제를 설정하
고, 연구할 수 있는 제도적 기반을 이룸.

□ 연구자들의 안정적 연구 활동

○ 대학을 제외한 적절한 연구 단위가 존재하지 않는 인문사회과학 연구자(박
사급)들에게 안정적인 연구의 장 마련.

□ 학문 후속 세대의 양성

❍ 미래의 인문사회과학 연구자들에게 지속적인 연구 전망 제공.

□ 인문사회과학 연구기관들의 네트워크

❍ 인문사회과학 연구소는 대학 및 민간 영역에 다수가 있으나, 이들 연구소를 네트워크로 묶어 연계시키는 곳은 전무, 인문사회과학 관련 연구기관들이 효율적으로 연계하여 협동 연구가 가능.

□ 학문발전의 균형

❍ 현재 우리나라의 학문 분야에 대한 정책적 지원은 이·공학 분야로만 편중, 인문사회과학 분야는 외면을 당하고 있음, 이공 계열의 비대화로 인한 학문적 기형에 대한 국가 역할 모색.

ㄱ

강성호 157

고등 · 평생교육지원특별회계법 15, 205

고중세학(Ancient and Medieval Studies) 55, 56, 67

공동 학위 프로그램(Joint Degree Program) 58, 59, 68

굴벤키안(Gulbenkian) 12, 17, 37, 40

국가 예술 · 인문지원법 77

국가연구개발혁신법(혁신법) 15, 154, 155, 167, 191, 192, 195, 196, 197, 198, 199, 200

국가연구개발혁신법 15

국립인문재단(NEH: National Endowment for the Humanities) 18, 77, 78, 79

김민희 113, 114, 115

ㄷ

대학 연구 기관 19, 150, 153

독서 세미나 59

동아시아학 65, 66

ㄹ

라틴아메리카학 64

ㅁ

막스 베버(Max Weber) 30

메가 학문정책 11, 16, 17

메가체인지 시대 11, 12, 16

메가프로젝트 16, 159, 160

메사추세츠 공과대학(MIT) 12, 17, 45, 52, 54, 55, 56, 57, 58, 66, 67, 68, 94

미국학(American Studies) 46, 55, 56, 67

ㅂ

박사학위 수여 프로그램 61
박성민 113, 115

ㅅ

사회과학 12, 17, 23, 24, 27, 32, 33,
    34, 35, 36, 37, 38, 39, 40, 43, 44,
    45, 47, 48, 51, 55, 56, 57, 58, 59,
    62, 66, 67, 74, 75, 80, 92, 94, 105,
    108, 116, 121, 122, 123, 127, 132,
    133, 136, 140, 141, 147, 155, 169
소분류 136, 137, 143, 144

ㅇ

아프리카 지역학(African Studies) 62,
    63, 68
엄연석 157, 160
에드워드 사이드 17, 24, 28, 30, 40
에릭 홉스봄 30
역사학 30, 34, 35, 40, 57, 59, 137
연구 지원 방식 14, 86, 101, 102, 103,
    113
연구자 지원 사업 125, 127
연구자 집단 사업 127
우수 등재 학술지 14, 19, 133, 135,
    137, 140, 141, 142, 143, 144, 145,
    146, 147
윌리엄 베넷(William Bannett) 30
유럽학(European Studies) 62, 63, 68

유르겐 콕카(Jürgen Kocka) 37
유초하 13, 207, 219
응용국제학 부전공(Minor in Applied
    International Studies) 55, 56, 57,
    67
이매뉴얼 월러스틴(Immanuel Wallerstein)
    12, 37
이승종 113, 114, 115
인간과학 35
인문·예술지원회 12, 73
인문사회 학술정책 13, 14, 16, 19,
    113, 165, 166, 167, 168
인문사회학술기본법 167
인문정책위원회 13, 14, 71, 72, 73,
    86, 87, 88, 89, 90, 91, 93, 165
인문주의(humanism) 24, 25
인문학 12, 13, 17, 18, 23, 24, 25, 26,
    27, 28, 30, 31, 32, 33, 34, 36, 37,
    38, 40, 43, 44, 45, 47, 49, 50, 51,
    52, 55, 56, 57, 62, 66, 67, 68, 69,
    71, 72, 73, 74, 77, 78, 80, 81, 82,
    85, 86, 87, 88, 89, 90, 91, 92, 93,
    94, 95, 97, 98, 99, 100, 101, 102,
    103, 104, 105, 106, 107, 108, 109,
    115, 116, 118, 119, 120, 121, 122,
    123, 127, 132, 133, 134, 135, 136,
    137, 140, 141, 143, 144, 146, 152,
    155, 157, 166, 169, 170, 198, 201,
    202, 208, 211, 227, 228, 231, 234,
    235, 240, 241, 245, 247, 249

인문한국 사업   114

ㅈ

전국인문학연구소협의회   13
조동일   36
조승래   16, 160
중분류   135, 136, 137, 138, 143, 144, 146
지역 인문학 센터   77, 78

ㅌ

탈식민주의   28, 40
통합주의   36

ㅍ

포스트모더니즘   26

ㅎ

하버드대학교   12, 17, 45, 60, 61, 62, 63, 64, 65, 66, 68, 69, 153
학술 지원 기반 조성기   117
학술 지원 사업   19, 111, 112, 113, 114, 115, 116, 117, 118, 119, 122, 123, 125, 127, 128
학술 지원 재편   19, 123
학술 지원 체계 정립기   117
학술 지원 체계 정체 및 새로운 모색기   117, 118
학술지 등재 제도   19, 131, 132

학술지 평가 제도   133, 138, 146
학술진흥법   72, 87, 117, 167
학제 간 위원회(Interdisciplinary Coordinating Committees)   62
한국연구재단   13, 14, 19, 111, 112, 117, 118, 131, 132, 133, 134, 136, 137, 139, 140, 141, 142, 143, 145, 146, 147, 153, 154, 155, 159, 165, 166, 167, 170, 188, 196, 203, 206
한국인문사회기획평가원   13, 165, 166, 167
한국인문사회연구소협의회(인사협)   15, 19, 153, 154, 155, 156, 157, 159, 161, 205, 206
한국학술진흥재단   13, 71, 72, 86, 87, 88, 91, 93, 94, 95, 98, 99, 100, 101, 102, 104, 105, 106, 108, 117, 155, 166, 206
한재민   113, 115

U

UC 버클리   12, 17, 45, 46, 47, 48, 49, 50, 51, 60, 66, 67, 68, 94

강성호

국립순천대학교 인문학술원 원장. 역사이론 및 세계 현대사 전공. 고려대학교 사학과에서 박사학위를 받았다. 순천대학교 사학과 교수, 미국 UC 버클리 방문학자, 순천대 지리산권문화연구원 원장 및 HK단장, (사)호남사학회 이사장, 한국서양사학회 회장, 한국연구재단 학술지발전위원장, 전국대학중점연구소협의회 회장 등을 지냈다. 현재 순천대 인문학술원장 및 대학중점연구소장, 한국인문사회연구소협의회 회장, 순천대 대학원장, 국가중심국공립대학교대학원장협의회 회장으로 활동하고 있다.

지은 책으로 『근대세계체제론의 역사적 이해』(까치, 1996), 『서양문명과 인종주의』(지식산업사, 2002), 『유럽중심주의 세계사를 넘어 세계사들로』(푸른역사, 2009), 『중유럽 문제와 민족문제 – 오스트리아 헝가리 제국을 중심으로』(동북아역사재단, 2009), 『발전의 지정학과 궤적: 한국, 일본, 타이완, 독일, 푸에르토리코』(UC 버클리 동아시아연구소, 2010), 『지리산과 이상향』(선인, 2015), 『탈서구중심주의는 가능한가』(아카넷, 2016), 『전남동부 기독교 선교와 한국사회』(선인, 2019), 『전남동부지역 기독교 기관과 지역사회』(선인, 2021), 『전남동부지역 기독교인물과 선교활동』(선인, 2021), 『제도와 문화현상』(선인, 2020), 『노동과 삶의 통제』(2022) 등이 있다.